„… über jeden Ausdruck erhaben und schön“
Die Schweizer Reise der Familie Mendelssohn 1822

„… über jeden Ausdruck erhaben und schön“

Die Schweizer Reise der Familie Mendelssohn 1822

Mit Briefen der Tochter Fanny,
Tagebuchauszügen und Zeichnungen

Herausgegeben von
Hans-Günter Klein

Reichert Verlag Wiesbaden

Mit Unterstützung der Felix-Mendelssohn-Bartholdy-Stiftung Leipzig

Felix-Mendelssohn-Bartholdy-Stiftung

Beilage: General-Charte von der Schweiz nach den Quellen entworfen von G. G. Leister, Braunschweig 1823 (Staatsbibliothek zu Berlin, Kartenabteilung, K 11710)

Bibliografische Information der Deutschen Nationalbibliothek
Die Deutsche Nationalbibliothek verzeichnet diese Publikation in der Deutschen Nationalbibliografie; detaillierte bibliografische Daten sind im Internet über http://dnb.d-nb.de abrufbar.

ISBN: 978-3-89500-851-1
www.reichert-verlag.de

Printed in Germany

Inhalt

Der Reiseverlauf

Die angegebenen Orte sind die Übernachtungsstationen, das (erste) Datum bezeichnet den Tag der Ankunft.

6.7.	Abreise aus Berlin. Brandenburg
7. – 9.7.	Magdeburg
9.7.	Ballenstedt
10.7.	Auf dem Stubenberg bei Gernrode
11.7.	Blankenburg
12.7.	Wernigerode
13.7.	Göttingen
14. – 17.7.	Kassel
17. 7.	Marburg
18. – 23.7.	Frankfurt am Main
23.7.	Darmstadt (Ankunft der drei Mitreisenden aus Frankfurt am 24.7.)
24.7.	Heidelberg
25. – 27.7.	Stuttgart
27.7.	Balingen
28. – 30.7.	Schaffhausen (und der Rheinfall)
30.7. – 1.8.	Konstanz (mit dem Ausflug zur Insel Mainau)
1.8.	Altstätten
2.8.	Wattwil
3.8.	Rapperswil
4. – 10.8.	Zürich (mit dem Ausflug ins Linth-Tal: Übernachtungen in Richterswil – Glarus – Rapperswil)
10. – 12.8.	Zug (mit dem Ausflug nach Küssnacht)
12. – 14.8.	Auf der Rigi
14.8.	Luzern
15.8.	Über den Vierwaldstätter See nach Altdorf
15. – 17.8.	Altdorf
17. – 18.8.	Durch das Reuss-Tal nach Andermatt und zurück nach Altdorf
19.8.	Über den Vierwaldstätter See zurück nach Luzern
20.8.	Sumiswald
21.8.	Thun
22. – 24.8.	Interlaken
24. – 28.8.	Lauterbrunnen – Grindelwald – Interlaken

28. – 31.8.	Meiringen – Interlaken
31.8. – 4.9.	Bern
4.9.	Bulle
5. – 10.9.	Vevey (mit dem Ausflug nach Bex, mit zwei Übernachtungen)
10. – 12.9.	Lausanne
12. – 14.9.	Secheron (Genf; mit dem Ausflug nach Ferney)
14. – 17.9.	Fahrt nach Chamonix und zurück
17. – 21.9.	Secheron (Genf; mit dem Ausflug nach Mornex)
21.9.	Morges
22.9.	Yverdon
23.9.	Neuchâtel
24.9.	Court
25.9.	Basel
26.9.	Freiburg
27.9.	Rastatt
28.9.	Heidelberg
29.9. – 5.10.	Frankfurt am Main
5.10.	Fulda
6.10.	Gotha
7. – 10.10.	Weimar
10.10.	Leipzig
11.10.	Wittenberg
12.10.	Ankunft in Berlin

„Für wen ist die Schweitz merkwürdig?“

„Nichts beflügelt die Phantasie so allmächtig, als die Denkmale des grauen Alterthums. Die Beschreibungen der Ruinen von *Palmyra, Theben* und *Rom* ergreifen jeden Sinn und fesseln jeden Geist. Glücklich wird der gepriesen, welcher diese erstaunenswürdige Reste der Menschenkunst und Kraft mit eignen Augen schauen kann. Wie schwinden aber doch alle diese Werke vorübergegangner Völker gegen die Ruinen des Erdgebäudes!! Ja, das Alpengebirge ist eine unermessliche Ruine, dessen zahllose Trümmer die ganze Schweitz [...] bedecken. Und nach den schrecklichsten Weltstürmen ragen noch die stehenden Reste als Grundpfeiler einer ganzen Welt in die Himmel empor! [...] Was sind die Jahrbücher der Menschheit gegen die Geschichte der Natur? Was ist Menschen- und Völkerdauer gegen die Ewigkeit der Welt? Ganze Jahrhunderte sind nur Tage der Natur. – So versinkt in einer unergründlichen Gedankentiefe der Geist des Wanderers an den zerrissnen Seiten dieser ungeheuren Pfeiler, so alt, wie die Erde selbst.“[1]

Unter der berühmten Titel-Frage, für wen das Land des Merkens würdig sei, beginnt Johann Gottfried Ebel seinen Hymnus auf die Schweiz im Jahre 1809 mit weit ausholendem Pathos und hochgestimmtem Ton, den Reisenden zur Reflexion über seine eigene Bedeutung im Angesicht der majestätischen Bergwelt aufrufend. Und er führt den ‚moralischen‘ Aspekt später noch aus: „der Umgang mit erhabner Natur wird wahre Läuterung für die Seele, ein Verwahrungsmittel gegen die Gefahr, im Strudel der Welt zu versinken und sich selbst und das hohe Vorbild edler Geister zu verlieren. [...] O! *nur* in der *Einsamkeit erhabner Natur* findet der Mensch sich selbst und den Adel seines Wesens wieder; *nur da* erlangt der Geist Größe und Würde, und das Herz unnennbaren harmlosen Frieden. Es giebt keinen ehrwürdigern Tempel des Nachdenkens und der Weisheit, als die himmelschauenden Alpen; sie sind der *einzige Wallfahrtsort*, zu welchem Jeder pilgern sollte, dem die *moralische Gesundheit und Kraft* das ausschliessende Kleinod des Menschen dünkt, und der die Befestigung derselben für das wichtigste Geschäft des Lebens hält.“[2]

Der Autor, 1764 im damaligen Preußisch-Schlesien geboren und in Frankfurt an der Oder zum Dr. med. promoviert, hatte 1793 mit seiner „Anleitung“, wie man „auf die nützlichste und genussvollste Art“ durch das Land fährt, die „Bibel des modernen Reisens in die Schweiz“[3] herausgebracht. 1809/10 war die dritte Auflage, nun inzwischen auf vier Bände angewachsen, erschienen – über der Vorbereitung zur vierten Auflage ist er 1830 gestorben –, und die Mendelssohns, die auf der Reise 1822 von dem Buch als „dem Ebel“ sprachen, besaßen wahrscheinlich die Ausgabe von 1809/10. Auch wenn die Sprache Ebels nicht der nüchternen Zahlen-Welt eines Bankiers entsprach, dürfte doch die Interpretationsweise des Autors Abraham Mendelssohns eigenem Denken entsprochen haben. Dagegen werden ihn Ebels Beschreibungen des Idyllischen der Landschaft wohl kaum interessiert haben. Es sollte sich aber zeigen, dass seine Kinder Fanny und Felix für solche Eindrücke durchaus empfänglich waren, auch wenn die schroffe Bergwelt gerade von der Tochter oft genug als „furchtbar" und „schrecklich" empfunden wurde. Felix war offensichtlich von der „Einsamkeit erhabner Natur" stark beeindruckt, da er auf seinen späteren Schweizer Reisen die immer wieder gesucht hat.

Auch wenn die Beschreibung des ‚moralischen' Aspekts dem Bildungsgedanken Abraham Mendelssohns wohl besonders nahe lag, werden er und seine Angehörigen von den übrigen Schilderungen Ebels durchaus angeregt worden sein. Zwar sind dessen Äußerungen über Dichter und Maler, die in der Schweiz mannigfaltige Anregungen für ihre Kunst finden können, nur sehr pauschal, doch zeigt sich dann in Bemerkungen Lea Mendelssohns und ihrer Tochter Fanny ein deutliches Echo. So auch bei den Hinweisen Ebels auf die großen Kontraste in der Landschaft und der Natur der Alpenwelt: es biete sich Gelegenheit, „das ewig starrende Eis Spitzbergens zu betreten und die Glut Senegals zu finden; das isländische Moos zu sammeln und die Stachelfeige anzustaunen" – und gerade diesen Gedanken wird Fanny betonen, am Ende der Wanderung nach Grindelwald. Etwas ausführlicher beschreibt der Autor, dass Naturforscher in der Schweiz interessante Beobachtungen machen können, und erwähnt besonders den „Pflanzenkundigen", den „Insektenforscher", den Ornithologen und Mineralogen; speziell hebt er auch die „zahllose Menge versteinerter See-Schaalthiere" hervor. Schließlich spielt er auf die jüngste Geschichte des Landes an, die Eroberung durch die Franzosen (1798), und folgert daraus, dass auch dem „Kriegsmann und dem Geschichtsforscher der neuesten Zeit [das Land] sehr merkwürdig" sei; ebenso verdienten die „Volksregierungen" besondere Beachtung. Von großem Interesse für einen Arzt seien dann einige „eigenthümliche Krankheiten der Alp- und Thalbewohner, wie z. B. Kretinism, Kröpfe, Heimweh u. s. w." Auch diese Äußerungen finden ein Echo in den Bemerkungen Fannys wie auch Heyses bei ihren Ausflügen ins Linth-Tal bzw. nach St. Maurice. In solchen Details zeigt sich, dass die Mendelssohns „ihren" Ebel genau gelesen und dann auch so manches „Merkwürdige" gefunden haben.

Die Reise der Familie Mendelssohn 1822 in die Schweiz

Als Abraham Mendelssohn im Alter von 45 Jahren Ende 1821 seine berufliche Tätigkeit aufgab, aus dem familiären Bankgeschäft ausschied und von nun an privatisierte, war die Reise in den Süden schon eine beschlossene Sache. Allerdings sollte es ursprünglich bis nach Italien gehen – und das blieb für die Tochter Fanny der geheime Wunsch bis zu jenen Situationen, als man in Andermatt umkehrte bzw. dann auch vom Rhône-Tal die Fahrt nicht über den Simplon fortsetzte. Doch war spätestens zu Beginn der Reise der Verzicht auf Italien klar entschieden.[4] Wie es dazu kam, noch andere Personen mitzunehmen, ist nicht bekannt. Die beiden unverheirateten Schwestern Marianne und Julie Saaling, Cousinen von Lea Mendelssohn aus Frankfurt am Main, hatten die Familie schon 1820 auf einer Rhein-Reise begleitet[5] – sie hatten sich gut miteinander verstanden, und vielleicht waren sie dabei auch darauf gekommen, einmal eine größere Fahrt gemeinsam zu unternehmen. Jetzt, 1822, hat sich Fanny auf der Route zwischen Frankfurt und Stuttgart oft genug an die Reise zwei Jahre zuvor erinnert, und ihre Bemerkungen lassen erkennen, wie sehr sie damals schon von den verschiedenen Landschaften beeindruckt war.

Die Reisegesellschaft

Der Bankier Abraham Mendelssohn reiste gern und oft. Er hatte sich mehrere Jahre in Paris aufgehalten und sich dort so wohl gefühlt, dass er gelegentlich in witzigen Worten beklagte, in Berlin leben zu müssen.[6] Aus beruflichen Gründen war er oft unterwegs, noch ein paar Mal in Paris, aber auch in Wien und St. Petersburg. Darüber hinaus war es ihm aber auch ein großes Bedürfnis, neue Menschen und Städte kennenzulernen. Wie er selbst das Reisen als Bildungselement erlebt hatte, wollte er dies auch seinen vier Kindern eröffnen. Doch wird es auch noch weitere Beweggründe für die große Reise 1822 gegeben haben.[7] Dass er ein ‚Schwieriger' war, zeigte sich auf der Reise mehrfach – in kurzen Charakterisierungen Karl Heyses in seinem Tagebuch, aber auch in einer ausführlicheren Briefnotiz aus der Feder seiner Frau: „Mein Mann, der an allem, auch an Wiesen u. Felsen die unrechte, das heißt die politische Seite herauskehrt, erfreut sich neben dem Romantischen meistens am Negativen: die *Abwesenheit* der Höfe, Minister, der Anleihen u. stehenden Armeen beglückt ihn, u. wenn wir bei Idealen der Natur u. Kultur gar nicht an Rothschildiana denken, so fallen sie ihm als abgedankten banquier treulich ein."[8]

Lea Mendelssohn, ein Vierteljahr jünger als ihr Mann, hatte in ihren späteren Lebensjahren eine so starke Reise-Unlust entwickelt, dass sie manche Pläne in der Familie zu Fall gebracht hat. Auch die Reise 1822 betrachtete sie als ein „Opfer" an die Ihren.[9]

Zwar war sie in jungen Jahren in Paris und Wien gewesen, war ihrem Mann von 1805 bis 1811 nach Hamburg gefolgt und danach ebenso auf einigen seiner weiteren Fahrten, doch empfand sie dann mit zunehmendem Alter die Unannehmlichkeiten des Reisens in immer stärkerem Maße als unangenehm und belastend. Dazu kam die Furcht vor der Unsicherheit auf den Straßen; noch am 4. Juni 1822, als die Reise längst fest geplant war, schreibt sie an Karl Friedrich Zelter: „Mein Mann hegt noch immer weitläuftige Reisepläne: ich wollt', ich wäre ‚zwischen Weizen und Korn, zwischen Hecken und Dorn', ‚per valli, per boschi', wieder in die friedliche Heimath zurück. Besonders erbebt meine Hasennatur bei den Zeitungsnachrichten von Straßenräubern in den besuchtesten Theilen des weiland so unschuldigen Deutschlands."[10] In einem Bonmot über die Schweiz formulierte sie den ehelichen Unterschied witzig und treffend[11]: dieses „Wunderland" habe sie „mit meinem Erbfeinde, u. mit der Erbsünde meines Gemahls, dem Reisen", ausgesöhnt – diese „Aussöhnung" sollte dann aber doch nur von vorübergehender Dauer sein.

Als die Familie die Reise am 6. Juli antrat, war die Tochter Fanny 16 ½ Jahre alt, der Sohn Felix 13 ½, die Tochter Rebecka 11 ¼ und der Sohn Paul 9 ¾. Sie alle hatten schon familiäre Reise-Erfahrungen, da sie sowohl 1813 auf der Flucht nach Wien (vor einer möglichen Besetzung Berlins durch französische Truppen) dabei gewesen waren als auch 1816 den Vater auf einer Geschäftsreise nach Paris begleitetet hatten.

Auch ihren Hauslehrer haben die Mendelssohns auf die Reise mitgenommen: Der fast 25-jährige Karl Wilhelm Ludwig Heyse hatte bereits mit 15 Jahren das Abiturium gemacht und war dann für drei Jahre als Lehrer an die Erziehungsanstalt Wilhelm von Türks nach Vevey gegangen. Danach kehrte er nach Berlin zurück, wurde Hauslehrer für Wilhelm von Humboldts jüngsten Sohn und wechselte 1819 in dieser Funktion in die Familie Mendelssohn. Er studierte Altphilologie an der Berliner Universität, hatte sein eigenes Zimmer in der Wohnung der Mendelssohns und unterrichtete die Kinder in den alten Sprachen. Während der Reise war sein Verhältnis zu den Eltern wohl etwas distanziert, wie eine ambivalente Notiz Lea Mendelssohns erkennen lässt: „Herr Heise ist innerlich beglückt u. erzieht gar nicht; Rousseau, Pestalozzi, die Genlis u. Campe sind ihm erztodte Schriftsteller, die in sein göttliches Stillleben durchaus nicht eingreifen."[12] Auch wenn er die Eltern in seinem Tagebuch erwähnt, ist eine gelegentlich durchaus kritische Distanz spürbar. Er war als Lehrer bei den Mendelssohns bis 1827 tätig; nachdem er im Dezember 1826 mit einer Arbeit über Herodot promoviert und ihm die Habilitation erlassen worden war, begann er im Sommersemester 1827 als Privatdozent Vorlesungen an der Berliner Universität zu halten, von denen zwei auch Felix gehört hat. Lea Mendelssohn charakterisiert ihn 1826 als einen „jungen, hübschen, gebildeten, angenehmen Mann", aber auch von einer „ungemeinen Kälte und Ruhe des Charakters".[13] Offensichtlich hielt er sich von dem geselligen Leben der Familie eher fern, zumal ihm die Musik auch nicht viel bedeutete. In den Berichten

Abb. 1. Fanny Mendelssohn Bartholdy. Zeichnung von Wilhelm Hensel, 1822

aus diesen Jahren erscheint sein Name nur selten – und so weiß man aus dieser Zeit relativ wenig über ihn. Doch wird die Persönlichkeit des 25-Jährigen in einigen Eintragungen seines Reise-Tagebuchs deutlicher erkennbar: so in seinen Gedanken am Rheinfall von Schaffhausen und im Reuss-Tal, vollends dann auf der Rückreise, als er sich in Julie Saaling verliebt hatte und eine Art Krise durchlitt. Die Familie erfuhr von all dem nichts – was nach außen hin als „Kälte" erscheinen mochte, war auch eine Art Selbstschutz gegenüber den ‚vereinnahmenden' Tendenzen der Mendelssohns.

Abb. 2. Karl Heyse. Fotografie

Außer dem Hauslehrer nahm die Familie auch einen Bedienten mit, dessen Name Wilhelm in den Briefen der Tochter Fanny auch in zwei Situationen erwähnt wird. Dies war seitens der Mendelssohns der einzige Diener, der mitreiste, dann aber in Interlaken entlassen wurde. So traten aus Berlin acht Personen die Reise an.

In Frankfurt am Main wurde für ein paar Tage eine Pause eingelegt, wo man Lea Mendelssohns Cousine Klara Herz besuchte und dann auch in ihrer Wohnung Quartier nahm. In ihrer Familie lebten auch ihre beiden Schwestern Marianne und Julie Saaling; verabredet war, dass sie die Mendelssohns auf der Reise begleiteten, und außerdem noch deren Bekannter Dr. Neuburg. Obwohl die drei „Frankfurter" schon bei der Ankunft der Mendelssohns reisefertig waren, sind sie dann doch erst einen Tag später als die „Berliner" aus Frankfurt abgefahren – warum wird nicht gesagt; in Darmstadt hat man sich dann vereinigt.[14]

Marianne Saaling, 1786 geboren, galt als große Schönheit und von einnehmendem Wesen. Lea Mendelssohn schreibt von ihr 1823, sie habe „alle Muße, ihren Geist durch Kenntniße, lecture, Annehmlichkeiten zu schmücken, und dies mit dem gewinnendsten Aeußern, der liebenswürdigsten Munterkeit, dem heitersten Witze und Lebendigkeit verbunden [...]. Auf unsrer Reise erregte sie noch viel Aufsehn, ihr fond von Schönheit ist so übergroß, daß sie, wiewohl sie, mit sich selbst verglichen, verloren hat, noch alles neben sich verdunkelt."[15] Leise kritische Töne finden sich allerdings gelegentlich in den Reise-Briefen der Tochter Fanny. Und ganz anders hatte Rahel Varnhagens Bruder Ludwig Robert sie 1819 gesehen: „Marianne ist ein wahres Räthsel von Lüge und Wahrheit und doch, im Ganzen, besser, als Sie war, aber viel schlechter, als

Abb. 3. Marianne Saaling. Zeichnung von Wilhelm Hensel, 1823

Sie hätte werden können. Jüdisch aber spricht sie zum Entsetzen und mit einer Zuversicht, die nur Heldensinn oder Nicht-Sinn geben kann. – Ihr großes Glück ist, daß sie sich selbst, so innig, so leidenschaftslos und so andauernd liebt.[16] Als der Dichter Anfang September 1820 der Familie Mendelssohn und den beiden Schwestern auf deren Rhein-Reise begegnet war, urteilte er: „Marianne hatte in diesem Familienkreis keine Gelegenheit anders seyn zu wollen, als sie ist und war daher ganz gut. Sind doch aber alle Beide Mar[ianne] und Jul[ie], trotz dem Bischen lustigen Verstand und trotz dem Tröpfen trauriger Sentimentalität, ein par pauvre Naturen! Die Mendelss: [gemeint ist Lea] ist viel mehr!“[17]

Ihre knapp zwei Jahre jüngere Schwester Julie hatte durch eine Blattern-Operation ein Auge verloren, strahlte aber offensichtlich mehr Wärme aus als Marianne. In der Familie der Mendelssohns gehörten ihr die größeren Sympathien. Auf der Rhein-Reise 1820 hatten sie und der neun Jahre jüngere Heyse sich kennengelernt – und er hatte hier schon große Sympathie für sie empfunden; ob es nun – 1822 – tatsächlich zu einer heimlichen Verlobung kam, ist nicht sicher, in seinen Tagebuch-Notizen ist jedenfalls nichts davon erwähnt.[18] Die Hochzeit fand am 11. Juli 1827 statt, nachdem Heyse seine Laufbahn als Universitätslehrer begonnen hatte.

Fanny Mendelssohn hat sich während der Reise offensichtlich mit den Schwestern gut verstanden; ihre Bezeichnung „die Mädchen“ für die beiden, die immerhin eine halbe Generation älter waren als sie, lässt auf einen vertraulichen Umgangston schließen, der auf ihrer Seite auch eine Spur superioren Empfindens einschließt.

Der Dritte im Bunde der „Frankfurter“ auf der Reise war der 1757 geborene Arzt Dr. Simon Neuburg, der bei seiner Taufe 1791 die Vornamen Johann Georg angenommen und 1792 Marianne Margarethe Melber (1772–1797), eine Cousine Goethes, geheiratet hatte. Er war eine hoch angesehene Persönlichkeit in Frankfurt, Mitglied der „Administration des Medicin. Instituts der Senkenbergischen Stiftung“, wie es im „Staats-Calender“ 1822 heißt,[19] außerdem Mitgründer und bis zu seinem Tode (1830) erster Direktor der Naturforschenden Gesellschaft. Er hatte zusammen mit den beiden Saaling-Schwestern die Familie schon auf ihrer Rhein-Reise 1820 begleitet; wie es damals dazu gekommen war, ist nicht bekannt. Und jetzt muss vorher verabredet worden sein, dass auch er an dieser so viel größeren Fahrt teilnahm. Von Fanny Mendelssohn anfangs freundlich-positiv geschildert, zeigt eine spätere Charakterisierung, dass sich eine große Distanz zu ihm entwickelt hatte. Mit Heyse scheint er sich aber gut verstanden zu haben.

Auch die Saaling-Schwestern hatten auf der Reise einen eigenen Bedienten, dessen Name aber nicht bekannt ist. Fanny Mendelssohn erwähnt einmal eine Dorothea, bei der Überfahrt zur Insel Mainau: wen sie damit meint, ist unklar; nicht auszuschließen ist, dass die beiden „Mädchen“ noch eine Dienerin mitgenommen hatten.

Abb. 4. Julie Heyse, geb. Saaling. Zeichnung von Wilhelm Hensel, 1829/30

In der Schweiz engagierten die Mendelssohns dann noch einen eigenen Bergführer, dessen Namen Heyse erwähnt: Dominique Jütz, der ab Zug die Reisegesellschaft begleitete.[20] Wo sein Dienst endete, ist nicht bekannt – möglicherweise in Genf nach der Rückkehr aus Chamonix.

Reiseplanung und -organisation

Nach welchen Gesichtspunkten Abraham Mendelssohn die Reise geplant hat, ist nicht bekannt. Natürlich benutzte man Reiseführer: so hatten sie ein Exemplar von Johann Gottfried Ebels berühmtem Reisehandbuch mitgenommen, ebenso hatte offensichtlich Joseph Maximilian Fränckel, der Teilhaber in der Mendelssohn-Bank, wohl handschriftliche Notizen für die Mendelssohns zusammengestellt.[21] Dass sie dann in Zürich den Verfasser des Reisehandbuchs, Herrn Ebel, persönlich kennenlernten und sich von ihm beraten lassen konnten, war sicher ein schöner Glücksfall. Von großer Bedeutung waren damals persönliche Ansprechpartner in den größeren Städten oder an jenen Orten, die man unbedingt sehen wollte. Mendelssohn verfügte über seine Tätigkeit im familiären Bankgeschäft über gute Auslandskontakte und hat sich offensichtlich auch von Berlin aus mit entsprechenden Empfehlungsschreiben eingedeckt – da sich für etliche Namen, die Fanny Mendelssohn in ihren Briefen erwähnt, Bankverbindungen nachweisen lassen, wird so mancher Kontakt auf diese Weise angeknüpft worden sein. Auch die Saaling-Schwestern hatten solche Empfehlungsschreiben, und von dem Dr. Neuburg ist dies ebenfalls anzunehmen. Darüber hinaus hatte auch Zelter für die Mendelssohns solche Empfehlungen an ihm bekannte Musiker ausgestellt. Nicht immer entwickelte sich dann vor Ort der Kontakt so glücklich wie bei Louis Spohr in Kassel. War der Angeschriebene gerade nicht anzutreffen oder hatte keine Zeit, kam es zu keinem Treffen oder nur zu einer kurzen Begegnung.

Offensichtlich stand von Frankfurt aus die weitere Reiseroute noch nicht genau fest, da man sich erst drei Tage vor der Abfahrt für die Strecke über Stuttgart nach Schaffhausen entschied. Für die großen Städte in der Schweiz wird es an Hand der vorhandenen Empfehlungsbriefe eine gewisse Option gegeben haben, allerdings ohne definitive zeitliche Planung. Wie die Tochter berichtet, hat man oft genug erst am Vorabend die Route für den nächsten Tag festgelegt; und meist waren das wohl der Vater, Dr. Neuburg, vielleicht noch Heyse und auf jeden Fall ein Ortskundiger. Dass dabei der Vater, der letzten Endes die Entscheidungen traf, gelegentlich sehr launisch agierte, hat der guten Reise-Stimmung, wie aus den Berichten Fannys und Heyses ersichtlich, dann doch einigen Abbruch getan.

Die für damalige Verhältnisse ungewöhnliche Größe der Reisegruppe wie auch das unterschiedliche Alter der Teilnehmer brachte es mit sich, dass bei der konkreten Planung oft unüberbrückbare Differenzen in der Realisierung spezieller Wünsche und Reiseziele entstanden. So spricht die Tochter Fanny einmal von der „Schwerfälligkeit unserer Karavane" und hatte mit diesem Bild eine treffende Beschreibung ihrer Reisegesellschaft gefunden. Auch wurde die Festlegung der jeweilig weiteren Reiseroute vor allem in den zweiten Hälfte dadurch beeinflusst, dass sich eine gewisse Reisemüdigkeit bemerkbar machte: „die ewig angestrengte Aufmerksamkeit, das ununterbrochene Sehen" forderten allmählich auch ihren physischen Tribut.[22] Schließlich musste man auch feststellen, dass andere Reisende dieselben Wege und Orte wählten – und die Begegnung dann auch mit denselben Personen wurde nicht immer als angenehm empfunden.

Als die Mendelssohns in Berlin ihre Reise antraten, fuhren sie in zwei Kutschen. So waren sie schon zwei Jahre zuvor gereist: als sie auf ihrer damaligen Rhein-Tour in Karlsruhe ankamen, notierte Ludwig Robert „Mendelssohns Wohlhabenheit: in 2 Wagen mit Kindern [und den beiden Saaling-Schwestern,] Hofmeister [Karl Heyse] und hinten, wie ein Lord, auf dem bequemen Bock Kammerjungf[er] und Bed[ienter]."[23] So war es 1822 auch, nur dass die Kammerjungfer fehlte; und so war es dann auch bei der Abfahrt aus Frankfurt, da die drei „Frankfurter" in einer separaten Kutsche fuhren – auch in der Schweiz ging die Fahrt in drei Wagen weiter, zumindest erwähnt es Heyse für den Ausflug nach Glarus. Die Art dieses Reisens begeisterte auch Abrahams Schwester Henriette in Paris: „Es ist aber auch nicht möglich sich etwas angenehmeres zu denken als Eure Einrichtung und Gesellschaft! Nicht wie Zigeuner, aber wie Fürsten die zugleich Dichter und Künstler wären, reist Ihr!"[24]

Keine genauen Aussagen liegen auch über die Art des Fuhrbetriebs vor: ein Lohnkutscher fuhr mit eigenem Wagen und eigenen Pferden; bediente man sich der Extrapost, hatten die Reisenden einen Wagen gemietet oder gekauft, der dann am Zielort auch leicht wieder zu verkaufen war, und mietete auf den jeweiligen Stationen nur die Postpferde samt dem Postillion. In den erhaltenen Berichten wird dieses Thema ein paarmal in nicht eindeutiger Weise berührt: so schreibt Fanny über die Abreise aus Schaffhausen ganz allgemein, dass es in der Schweiz keine Extraposten gebe; die Mutter aber berichtet am 22. August aus Interlaken über einen „Mangel an regelmäßigen Postpferden",[25] und auch der Ärger mit den Postbeamten nach der Abfahrt aus Vevey lässt darauf schließen, dass es doch wohl auf einigen Strecken Extraposten gegeben hat. Heyse erwähnt auf dem Rückweg bei der Einreise nach Deutschland die Lohnkutscher der Schweiz, so dass man sehr wahrscheinlich für die schnelle und gleichsam pausenlose Rückfahrt ab Genf auf diese Art gereist ist.

Als man von Zürich aus den mehrtägigen Ausflug ins Linth-Tal antrat, ließen die Reisenden ihr Gepäck mit dem Diener Wilhelm dort zurück; und so war es dann auch bei der Fahrt über den Vierwaldstätter See nach Andermatt, als man offensichtlich von Luzern aus nur das Notwendigste mitgenommen hatte. Von Flüelen nahmen sie dann Char-à-bancs, kleine unbequeme Wagen mit der Bankstellung in Längsrichtung, die man auf bergigen Wegen benutzte, wenn die für Kutschen nicht passierbar waren. Die Mendelssohns sind bei ihren Bergtouren noch häufiger in ein solches Gefährt umgestiegen. Auf dem Ausflug zum Gotthard wurden dann diese Wagen in Wassen zurückgelassen, und nun ging es mit Tragsesseln bzw. auf dem Rücken der Pferde weiter bergauf, so wie sie schon die Rigi bestiegen hatten und wie es noch einige weitere Male so sein sollte. Die Tragsessel wurden mit Hilfe von Stangen oder Lederriemen jeweils von zwei kräftigen Männern getragen, und bei längeren Strecken gingen noch zwei weitere Träger mit, damit sie sich von Zeit zu Zeit abwechseln konnten – so war man auf vielfältige Unterstützung angewiesen, die natürlich auch mit entsprechenden Kosten verbunden war.

Als ein eigenes Problem der Reiseorganisation sollte sich die Regelung des Briefverkehrs mit den Daheimgebliebenen erweisen. Als Zwischenstation hatte man mit Moses Isaac Herz in Frankfurt eine Absprache getroffen: Briefe an die Reisenden in der Schweiz wurden dorthin adressiert, die der Bankier sammelte und in kleinen Paketen zu bestimmten Terminen dann an offensichtlich vorher festgelegte (oder von Abraham Mendelssohn während der Reise ihm mitgeteilte) größere Orte schickte. Umgekehrt sandten die Mendelssohns ihre Schreiben auch an Herz, der sie dann weiterleitete. Die Schilderung Fanny Mendelssohns in ihrem Brief aus Frankfurt vom 30. September zeigt, wie es mit der Nachsendung innerhalb der Schweiz zu Verzögerungen kommen konnte.

Die Bedeutung der Reise

Eine Reise von Berlin in die Schweiz, so wie sie Abraham Mendelssohn 1822 unternommen hat, mit zehn Personen und mindestens zwei Bedienten, in drei Kutschen und für die Dauer von mehr als drei Monaten war für einen Privatmann in der damaligen Zeit überaus ungewöhnlich – von den erheblichen Kosten ganz zu schweigen. Dass ein solches Unternehmen zu emotional extremen Erfahrungen führt, darüber dürften sich alle irgendwann einmal klar geworden sein. Ob auch der Patriarch Abraham Mendelssohn für sich selbst registriert hat, dass er in einigen Situationen an seine eigenen Grenzen gestoßen ist – wie aus den Berichten deutlich erkennbar –, muss man vielleicht bezweifeln, doch hat die Familie dies sehr wohl registriert. Da sind bei den beiden älteren Kindern Prägungen entstanden, an die sie sich zeitlebens erinnert haben. Doch hatte gerade für sie das Reise-Erlebnis eine bildende Kraft, die nicht zu unterschätzen ist. An Erinnerungen aus ihren späteren Jahren wird das immer wieder erkennbar.

Vor allem bei Felix hatte sich mit dieser Reise eine Erlebnis-Basis gebildet, die ganz entscheidend weitergewirkt hat: zu seinem Traum-Land entwickelte sich die Schweiz – nicht Italien, wie bei seiner Schwester Fanny. Dass er für die Welt der Alpen in besonderem Maße empfänglich war, dessen wurde er sich während seiner Wanderung durch die Schweizer Berge auf der Rückreise aus Italien 1831 bewusst, die er ganz allein unternahm, nur für sich planen konnte und auf der er sich auch ganz ungestört von der Familie seinen Eindrücken und Empfindungen hingegeben hat. Dass er auch auf seiner dritten und vierten Reise, 1842 bzw. 1847, beide Male wieder in Familienbegleitung, zwischendurch gleichsam ausgebrochen und einige Tage allein in den Bergen gewandert ist, darf als ein Indiz dafür gewertet werden, wie stark das Hochgebirge auf ihn gewirkt hat.

Für den 13-Jährigen sollten sich auch die Gelegenheiten zum Musizieren als wichtig erweisen: vor immer wieder neuem Publikum spielen zu müssen – auch wenn es

Privatgesellschaften waren und die anwesende Familie ihm eine Art „Rückenstärkung“ gab –, war keine Kleinigkeit, doch dürfte er dabei eine gewisse Routine entwickelt haben; die Andeutungen Fannys über seine „Auftritte“ in Magdeburg und Kassel lassen dies vermuten. Beim Musizieren in kleinem Ensemble war oft genug auch die Schwester Fanny beteiligt, doch berichtet sie darüber nur wenig. Aber so, wie die Familie die Stimmen zu Felixens Klavierquartett in d-Moll im Reisegepäck mitführte, hatte offensichtlich auch Fanny einige ihrer Kompositionsalben mitgenommen, da Lieder von ihr zumindest in Bern und Weimar aufgeführt wurden. So wie der Bruder hat auch Fanny unterwegs komponiert: „Auf dem Wege nach dem Gotthart. (Zwischen Altorf u. Wasen)“ entstand eine Vertonung von Mignons berühmten Versen, der sie den Titel gab „Sehnsucht nach Italien“ – offensichtlich stark von ihren eigenen Gefühlen an diesem 17. August geprägt; und auch für ein religiöses Lied, das sie in Basel komponierte, muss man wohl eine besondere (aber nicht bekannte) Reise-Situation annehmen, da sie hier Verse von Marianne Saaling verwendet hat.[26]

Felixens besonderes Interesse in der Schweiz gehörte den Orgeln: sehr oft sind die Mendelssohns in die Kirchen gegangen, um dem Sohn Gelegenheit zu geben, auf den Instrumenten zu spielen, was auch immer mit einem besonderen Aufwand verbunden war (wenn die Kirchen geschlossen waren) wie auch mit besonderen Kosten (da man ja den Bälgetreter bezahlen musste). Über einzelne Orgeln hat Felix dann auch seinem Lehrer Zelter in Berlin berichtet. In einem Brief äußert er sich auch über die Schweizer Sängerinnen – kritisch, aber nicht humorlos – und dann auch über das Jodeln, das er in der freien Bergwelt als „schön“ empfindet und als charakteristisch: es „hängt genau mit dem Bilde zusammen, das ich mir von einer Gegend mache, und gehört gleichsam zu einer Schweizer Landschaft.“[27] In diesem Zusammenhang verdient auch die Niederschrift zweier originaler Schweizer Lieder Beachtung, die sich Julie Saaling in ihr Stammbuch eingeklebt hat (s. Abb. 5).

Abb. 5. Zwei Schweizer Lieder: „Das Lied von der Wengern Alp“ und „Dominics Lied“ (Dominique Jütz). Unbekannte Handschrift, eingeklebt in Julie Saalings Stammbuch

Felix hat während der Reise auch komponiert: die Arbeit an seiner Oper „Die beiden Neffen oder Der Onkel aus Boston" hat er fortgeführt, wie man aus gelegentlichen brieflichen Erwähnungen entnehmen kann, aber auch aus einzelnen Datierungen im Partitur-Autograph. Am 18. September entstanden in Secheron zwei Lieder, und zwei Tage später begann er mit der Komposition eines neuen Klavierquartetts, das dann als sein Opus 1 gedruckt wurde.[28] Dieses Arbeitspensum illustriert, was Fanny schon zu Beginn der Reise dem Mentor Zelter berichtet hatte: „Felix hat brav gezeichnet, brav komponirt, so viel ich habe sehn können, und ist fleißig und thätig wie immer. Es ist ihm nicht möglich eine Stunde lang unbeschäftigt zu bleiben."[29] Es ist belegt, wie die Eltern den Jungen zu rastloser Tätigkeit anhielten – und so seine verhängnisvolle Entwicklung zu einem ‚workaholic' gefördert haben.

Ein Ort hatte es ihm besonders angetan: Interlaken. Auf seinen weiteren Reisen kehrte er immer wieder hierher zurück und wohnte auch 1842 und 1847 in demselben Hotel, in dem die Familie 1822 residiert hatte (Hotel Interlaken). Besonders faszinierten ihn die riesigen Nussbäume hinter dem Hotel: jetzt hatte er sie dreimal gezeichnet – und sie waren dann das einzige Motiv in der Schweiz, das er auf allen vier Fahrten in seinen Büchern festgehalten hat.

Für die Tochter Fanny erwies sich die Reise auch insofern als bedeutend, als sie hier offensichtlich ihren Sinn für Malerei weiterentwickelt hat: Farbwerte von Landschaften wirkten überaus faszinierend auf sie, und gelegentlich beschreibt sie die spezifisch malerischen Effekte bestimmter Eindrücke und Situationen nicht ohne Begeisterung. Sicher wurde das auch durch das große Interesse des Vaters an Gemälden gefördert – und vielleicht auch durch Gespräche mit dem Maler Wilhelm Hensel, zu dem sich in Berlin eine engere Beziehung anzubahnen schien.

Für sie sollte aber noch ein besonderes Ereignis im Leben ihrer Eltern wichtig werden: die ließen sich am 4. Oktober 1822 in Frankfurt am Main protestantisch taufen. Beide waren sich offensichtlich schon bei ihrer Eheschließung darüber einig gewesen, die Kinder evangelisch zu erziehen, und hatten sie 1816 in Berlin taufen lassen. Für sich selbst hatten sie diesen Schritt immer hinausgeschoben – mit Rücksicht auf Leas Mutter Bella Salomon, die streng am Judentum festhielt und ihren älteren Sohn, nachdem er konvertiert war, verstoßen hatte. Nun geschah dieser Akt fern der Heimat und sollte auch vor ihr verborgen bleiben.[30] Die Tochter hat diesem Akt in ihrem eigenen Empfinden eine besondere Bedeutung beigemessen, da sie den zum Anlass nimmt, über ihre eigene religiöse Bildung nachzudenken und sich dabei – in ihrem Brief vom 31. August – „gegen das heutige Judenthum" ausspricht, „weil es ein kompletter Religionsmangel ist".

Auch wenn sich in den Berichten der Reisenden über die Schweizer in einzelnen Gegenden sehr negative Äußerungen finden, lässt sich ihnen aber doch entnehmen, welch starke Eindrücke die Landschaft und die Berge hervorgerufen hatten – Eindrükke einer Überwältigung, die ihnen gelegentlich die Sprache verschlug. Felix artikuliert dieses Gefühl des Unvermögens sehr deutlich, wenn er von der „Schweiz" spricht, „deren Schönheit mit Worten gar nicht auszudrücken ist".[31] Auch bei der Schwester zeigt sich Sprachlosigkeit: sie rühmt, das Land sei „über jeden Ausdruck erhaben u. schön" – und: „die Majestät der Natur ist durch keinen Pinsel, durch keine Worte zu schildern".[32] Auch die Mutter berichtet, wie sehr sie beeindruckt war. Nach der Rückkehr schreibt sie an ihre Cousine in Wien, wie sehr „das schöne Land [mich] begeisterte und erregte" – „es ist ein Wunderland!"[33] Schon während der Reise hatte sie notiert: „Ueberall kann man sich mit Vergnügen aufhalten, denn das ganze Land ist ein irdisches Paradies, bald mit einem Teufelsbrücken-Höllenvorhof, bald mit rührend schönen elisäischen Feldern. Kurz, wenn ich je noch eine Dichterin werden soll, hole ich mir hier Begeisterung".[34]

Die Reiseberichte

Die wichtigste Quelle für die Ereignisse der Reise stellen Briefe dar, die während der Fahrt an Verwandte und Bekannte geschrieben worden sind. Die zuverlässigste Briefschreiberin in der Familie Mendelssohns war Lea; sie war – wie es ihre Schwägerin Henriette Maria in Paris einmal formuliert – „ein wirkliches Band für die zerstreuten Glieder der Familie". So wurde nicht nur der Schwester ihres Mannes, sondern auch der Cousine Henriette von Pereira-Arnstein in Wien regelmäßig berichtet; und auch über die Schweiz-Reise hat Lea ihnen ausführlich erzählt. Der ausgeprägte Familiensinn wird daran erkennbar, dass man in Berlin für Henriette Maria Abschriften einzelner Reise-Briefe anfertigte und ihr nach Frankreich schickte. Sie nahm regen Anteil an dem Geschick ihrer Berliner Verwandten und hatte ihrem Neffen Felix sogar einen besonderen Kuchenbäcker in Bern empfohlen, er komponiere „auf seine Weise herrliche Werke".[35] Und auch die beiden älteren Kinder schrieben Briefe: die Tochter Fanny und der Sohn Felix. Aber so, wie sie selber Nachrichten den Daheimgebliebenen zukommen ließen, erwarteten sie auch Gegenbriefe mit den Neuigkeiten aus der Heimat – blieben die aus, wurde das dann auch mit z. T. sehr deutlichen Worten gerügt.

Die ausführlichsten Reise-Berichte finden sich in den Briefen, die Fanny an Marianne Mendelssohn gerichtet hat, die Frau ihres Cousins Alexander. Sie war mit der sechs Jahre Älteren befreundet, und offensichtlich hat sie zu dieser Zeit dieses Verhältnis als sehr eng und herzlich empfunden – und wohl stärker, als es von Marianne erwidert wurde. In den ersten Briefen zeigt sich außerdem ein vertraulicherer Ton insofern, als sie davon ausging, dass Marianne manche Orte kannte, über die beide vorher miteinander gesprochen hatten; offensichtlich hatte Marianne früher eine Harzreise unternommen, auf die Fanny jetzt gelegentlich anspielt. Marianne Mendelssohn lebte im Sommer 1822 auf dem familiären Besitz hinter dem Schlesischen Tor, der Bartholdischen Meierei, jetzt auch zusammen mit Fannys Großmutter Bella Salomon – und so sind manche Briefe auch an die Großmutter bzw. an beide gerichtet, und einer auch an die Tante Recha Meyer. 18 Schreiben sind von der Hinreise und der Fahrt durch die Schweiz erhalten. Sie berichtet in ihnen kontinuierlich bis zur Ankunft in Genf (Secheron), danach schreibt sie nur noch einmal an die Freundin, aus Frankfurt am Main, und erklärt ihr hier auch die Gründe für ihr Stillschweigen während der Zwischenzeit. Sie hatte vorher mit Marianne verabredet, dass die Fannys Briefe aufhebt und ihr nach der Ankunft in Berlin zurückgibt, was sie auch zuverlässig getan hat: Fanny wollte mit ihnen die Führung eines Tagebuchs ersetzen – und so notiert sie gelegentlich auch Einzelheiten nur für ihr eigenes Gedächtnis und nicht als Mitteilung an die Daheimgebliebenen bestimmt. Doch geht sie manchmal sehr ausführlich auch auf die Briefe der Freundin ein: so werden manche aktuellen Berliner Ereignisse diskutiert, Fragen nach einzelnen Verwandten und Bekannten gestellt und auch immer Grüße an etliche Personen aufgegeben – auch wenn dies alles heute oft nicht leicht zu erklären und aufzuhellen ist, zumal die Briefe Mariannes an Fanny fehlen, zeigt sich hierin doch das ausgeprägte mendelssohnsche Familienbewusstsein.

Eine weitere Quelle ist das Tagebuch des Hauslehrers Karl Heyse. Es umfasst die ganze Reise vom Tag der Abfahrt aus Berlin bis zur Rückkehr, wobei die Tage genau datiert und von 1 bis 99 durchnummeriert sind. Er hat für jeden Tag das ihm Wichtige notiert, nicht immer an demselben Abend, manchmal erst ein paar Tage später, aber anscheinend doch zuverlässig. Er konzentriert sich auf die Fakten des Gesehenen, die weitgehend mit dem von Fanny Berichteten übereinstimmen; Reflektionen fehlen weitgehend; erst am Schluss, als er sich in Julie Saaling verliebt hatte, werden seine Eintragungen sehr persönlich. Es fällt auch auf, dass die Namen seiner „Zöglinge" nur selten auftauchen, und auch nur hin und wieder werden „Herr M." und „Frau M." erwähnt.

Auch Julie Saaling hat ein Tagebuch geführt, in dem sie aber oft nur stichwortartig die Orte erwähnt hat, die sie passiert haben; Persönliches fehlt weitgehend. Ihre Aufzeichnungen beginnen am 24. Juli mit der Ankunft in Darmstadt und enden am 25. September mit der Ankunft in Basel. Über ihre Empfindungen für Heyse findet sich in ihren Aufzeichnungen nichts. Ein indirektes Zeugnis ihrer besonderen Gefühle zu ihm ist aber in zwei Blättern zu finden, die sie in ihr Stammbuch aufgenommen hat: auf ihnen hat sie ganz kleine gepresste Blumensträuße aus der Schweiz aufgeheftet – zu jedem hat sie den Schweizer Ort und das Datum notiert, und auf dem ersten Blatt dazu ergänzt: „Alle von C. H."[36]

Als weitere Quellen für die Reise sind die Zeichnungen des Sohnes Felix und einige schriftliche Kommentare dazu anzusehen. Er hatte früh schon eine Begabung zum Zeichnen erkennen lassen und wohl 1821 mit einem entsprechenden Unterricht bei Samuel Rösel begonnen;[37] der Professor für Ornamentzeichnen an der Berliner Bauakademie war ein damals sehr beliebter Zeichenlehrer und ein in der Familie gern gesehener Gast. Von den frühen Studien des Sohnes ist nichts Datiertes überliefert, die ältesten erhaltenen Zeichnungen, die eine Tagesangabe enthalten, sind augenscheinlich die von der Schweizer Reise. Zwei Bücher in unterschiedlichem Format hatte er mitgenommen und in ihnen insgesamt 52 Ansichten festgehalten:[38] oft nur kleine Skizzen, manches flüchtig, vieles auch nicht beendet, einige Stücke dagegen sehr sorgfältig ausgeführt – insgesamt aber von deutlich schülerhaftem Charakter. Einzelne Punkte hat er oft genug mit ihren Namen genau bezeichnet, so wie er es später auch immer wieder gehandhabt hat. Er notiert fast immer auch den Ort und das Datum – und so ergänzen diese Angaben die aus den anderen Berichten überlieferten Daten. Eine separate Zeichnung von der Kirche in Vevey hat er für Julie Saaling angefertigt, die sich die in ihr Stammbuch eingeklebt hat.[39] Zu fünf Zeichnungen hat er auf vier separaten Blättern Erläuterungen notiert, in denen er die gezeichnete Landschaft mit Worten erklärt, die aber kaum zusätzliche Informationen enthalten.

Zum vorliegenden Band

Der Reiseverlauf wird in Form der Wiedergabe aller 19 Briefe von Fanny Mendelssohn in ihrer chronologischen Folge dargestellt. Aus diesen Briefen waren bisher nur kleinere Auszüge bekannt, die der Sohn Sebastian in seine Familienchronik in bearbeiteter Form aufgenommen hat.[40] Sie werden hier vollständig und in diplomatisch getreuer Form veröffentlicht. Drei bisher ebenfalls unveröffentlichte Briefe, die sie während der Reise an ihren Musiklehrer Zelter geschrieben hat, sind in den Anhang aufgenommen. Auf die Wiedergabe von Reise-Briefen, die in jüngerer Zeit gedruckt worden und leicht zugänglich sind, wird hier verzichtet;[41] wichtige zusätzliche Informationen werden aber zitiert.

Ergänzt werden diese Texte auch durch Auszüge aus dem bisher unbekannten Tagebuch von Karl Heyse, die an der jeweiligen inhaltlichen Stelle kursiv und deutlich abgesetzt eingefügt sind; die Auswahl richtete sich zum einen danach, dass sie tatsächlich zusätzliche Informationen zum Brieftext Fannys enthalten, zum anderen wurden Passagen ausgewählt, in denen die Person Heyses mit ihrem eigenen Denken und Empfinden deutlicher erkennbar wird – doch sind die Eintragungen am Schluss über seine Beziehung zu Julie Saaling hier nur gekürzt wiedergegeben. Vollständig aufgenommen sind alle Erwähnungen der einzelnen Familienmitglieder. Weitgehend ungekürzt wiedergegeben ist sein Tagebuch-Text für die Zeitspanne, in der Fanny keine Briefe geschrieben hat, d. h. ab der Ankunft in Genf (Secheron) am 12. September (orthogonal gesetzt). Sein Text über den Besuch bei Goethe in Weimar wird hier erstmals vollständig abgedruckt.[42]

Aus dem Tagebuch Julie Saalings, das ebenfalls bisher unbekannt war, sind lediglich Ergänzungen über die Reiseroute direkt in die Brieftexte eingefügt, durch spitze Klammern kenntlich gemacht; die entsprechenden Ortsnamen sind in ihrer heutigen Form eingefügt; gelegentliche Zitate sind als solche benannt.

Von den Zeichnungen Felix Mendelssohns sind hier vier reproduziert. Zu dem Bild „Grindelwaldgletscher“ ist seine separate Erläuterung vollständig wiedergegeben – als Beispiel für die Eigenart und Beschaffenheit dieser bisher unveröffentlichten Kommentare.

Die Wiedergabe der Texte aus den handschriftlichen Quellen folgt in Orthografie und Interpunktion den Originalen, auch die Namensformen der Orte wurden nicht entsprechend der heutigen Schreibweise korrigiert (s. dazu die Konkordanz im Anhang). Lediglich die Anredeformen (Du, Dein, etc.) erscheinen hier immer mit Großbuchstaben, die verschiedenen Abkürzungen für „und“ sind immer aufgelöst. Unterstreichungen in den Brieftexten von Fanny Mendelssohn sind kursiv gesetzt.

Einzelne Familienmitglieder, die nur mit ihrem Vornamen oder mit ihrer Verwandtschaftsbezeichnung genannt werden, sind nicht immer aufgelöst bzw. nur bei der ersten Nennung erklärt. Es sind dies:

- Alexander: A. Mendelssohn (1798–1871), der Cousin Fanny Mendelssohns, Bankier in Berlin, verheiratet mit Marianne Seeligmann, Fannys Brief-Adressatin
- Betty (eig. Rebecka) Beer (1793–1850): Cousine von Fanny Mendelssohn, verheiratet mit Heinrich Beer, Tochter von „Tante Meyer“
- Onkel Bartholdy: Jacob Ludwig Salomon B. (1779–1825), Bruder der Mutter Lea M., Diplomat in Rom
- Peppi: Josephine Benedicks (1797–1834), geb. Seeligmann, Cousine von Fanny Mendelssohn
- Tante Hinni: Henriette (gen. Hinni, Hiny) Mendelssohn (1776–1862), Frau von Joseph M.
- Tante Levy: Sara L. (1761–1854), geb. Itzig, Schwester der Großmutter Bella Salomon
- Tante Meyer (Meier): Recha M. (1767–1831), geb. Mendelssohn, Schwester von Joseph und Abraham M., Mutter von Betty Beer

Für freundliche Unterstützung sage ich meinen Dank Herrn Dr. Rudolf Elvers, der mir seine Transkriptionen einiger Briefe Fanny Mendelssohns überlassen hat, Frau Dr. Heidrun Ludwig vom Hessischen Landesmuseum Darmstadt und Herrn Dr. Rüdiger Splitter vom Museum Kassel, Herrn Dr. Rolf Gisler-Jauch vom Staatsarchiv Uri in Altdorf und der Familie Käppeli vom Hotel Rigi-Kulm, die mir das Gästebuch von 1822 zugänglich gemacht hat, wie auch Herrn Jürgen Ernst, Frau Petra Gebeschus, Herrn Patrick Kast und Herrn Dr. Sebastian Panwitz. Der Staatsbibliothek zu Berlin und der Bayerischen Staatsbibliothek München danke ich für die Genehmigung zum Abdruck der Quellen und der Felix-Mendelssohn-Bartholdy-Stiftung Leipzig für die Förderung des Drucks. Mein besonderer Dank gilt Frau Ursula Reichert, die sich mit großem Engagement der Betreuung dieses Buches angenommen hat.

Berlin, im September 2011 Hans-Günter Klein

Auszug aus den Stammtafeln der Familien Mendelssohn und Salomon

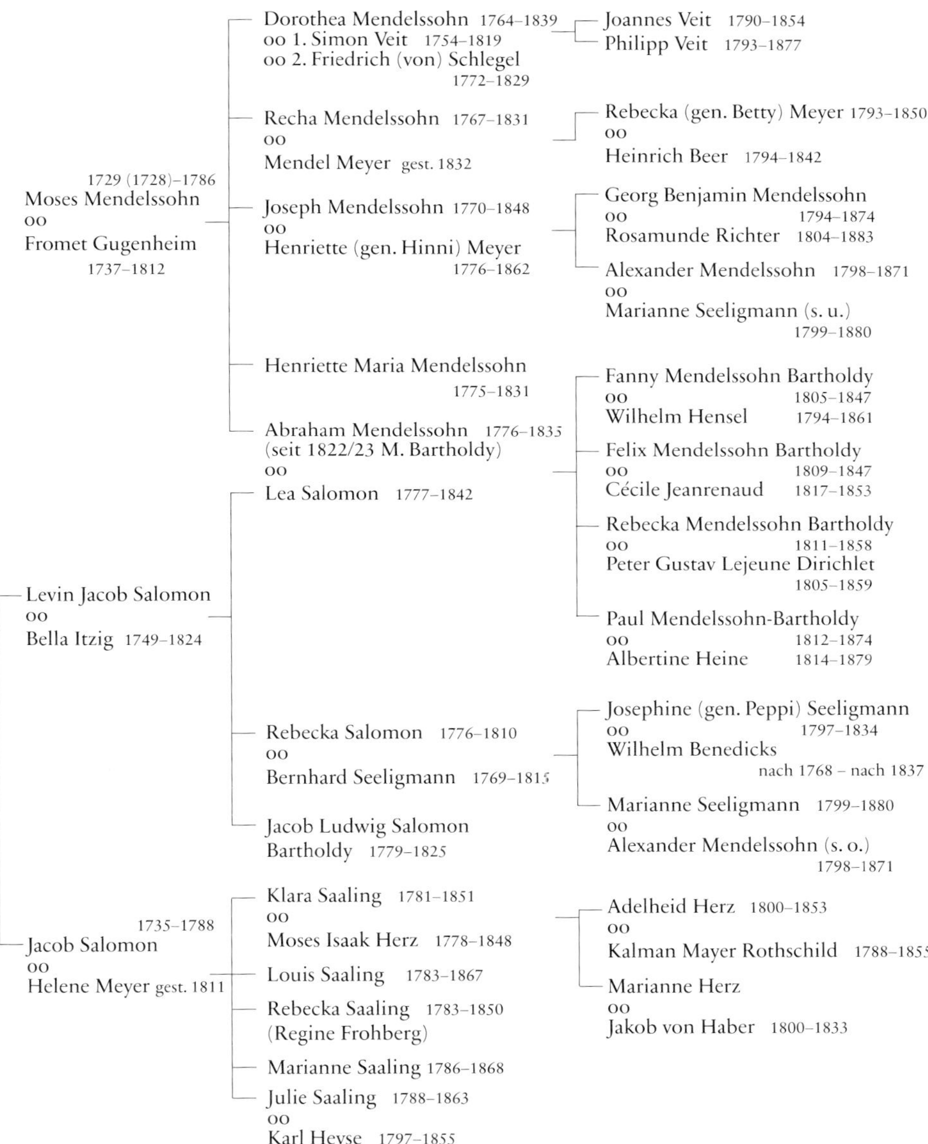

Auf der Hinreise in Deutschland

[Karl Heyse beginnt sein Tagebuch:] *Sonnabend den 6ten Jul. (geschrieben in Brandenburg) Früh um 8 ½ Uhr fuhren wir ab, und zwar nicht zum Potsdamer Thor, sondern zum Brandenburger Thore hinaus, um noch von Mde Meyer Abschied zu nehmen, die wir im Bette liegend finden.*[1]

[Brief von Fanny Mendelssohn an Marianne Mendelssohn, 7./8.7.1822:]

Brandenburg, den 7 Juli 22. früh vor der Abreise

Bis hierher hat uns der Himmel glücklich geleitet, wiewohl nicht ohne Abentheuer. In Potsdam [am 6.7.] brachten wir eine sehr angenehme Stunde im Hause des H. v. Türk[2] zu, und hörten einige sehr interessante Briefe des H. v. Buch[3] vorlesen. – Die erste Station heißt v. da Großkreuz, und ist v. 3 starken Meilen.[4] Als wir da ankamen, wurde nach Felix gefragt, und da wies es sich aus, daß er in Potsdam vergessen sei!!! In jedem Wagen glaubte man er sei zu den Andern gegangen, und so war er wirklich zurückgeblieben. Der Entschluß war bald gefaßt, H. Heyse fuhr zurück, und wir bereiteten uns vor, 4–5 Stunden in Gr[oßkreuz] zu warten. Allein schon nach Verlauf von einer Stunde kam der Wagen wieder. – Als wir eben in Potsd. um die Ecke fuhren, kam Felix, er lief sogl. nach, und lief lange auf der Chaussee, d. Staub unsrer Wagen im Auge und nicht vermögend uns zu erreichen. Indessen wanderte er immer fort, und hatte sich vorgenommen uns nach Brand[enburg] zu folgen, wo er seiner Rechnung nach um 12 ankommen konnte. Ein Bauernmädchen gesellte sich zu ihm, sie brachen starke Stöcke ab, und Felix hatte 2 starke Meilen zu Fuß gemacht, als H. H[eyse] ihn 1 Meile vor Großkr. traf. Daß sein gutes Benehmen ihm die zugedachten Verweise ersparte, brauche ich Dir wol nicht zu sagen.
Er ist ein himmlischer Junge, Gott erhalte ihn uns gesund.

[Heyse:] *Interessant war es mir, die verschiedenen Gesichter der Seinigen bei seiner Rückkehr zu beobachten. Voran kamen die Geschwister gelaufen mit möglichst freundlichem Gesicht, die Arme ausbreitend; dann die Mutter freundlich, aber mit dem Finger drohend; der Vater zuletzt will ernst und böse aussehen, aber die Freude über das Wiederhaben des Vermißten gewinnt bald die Vorhand.*

Hier [in Brandenburg] suchte ich gleich Hannchen [Zimmermann][5] auf, die sich erstaunlich wunderte. Sie läßt Dich sehr grüßen.

Magdeburg, Montag d. 8 Juli 22.
Gestern [7.7.] hatten wir eine ungemein langweilige und unangenehme Tagereise. Um 5 U. kamen wir in Magdeburg an. Ich finde, daß die Stadt beim ersten Hereinfahren einen sehr angenehmen Eindruck macht. Bei der Citadelle traf H. Heyse seinen Bru-

der,[6] einen sehr hübschen und angenehmen jungen Mann, der uns gleich nachher abholte den Dom zu besehn. Ein herrliches Denkmal gothischer Baukunst. Schade, daß die Einheit des Ganzen durch die vielen modernen Zusätze gestört wird. Schöne geschmackvolle Verzierungen in Stein und Holz. Gar keine Gemälde. – Warum hast Du nie von dem Denkmale des Erzbischofs Ernst v. Peter Fischer gesprochen? Gewiß ein vortreffliches, höchst ausgezeichnetes Kunstwerk, ganz im Stil des St. Sebaldusgrabes.[7] Meisterhaft ausgeführt bis in die kleinsten Einzelheiten, grandios im Totaleindruck. Die schöne, große Orgel zu Felixens größtem Leidwesen ganz in Verfall. Der Domplatz ist mit Bäumen und schönen Häusern besetzt. Den Dir. Heyse trafen wir dort, er nahm uns Alle mit zu Hause, und stellte uns seiner Familie vor, in der ein Jeder von uns einen Gefährten seines Alters fand. Caroline, ein sehr liebes Mädchen v. 15 Jahren, Bertha in Rebeccas Alter, wild wie ein Husar, aber voller Geist und Lebendigkeit, wie es scheint ein Liebling d. Hauses. Die älteste Tochter, Elise, die an Krämpfen leidet, ist zu meinem großen Bedauren auch jetzt nicht sichtbar. Man fühlte sich gleich sehr behaglich in dieser sehr angenehmen Familie, und im Verein mit Allen, baten wir die Eltern noch zu bleiben. Die Sache wurde Muttern anheim gestellt, und diese willigte gern ein, noch einen ganzen Tag zu bleiben, worüber ein allgemeines Jubelgeschrei erhoben ward. – Alex[ander]s Reiseroute ist nach strengen Prüfungen gut befunden worden, und morgen gehen wir nach Ballenstädt. Mutter ist ungemein wohl, gar nicht ermüdet und sehr lustig. Der Gasthof ist vortrefflich und wir sind in jeder Hinsicht mit Magd. zufrieden. Ich kann mir gar nicht denken, dass wir wirklich erst vorgestern v. Berlin gereist sind. Die Minuten werden beim Reisen kurz, die Tage unendlich lang. – Ich hoffe, Du schreibst mir Dinstag, damit ich Deinen Brief in F[rank]furt erhalte, es wäre sehr edel von Dir. Großmutter hat mich noch einmal gebeten, Dir zu empfehlen, daß du ihr Alles mittheilst. Ich glaube, das ist nicht nöthig, Du wirst ja wol wissen, was zu verschweigen ist, das Uebrige ist für sie so gut, als für Dich. Zelter sagt v. Goethe, er könne fragen wie ein Thorschreiber. Diese Eigenschaft will ich während der Reise mit dem großen Manne gemeinsam haben. Du mußt erzählen, bis Dir die Feder stumpf wird. Wer abreist, wer ankömmt, wer Euch besucht und bei Euch wohnt, ob sich jemand nach uns erkundigt (denn es ist hübsch, wenn einen die Leute lieben) was Ihr für Wetter habt, etc. etc.

Das Unsrige war bis jetzt sehr günstig, frisch und kühl. – Du brauchst nicht zu fürchten, geliebte Marianne, daß die Umständlichkeit meiner Erzählung mit dem Interesse der Reise steigen wird, ich müßte dir am Ende jeden Posttag einen Band schikken. Aber heut, welche Verführung! Zeit und Ruhe, und ein großes weißes Blatt Papier, um an die beste Freundinn zu schreiben; künftig wird es mir doch immer an einem dieser Dinge mangeln, also will ich heut nicht widerstehn. Weißt Du wol noch, was heut vor einem Jahre geschah? Da waren wir in Sorge und Angst. Gottlob, daß Alles so gekommen ist. Ich lasse keinen grüßen, mein Herz, oder vielmehr Alle, und nenne Keinen. Es sind so viele in Berlin, an die ich beständig denke, daß ich von keinem reden will um keinen Andern zu übergehn. Nur Großmutter und Alexander nehme ich aus.

Und wie Cato am Schlusse jeder Rede aus rief: Karthago werde zerstört! so will ich jeden Brief mit d. Worten schließen: Schreibe! Schreibe! Mutter schreibt an Großmutter, und ich nenne mich Deine ergebenste Freundinn *Fanny*
Für diese Reise führe ich Brinkm[ann]s Zahlensystem ein.[8]

[Brief von Fanny Mendelssohn an Marianne Mendelssohn, 9./11.7.1822:]

Ballenstädt, den 9 Juli 22. Dinstag.

Wie ich es dir schrieb, sind wir gestern [8.7.] in Magdeburg geblieben. Vormittags gingen wir auf eine Gemäldeausstellung, von der wir aber nur die beaux restes sahen, da sie schon am Abend zuvor geschlossen worden war. – Anm. des 22jähr. Malers Kühn,[9] Copie nach Rafael. – Das Haus steht auf dem alten Markt, woselbst die alte Statue d. Kaiser Otto zu sehn ist.[10] Die Stadt Magd. hat ein Ansehn v. alter reichsbürgerlicher Wohlhabenheit, welches mir ungemein wohl gefällt. Das Pflaster gut, Straßen und Häuser reinlich und nett, besonders am Fürstenwall und am breiten Wege. Mittags aßen Caroline, Ludwig und Bertha bei uns. Nach Tisch kam der Papa Heyse und da fuhren wir über die Citadelle nach d. Werder, wo wir mehrere Gärten besuchten. Herrliches Obst, besonders Kirschen, aller Rasen versengt. V. da begaben wir uns zu Heysens, wo sich eine ziemlich zahlreiche Gesellschaft versammelte. Besonders viel junge Mädchen, Kost- und Schulgängerinnen, Familie Zerrenner (Emilie) Zumbach, Musikdir. Wachsmann,[11] (oder wie sie ihn nennen: Wachsdirektor Musikmann) und viele andre. Wir machten etwas Musik, und Felix fantasirte. Es kann mich immer gar zu sehr freuen, wenn die Leute dabei stehn, und zu träumen meinen. Wie ich mich aber behaglich fühlte unter diesem Häuflein freundlicher und liebenswürdiger Mädchen meines Alters, das kann ich dir nicht beschreiben. Caroline und Emilie hielten sich am meisten zu mir. In d. ganzen Familie herrscht ein so angenehmer Ton, eine solche Zuvorkommenheit gegen Fremde, eine so ungezwungene feine Artigkeit, daß man es nicht genug rühmen und loben kann. Es sind herrliche Menschen. Die Mutter ist kränklich und etwas langsam, aber eine wahre Frau Minnetrost, so milde und wohlthätig. Daß ich Elisen nicht sehn konnte, bedaure ich recht sehr. – Jetzt wirst du mich auslachen, aber ich muß Dir sagen, daß ich unter vielen Thränen das Haus verließ, wo so jeder fand was ihm paßte. Lina ist so still herzlich. Felix hielt sich zu Gustav, Rebecca zu Bertha, Paul zu Julius. Vater fand ganz besonderes Gefallen an Ludwig. –

Diesen Morgen [9.7.] reisten wir ab. Bald hinter Egeln kommt man ins Gebirge, rechts erscheint d. Brocken. Ballenst[edt] liegt allerliebst, aber d. große Gasthof – nach Tisch machten wir einen Spatziergang nach d. Garten und d. Terrasse d. Schlosses, wo man Quedlinburg liegen sieht. Der Garten ist sehr hübsch und freundlich. Bis in d. Stadt sind wir nicht gekommen. – Denke dir, daß es hier in 7 Wochen nicht geregnet hat.

Den 11 Juli Donnerstag Nachmittag in Blankenburg. – Und recht mürbe von der heutigen Parthie.

Gestern [10.7.] fuhren wir von Ballenst. den allerliebsten Weg bis Mädchensprung. Hier besahen wir die Schmelzhütte,[12] frühstückten, und bestiegen den Berg, der meines Bedünkens, nicht viel Interessantes darbietet. Weiter durch das sehr niedliche Selkethal bis Alexisbad. In dieser ganzen Gegend blühen erst die Rosen im schönsten Flor. Die Kirschen von d. höchsten Vollkommenheit. Nach Tisch fuhren wir durchs Selkethal zurück, über Gernrode nach d. Stufenberge. Ich erinnerte mich sogl. Deiner Erzählung v. d. Pavillons. Das Gasthaus ist zwar nach Möglichkeit schlecht, macht aber zum Sehen einen eigen angenehmen Eindruck.[13] Aussicht ins Thal sehr hübsch. Wir bestiegen noch d. Klettenberg gegenüber.

Die heutige Tagereise [am 11.7.] war bei weitem beschwerlicher, aber auch viel belohnender. Wir fuhren heut früh nach d. Roßtrappe durch d. Dorf Thale an d. Bode, Mutter blieb unten im Gasthause. Du wirst Dich erinnern, daß d. Weg, besonders im Anfange, über d. Stufen, ungemein beschwerlich ist. Man meint wirklich nach einer solchen Strecke die Lungen würden sich nie wieder erholen. Auf d. Balcon weitumfassende, wildromantische Aussicht nach allen Seiten, unten d. Dorf, recht[s] d. Bodethal, welches sich weit herum erstreckt. Schroffe dunkelbewachsene Felswände, furchtbare Schluchten. Auf der Roßtrappe selbst ist die Aussicht beschränkter, aber wilder und schrecklicher. Wir vernahmen das Märchen v. d. Prinzessin, und die wahre Geschichte d. Mädchens, welches hier vor 3 Jahren einen schaudervollen, aber freiwilligen Tod fand; auch manche andre Unglücksmähr, welche unser Führer mit wohlgewählten Ausdrücken zu erzählen wußte. Der Weg herunter ist noch weit ermüdender, die Knie zittern gewaltig. Aber wahrlich, es verlohnt sich der Mühe. (3 Stunden brachten wir auf der Parthie zu.)

Nach kurzer Ruhe gingen wir durchs Dorf, und eine Viertelstunde ins Bodethal. Ich vermuthe, Du hast es nicht gesehn, weil ich mich nicht erinnere, Dich davon haben reden zu hören. Es ist die interessanteste Gegend, die ich gesehn habe. Thurmhohe Felsstücke drohen beständig ihren Einsturz, die Bode drängt sich in engem Bette zwischen ungeheuren Wänden hin. Im Frühjahr reißt sie gewöhnlich Brücken, Dämme, Steine und Bäume mit sich fort, jetzt sieht man kaum ein dünnes Waserfädchen. Überhaupt sind alle Bäche, Flüsschen und Gebirgsgewässer vertrocknet, und es fehlt der Gegend an dem, was für mich ihr größter Reiz ist. – Von d. Roßtrappe fuhren wir nach Blankenburg, auf erbärmlichen Wege. Vater, Felix und H. Heyse sind noch nach d. Schloße gegangen, so gern ich aber noch den Cruzifix gesehn hätte,[14] heut bin ich nicht mehr gehlustig. Mutter ist etwas ermüdet, sieht aber wohl aus, und es scheint ihr im Ganzen sehr gut zu bekommen. Unsere ganze Gesellschaft ist sehr munter und wohlgelaunt. Du glaubst gar nicht, was wir für Witze, für schlechte Charaden und Räthsel zur Welt bringen. – Morgen geht's nach d. Baumannshöhle, vor d. mir nach allen Beschreibungen etwas graut. Allein man muß durch. Im Ganzen finde ich den Harz sehr hübsch, besonders die heutige Tagereise, allein ich gestehe Dir, ich wünschte ihn erst im Rücken zu haben. Das Reisen ist hier sehr unangenehm, d. Wege sind überaus schlecht (und ich bin nie hasenherziger, als auf d. Reise), die Städte uninteressant, die Gasthäuser unter aller Kritik, und nirgends ist für die Bequemlichkeit d. Reisenden so gesorgt wie z. B.in Sachsen. Doch zeichnet sich hierin d. Alexisbad aus. A propos, ich vergaß ganz zu sagen, daß wir da die Bardua[15] antrafen, welche sich sehr freute und Tante Levy grüßen läßt. Sie ist da eine Art Hahn im Korbe, stellt lebende Bilder, und nimmt dazu die schönsten Badegäste, malt alte Herzoginnen, und läßt die Schwester singen. – Im Ganzen finde ich, ist der Harz ein Land für den Maler. Prächtige Frauen sieht man, schöne Gestalten, Arme und Zähne. Und Augen! Wer da kein Mann ist freue sich. –

In diesem Briefe steht recht Vieles, was Dich gar nicht interessiren kann, mein liebes Herz. Aber du weißt, das brauchst Du nicht zu lesen, ich schreibe es für mich. Lebe recht wohl. Daß Großm[utter] und Alex[ander] herzlich gegrüßt sind, brauche ich nicht zu wiederholen. Auch wenn Du Casper und Fanny[16] siehst und alle, alle Freunde. Denke in Liebe Deiner *Fanny*

[Brief von Fanny Mendelssohn an Marianne Mendelssohn, 15.7.1822:]

Cassel. Montag d. 15 Juli 22. Morgens

Den Harz haben wir im Rücken, meine geliebte Marianne; und mit Beendigung der letzten Parthie im Gebirge, ist das Regenwetter eingetreten.

Freitag den 12 fuhren wir früh v. Blankenburg aus nach d. Baumannshöhle. Auf d. Wege besahen wir die Marmormühle, die in einem schönen Thale liegt. D. Rübeland ist wild und romantisch, schauerliche Felswände, steiniger, beschwerlicher Weg, mitunter schöne Waldung. Vorzüglich Buchen und Eichen. – Die Cermonie mit dem Bergmannskittel finde ich gar nicht übel. Sie benimmt ein wenig die Anwandlung v. Schauer, welche beim Anblick d. hohen Felsenthores unwillkürlich ergreift. Für uns war die Parthie auch wirklich etwas beschwerlich, Vater, der so leicht schwindlich wird, und der auch gleich zu Anfang fiel, die beiden kleinen, die sich indessen, besonders Paul sehr muthig benahmen. Ich für mein Theil machte d. Sprüchwort wahr: Je n'ai pas peur, mais je tremble.[17] Ich kann Dich versichern, daß ich nicht im Geringsten furchtsam war, aber als ich die Leitern bestieg, zitterten mir Hände und Füße so, daß ich mich kaum halten konnte. Die Höhle ist höchst merkwürdig. Die wundersamen Gewölbe und Gestaltungen des Tropfsteins, dieses ewig sich erneuernde und ewig wechselnde Spiel der Natur, dazu die kalte Grubenluft, die Finsterniß in d. Höhle, der feuchte schlüpfrige Boden, dies Alles macht einen imposanten Eindruck. Wir durchwanderten die Höhle nicht ganz, sondern nach einer Stunde erblickten wir wieder den ersten Lichtstrahl v. oben, der einen gar angenehmen Eindruck macht. Auf d. Rückwege wurden wir handgreiflich genug an Rüdersdorf[18] erinnert. Beim Wegfahren aus Rübeland sah man d. Brocken klar und sehr hell. Plötzlich in weniger als 3 Minuten umwölkte sich d. ganze Himmel, vom Brocken stieg ein starkes Gewitter auf, und zog sich über uns zusammen. D. Regen fing sacht an, u. wurde immer heftiger. Als wir d. letzten hohen Berg vor d. Stadt erreicht hatten, fing es an dermaßen zu gießen, daß kein trockner Faden an uns blieb. Die Dachrinnen in d. Stadt vollendeten das Bad, und wir kamen in einem sehr lächerlichen Aufzuge in d. Stadt an, wo uns Mutter in tausend Ängsten erwartete. – Die Baumannshöhle hatte alle meine Erwartungen befriedigt, aber als ich das süße Tageslicht wieder erblickte, sagte ich zu mir selbst: einmal in der Baumannshöhle gewesen, und nicht wieder. –

Nachmittags. Das Wetter hellte sich ein wenig auf, und wir fuhren nach Wernigerode.

Sonnabend [13.7.] hatten wir eine starke Tagesreise, 14 ¾ M[eilen] bis nach Göttingen, wo wir um 4 Uhr ankamen. Ilsenburg, das Ilsethal blieb uns links liegen. Goslar, ein abscheulicher Ort in einer schönen Lage.

Gestern [14.7.] blieben wir den halben Tag in Göttingen. Siehst Du den Dr. Bing,[19] so sage ihm doch, daß wir seinen Sohn gesehn haben. Mehr weiß ich aber wahrhaftig nicht v. ihm zu sagen. Muhr[20] ließen wir gleich rufen, er wich uns nicht von der Seite bis wir im Wagen saßen. Da Mutter große Lust zeigte, Blumenbach[21] zu kennen, so führte er uns zu ihm. Wahrlich ein Gang der uns nicht gereute. Welch ein herrlicher außerordentlicher Mann. Das Gespräch hier ganz niederzuschreiben, würde mich zu weit führen, aber jedes seiner Worte ist Gold werth. Was hat er für ein Gedächtniß. Caspers erinnert er sich genau. Er sprach sehr komisch von ihm, wir wollen es ihm einmal erzählen, wenn wir nach Berlin kommen. Unter seiner Sammlung interessirte mich besonders: ein herrlich gebauter altgriech. Schädel, ein dito röm., die ihnen gegenüber gestellten barbarischen Schädel, Raphaels Schädel[22] u. v. A. Uebrigens tut man in seiner kleinen Wohnung keinen Schritt ohne interessante Gegenstände zu erblicken, wie man kein Wort von ihm vernimmt, welches nicht lehrreich und witzig wäre. Uebrigens ahmt Casper seine Sprache so vortrefflich nach, daß ich mich in den ersten Minuten kaum des Lachens erwehren konnte, weil ich bei der Begrüßung des liebenswürdigen Greises immer an jene kaum karrikirte Copie denken mußte.

Eliot den wir schon neulich in Blankenburg trafen, fanden wir gestern in Gött. wieder, er ist mit uns hergereist, und wir werden bis Fr[ank]furt zusammen bleiben.[23]

Wir wollten gestern in Gött. die Damen Rodde-Schlözer, und Loder[24] aufsuchen, und deswegen einen Tag da bleiben. Beide waren aber verreist, und da uns überdies das heftige Regenwetter abhielt, irgend etwas vorzunehmen, so fuhren wir Nachmittags weg, und nach Cassel. Bei Münden, wo die Weser entsteht, scheint die Gegend wunderschön zu sein. Wenn uns nur ein freundlicher Sonnenblick erlaubt hätte, die Gegenstände weiter als aus einige Schritte zu unterscheiden.

Cassel haben wir Groß-Potsdam benannt. Breite Straßen, weite Plätze, große Prachtgebäude, häufig nicht beendet, und keine Menschen. Mir will es nicht behagen. Diesen Morgen [15.7.] gingen wir aufs Museum, wo Vater sich gleich im ersten Zimmer mit dem erzgroben Cicerone herumzankte. Als der Frieden gemacht war, fingen wir an zu gaffen. Das halbe Lokal voll Firlefanz und Plundermatzkram, wie Du ihn nur in der Rüstkammer und dem grünen Gewölbe finden kannst. Du kennst meine Meinung zu dergleichen. – Aber es sind auch schöne Sachen da, ein großes Naturalienkabinett, Münzenkabinett, viel Elfenbeinschnitzereien und dann ein Saal mit Statuen, Antiken und Abgüssen, und Models der röm. Ruinen. Ach das war herrlich! Du behältst es für Dich, wenn ich Dir sage, welch ein überhoher Genuß mir das war. Man darf ja nicht sagen, daß man Kunstwerke liebt, es wird ja lächerlich und tadelnswerth gefunden. – Das Koliseum [Colosseum in Rom], obgl. in so verjüngtem Maasstabe, erfüllte mich mit Schauder. – Eine schöne Pallas. Alte Bekannte, die man immer wieder mit Freude grüßt. Antinous, Apollo, Diana etc.[25] Herauf nach der Gemäldegallerie, die, wie man sagte viel Herrliches enthält. Schönes Porträt v. Rembrandt,

[Heyse:] *ein weibliches Portrait, das mit den sonstigen Vorzügen Rembrands ein an Klarheit und Glanz nur bei Titian seines Gleichen findendes Incarnat verbindet, nach meinem Gefühl die Krone der Sammlung.*[26]

Viel van Dyk, Rubens, Wouwermanns, ein Ruisdael, einige Titian, Mieris, einige span. Bilder.[27] Schade die Sachen so im Fluge zu besehn. Fast alles war in Paris, viel hat sich in der Kriegszeit verkrümelt.[28] Dageblieben ist viel Landgräfl. und Churfürstl. Plunder, Bilder zum Entsetzen. –

Göttingen, obgleich im Regen besehn, hat mir einen sehr angenehmen Eindruck hinterlassen. Es soll ein eiserner Fleiß da herrschen. Muhr hatte eine übertriebene Freude uns da zu treffen. Er erzählte uns manches Angenehme, und ließ sich gar viel von seinen lieben Berlinern erzählen. Nach Hensel hat er fleißig gefragt.[29] In 6 Wochen geht er nach Berlin zurück. Ach weißt du wen wir noch gesehn haben? Wessely,[30] der sehr unangenehm ist. Er will nach Schweden.

Ihr glaubt gar nicht, Kinderchen, wie viel ich an Euch und die gute Großmutter denke. Wie gehts Marien?[31] Sie nimmt gewiß recht zu. Wie leid ist es mir, daß ich nicht vor der Abreise ihr Pathe geworden bin. Was hört man von Betty? Ist Benoit Fould[32] noch in Berlin? Bußler[33] war bei unsrer Abreise krank, Du weißt wol nicht zufällig wie es ihm geht? Die gute Tante Hiny schreibe ich v. F[rank]furt aus. Wie schade, daß wir sie nicht besuchen. Sage doch Peppi, daß sie recht oft Gegenstand unsres Gesprächs war. Ich kann nicht recht innig an sie denken, ohne Thränen. Lebe wohl, wir *müssen* spatzieren. Grüße alle, alle Freunde von Deiner – –

[Brief von Fanny Mendelssohn (an Marianne Mendelssohn), 19.7.1822:]

F[rank]furt. Den 19 *Juli Freitag. Früh*

Ich habe so viel des Schönen und Guten zu erzählen, daß ich wirklich die Muße eines *Vormittags in Frankfurt* brauchen werde, um fertig zu werden. Zuerst und vor Allem aber muß ich Dir geliebtes Kind herzlich danken, daß Du mich nicht getäuscht hast. Seit Cassel schwankte ich, werde ich einen Brief finden, werde ich keinen finden? Wir hatten auch Brief v. Tante Hiny, sehr lustig und niedlich, und v. Onkel Bartholdy. Dieser schreibt unter andern, das verloren geglaubte Päckchen sei auf geradem Wege richtig in seine Hände gelangt. Sein Brief ist aus Neapel. Dies beiläufig und für mich. – Neulich in Cassel mußte ich meinen Brief Hals über Kopf beenden.

Wir fuhren [am 15.7.] aus einen Besuch bei Spohr zu machen, an den wir einen Brief hatten.[34] Wir fanden eine feine, liebenswürdige Familie, und sehr freundliche Aufnahme. Auf Spohrs Zureden, der uns ein Quartett geben wollte, beschlossen wir noch einen ganzen Tag in Cassel zu bleiben. Von Spohr gingen wir nach der Aue, ein herrlicher Park dicht vor d. Stadt, die schönsten Bäume und Anlagen, Blumen und Rasenpartien. Ein herrlicher Garten. Abends besuchten wir das Theater. Ein sehr hübsches Haus. Du kennst meinen Berlinismus, sage es ja nicht wieder, mir gefällt es besser, wie unseres. Das Stück, die alte und neue Zeit v. Iffland,[35] war so unter aller möglichen Kritik, daß wir es nicht über die Hälfte aushalten konnten.

Dinstag den 16 fuhren wir früh um 10 nach der Wilhelmshöhe. Eine schnurgerade, mit Bäumen, Gärten und Landhäusern besetzte Straße führt von Cassel dahin. Gleich zu Anfang erblickst Du das Schloß am Fuße des Berges, den Herkules auf dem Gipfel. Wir fuhren gleich zu den Wasserfällen, welche eben im Gange waren. Zuerst die Steinhöferschen, eine Menge von kleinen Fällen und Sprudeln, über Steine und Moos, unter dem Dache der herrlichsten Bäume. Wir mußten gleich weiter und zu der Teufelsbrücke. Hier wurde das Wasser eben angelassen, wir sahn es von der Höhe herunter kommen und sich über Klippen und Steine unter der Brücke durch, schäumend in die Tiefe stürzen, hier bildet es noch mehrere kleine Fälle, und fließt endlich ruhig in einem großen breiten Becken fort. Dieser Anblick ist überraschend groß und erhaben. Ich will nicht unternehmen, dergl. Eindrücke zu schildern, das giebt endlose Phrasen, und keinen deutlichen Begriff. Das kann ich Dir aber sagen, daß fast keine Naturschönheit den Eindruck auf mich gemacht hat, wie diese künstlichen Wasserfälle. Der nun folgende war der schönste für mich. Ueber große, prächtig gemauerte Bogen fällt das Wasser 104 Fuß tief herunter. Hoch sprützt der Schaum, alles umherstehende Grün wird davon benetzt. Dieser Anblick, wenn Du aus dem Walde hervortrittst, und nun die herrliche, schneeweiße Wassersäule überblickst, mit den Ruinen der Wasserleitung, den prächtigen Bäumen, und der ganze[n] malerischen Umgebung, es ist zum Weinen schön. Eliot, der den Niagara gesehn hat, H. Heyse, der die Schweizer Wasserfälle kennt, sagten Beide, es wäre nicht möglich, die Natur treuer und genialer zu kopiren.

Wir kamen nun an die große Fontäne, welche 190 F. hoch springt, und wie ein dünner Nebelschleier auf die nächste Wiese zurückfällt. Auf d. Punkte übersieht man auch das Schloß und die Cascaden der Teufelsbrücke. Wir besahen nun den Garten, der über jeden Ausdruck schön ist. Die Natur hat viel gethan, sie gab die schönsten Hügel, die weite, schöne Aussicht, Bäume und Rasen, die man selten sieht. Aber nun der Geschmack, die Kunst mit der dies Alles benutzt ist, die Ordnung und Reinlichkeit die überall herrscht, die Liberalität gegen die Fremden, dies Alles ist Sache d. Menschen, und kann nicht ausgelobt werden. Das Schloß ist prächtig gebaut, und durch Gallerien mit 2 großen Flügeln verbunden.

Das Gasthaus ist dicht am Schlosse. Beim Essen machten wir die Bekanntschaft der jungen Dr.in Arning aus Hamburg, die mit ihrem Manne und ihrer Schwester da war.[36] Eine feine, artige Familie. Nach Tisch fuhren wir auf die Löwenburg. Eine moderne Ruine, schön und täuschend gebaut, aber von innen gar langweilig und uninteressant. Die Aussicht schön, wie in jedem höher gelegenen Punkte dieses Zaubergartens. Von da nach d. Octogon, ein großes Gebäude auf dem Gipfel des Berges, darauf ein Thurm, auf dem Thurm eine Pyramide, auf d. Pyramide der Herkules. Wie kömmt ein Mensch auf den Gedanken, solch ein Gebäude auszuführen! Mein Ehrgeiz trieb mich nicht bis in die Keule des Gottes, die man auf Leitern erklimmen muß, ich kam bis zur obern Gallerie, wo man eine herrliche Aussicht genießt. Die beiden jüngern Herren, als neugierige Reisende, ließen sich auch jene halsbrechende Partie nicht nehmen. In einer Grotte des Octogon ist ein schöner Spaß. Man stellt Dich an einen gewissen Platz, wo ein wassersprudelnder Neptun auf d. Harmonica spielt. Plötzlich öffnet sich der Fußboden, aus den Ritzen dringt Wasser, und du stehst allein trocken, und umgeben von tausend kleinen Sprühregen, die einen allerliebsten Effekt machen. Den großen, pyramidatisch regelmäßigen Wasserfall des Octogon sahn wir nicht in seinem Glanze, es ist Wassermangel. Von da begaben wir uns noch einmal zu den Steinhöferschen Cascaden, und nahmen hier Abschied von dem Feengarten, den man mit größtem Bedauern verläßt. Man wird auch wie durch Zauberei hinein versetzt. Der ganze Weg gleicht einem Garten, du fährst den Hügel hinan, du siehst keine Mauer, kein Thor, kein Gitter, und kannst ungehindert durch den ganzen Garten fahren. Hieronymus Bonaparte[37] bediente sich dazu eines Postzugs von Hirschen. Die Leute können noch immer nicht genug von seiner ausschweifenden Verschwendung reden. Der jetzige Churfürst soll es ihm darin gleich thun. Er lebt getrennt von seiner Gemahlinn, welche eben so beliebt ist als er verachtet.[38] – Gegen 7 kamen wir nach der Stadt zurück, und obgleich wir im ganzen Garten gewesen waren, so hatten wir doch vielleicht nicht die Hälfte gesehn. Es giebt vielleicht nichts Aehnliches auf der Welt.

Wir gingen zu Spohr, wo wir einen alten Bekannten, den H. Wiele aus Stuttgart unvermuthet wiedertrafen.[39] Er ist jetzt in d. Casseler Capelle angestellt. Spohr spielte 2 Quart[ette] von sich, außerordentlich schön. Sein Ton kömmt mir vor wie weiche, warme Sommerluft, man ahnt ihn kaum, so sanft schmiegt er sich an die Sinne. Meinem

Gefühl nach fehlt es seinem Spiel wie seiner Composition an Kraft und Energie, es ist lauter Mark und kein Knochen. Aber ein vortreffliches Adagio. Und sehr musterhaft geschrieben. Felix spielte sein Quart.,[40] welches einmal wieder nicht geringen Enthusiasmus erregte, dann phantasirte er. Wer hat wol die meiste Freude und den größten Kitzel davon? Nicht er, sondern wir, die wir dabei stehn, und die Gesichter der übrigen studiren, man braucht sie gar nicht reden zu hören.

Mittw[och, 17.7.] bis Marburg, und gestern [18.7.] bis F[rank]furt hatten wir wegen der Hitze beschwerliche Tagereisen. Aber schönes fruchtbares Land. Die Straße geht in einer ununterbrochenen Allee von Obstbäumen, zwischen angebauten Hügeln, und herrlichen Kornfeldern. Marburg hat die schönste Lage die man sehn kann. Die alte Stadt hängt wie ein Adlernest am Berge, von der Lahn bespült, von Wiesen und Gärten umgeben. Die Äste der Bäume sind bis zur Erde gebeugt, sie können die Last der Früchte kaum tragen.

Gestern [18.7.] gegen 8 kamen wir hier [im Gasthaus ‚Weißer Schwan'] an. Erhitzt, ermüdet, Mutter mit heftigem Kopfweh, und wir durch sie in die übelste Stimmung versetzt. Bald nach unsrer Ankunft hatten wir die Freude, Aloys Schmitt[41] hereintreten zu sehn. Seit 8 Tagen war er alle Abend hier gewesen, sich nach uns zu erkundigen. Ich kann Dir nicht beschreiben, wie sehr er sich freute. Er ist ein herrlicher Mensch, ächt und treu. – Bald nachher kam Julchen [Saaling] mit Dr. Neuburg, dann Marianne [Saaling] die von Schlosser[42] geholt wurde, zuletzt Clärchen mit [ihrem Mann Moses Isaac] Herz und Mariannen [ihrer Tochter]. Das ist eine Auszeichnung, die man Clärchen sehr hoch anrechnen kann, die Schwestern versichern, für d. Frohberg[43] habe sie es nicht gethan. Das war ein Spektakel, eine Freude, ein Lachen, Küssen, Schreien und Witzeln! Wir konnten uns in der engen Stube kaum umdrehn, Julchen saß auf d. Koffer, Marianne auf dem Bette. Alle sehn sehr wohl aus, Marianne Herz ist eine vollkommne Schönheit geworden. Sie wissen gar nicht, was sie uns Alles für Freundlichkeit erweisen wollen. Clärchen, die wenn sie will, sehr gut sein kann, spannt alle Segel ihrer Liebenswürdigkeit auf. – Mutter ist heut sehr wohl, wir wohnen gut, und sind ganz behaglich. Aloys Schmitt war diesen Morgen hier. Er sucht alles heraus, uns den Aufenthalt angenehm zu machen, und hat uns schon einen vortrefflichen Wiener Flügel besorgt. Da er unsren Sonntagsmusiken beigewohnt hat, war er so aufmerksam, uns für nächsten Sonntag ein Quartett einzurichten. Er hat für jeden von uns etwas komponirt. Wir bleiben mehrere Tage hier. Die Mädchen und Dr. Neuburg sind reisefertig, wir können fort, so bald es uns gefällt. – Was mir Dein Brief für Vergnügen gemacht hat, kann ich nicht sagen. Trotz des Spektakels las ich ihn gleich mehrmal mit d. größten Begierde. Sei nicht so grausam, mir so selten zu schreiben, als Du es Dir vornahmst.

[Brief von Fanny Mendelssohn an Marianne Mendelssohn, 21./22.7.1822:]

Sonntag 21 Juli in F[rank]furt früh.

Die Frankfurter sind so liebenswürdig, das heißt, sie besuchen uns so viel, daß ich nicht drei Worte ungestört schreiben kann. Du wirst Dich sehr gewundert haben, liebe Marianne, neulich einen unbeendeten Brief erhalten zu haben, ich kann aber nichts dafür, es geht hier alles drunter und drüber, gewöhnlich kann ich mein Geschriebenes nicht einmal lesen. In Ffurt geht es uns sehr gut, wir sind bei Herzens einquartirt, und Aloys Schmitt verläßt uns nur, um irgend etwas zu unserm Vergnügen zu ersinnen oder vorzubereiten.

Freitag [19.7.] holte mich Marianne H[erz] ab einen Besuch bei Betty Rothschild[44] zu machen, in der ich ein sehr hübsches, und ungemein freundliches und liebenswürdiges Mädchen fand. Sie hat sich in den 2 Jahren sehr zu ihrem Vortheil verändert. Mittags und Abends bei Herzens. Vormittags wird unser Zimmer nicht leer. Gestern [20.7.] aßen Saalings und die Kinder bei uns, wie auch Solm. Herz, den wir unvermuthet hier trafen, der aber jetzt hier ist, und Dich und Alex[ander] und alle Freunde grüßen läßt. Gestern Nachmittag machten wir eine Spatzierfahrt im Regen, dann waren wir bei Herzens, wo auch Arnings hinkamen.

Marianne Saaling finde ich leider, nachdem ich sie öfter sah, sehr verändert. Nur ihre Figur und ihre herrlichen Augen sind ihr geblieben, die Schönheit der Züge ist fast verblüht. Ihr himmlischer Liebreiz kann sie aber nie verlassen. Daß ich Clärchen reizend fände, müßte ich lügen. Sie ist unverändert, und man sagt sie sei schön. Marianne H[erz] hat einen schönen Kopf und wie ich finde einen schrecklichen Wuchs. Du glaubst gar nicht, wie abscheulich man sich hier kleidet. Ich fiel aus einem Erstaunen ins andre. Taillen bis auf die Hüften, geschnürt und eingepreßt wie die Puppen, zwei Händebreite Bänder mit großen Schnallen, und schwarze Moorbänder um den Hals. Diese Kleidung, und eine gewisse Art von Locken, die man trägt, entstellen Marianne S. förmlich. Du glaubst nicht wie steif, wie häßlich. Clärchen hielt mir gestern [20.7.] eine große Vorlesung über meine schlechte Art mich zu kleiden. Sie wollte es übernehmen mich zu modernisiren, ich stellte ihr aber vor, daß ich mich mit solcher Tracht in Berlin vollkommen lächerlich machen würde, und bewies mich sehr ungelehrich. Unser eins kann sich von dem Luxus in diesem Hause kaum einen Begriff machen, und die Kinder sind erzogen! Marianne [Herz] ist von einer Eitelkeit, die Du Dir nicht vorstellen kannst. Ich schätze und liebe sie in vieler Hinsicht, aber wenn sie von sich spricht, betrachte ich sie vom Kopf bis zu den Füßen, und kann es nicht begreifen. Aus diesem Fehler entspringen alle übrigen, man kann es ihr eigentlich nicht zurechnen, denn es geschieht Alles, die Kinder zu verderben. Wir sind sehr gut da angeschrieben, und von der Aufnahme die wir finden, kann ich nicht genug erzählen. Wir sind wie zu Hause. Saalings sind prächtig, witzig und lebendig wie immer.

Gestern [20.7.] war bei uns große Conferenz v. Dr. Neuburg, Vater und H. Heyse, wegen des Wagens, der zu nehmen sei. Noch habe ich nichts erfahren, aber sie behaupten, nie sei eine Reise so eingerichtet worden. Wir gehn über Stuttgart und Schafhausen hin und über Baden und Basel zurück, werden also wahrscheinlich Fränkels[45] nicht sehn. – Den Vater und H. Simon[46] werden wir, denke [ich,] noch hier sehn. –

Heute [21.7.] haben wir durch Schmitts Veranstaltung Musik. Ich werde Dir melden, wie es abgelaufen ist. – Bis jetzt ist es mir immer mit dem Schreiben recht schlimm gegangen. Im Augenblick des Sehens war ich exaltirt von meinem Gegenstande, und dann beim Schreiben war ich abgespannt, eilig und müde, und konnte nicht die Hälfte von der Wärme wiedergeben, mit der ich es in mir aufgenommen hatte. Ueberhaupt ist das auf Reisen schlimm, daß die Eindrücke zu schnell auf ein ander folgen, man hat nicht Zeit sie in sich zu verarbeiten. Allein zu den Wasserfällen von Wilhelm[s]höhe hätte ich mir einen Tag gewünscht, sie haben heftig auf mich gewirkt. Für heute sei es genug; das Zimmer wird nicht leer, und man sieht lauter figures de l'autre monde. Das Beste ist, daß solche Gespräche mich nicht zerstreuen.

Montag 22. früh. Gestern [21.7.] früh um 2 gab uns Schmitt seine Musik. Mit welcher Sehnsucht dachte ich an Henning, an Ritz, Kelz, Eysold[47] u.s.w. Du glaubst nicht wie die lieben Leute uns die Ohren vollgerakelt haben. Da kam zuerst ein Violinspieler aus Paris, Femy,[48] Schüler v. Baillot, der einen großen Ruf hat. Aufrichtig gesagt, gefiel er mir nicht im Geringsten. Alles weich, verschwommen und verwischt, keinen Strich, keinen Ton, keine Kraft. Felix war meiner Meinung. Dann begleiteten sie dem armen Felix sein Quartett. Mein einziges Vergnügen dabei war wieder Physionomik zu studieren. Dann mußte ich etwas spielen, und nun heiß mich nicht reden, heiß mich schweigen.[49] Das ganze Zimmer voll wildfremder Menschen, Schüler und Freunde von Schmitt, die Begleitung sehr schlecht, ich zitternd an jeder Fiber, warf so komplett um, daß ich vor Aerger mich und die Andern hätte prügeln mögen. Mich vor zwanzig Clavierspielern so zu blamiren! Ich gehe darüber hinweg, denn sonst erhitze ich mich wieder. Dann spielte Femy noch ein Quart[ett], und zuletzt Schmitts jüng. Bruder[50] Variat[ionen] v. seiner Compos[ition]. Ich glaube wenn man ihm Zaum, Gebiß und Scheuklappen anlegt, wird er ein außerordentlicher Clavierspieler werden. Es ist d. Keim zu Großem darin, aber er ist ein scheues, wildes Pferd. Aloys S. sagt, ich bete ihn an, aber er macht mich unglücklich. Aus seinen Reden nahm ich mir ab, daß der Bruder etwas an Genialität leidet, und so sieht er auch aus, aber sehr hübsch und interessant. Schmitt hat eine gar hübsche Baumschule um sich. D. j. Eliot aus Strelitz war auch hier, Ferdinand Hiller,[51] sein Lieblingsschüler, ein schöner Knabe v. 9 Jahren, freies, offnes Aeußere.

Schmitts Freund, d. Dr. Reis[52] den er uns vorstellte, scheint ein sehr angenehmer Mann zu sein. Er soll ungemein viel Verstand und tiefe Kenntnisse haben. S[chmitt] hat mit ihm und Vater schon mehrere Male lange Conferenzen gehabt. Wahrscheinlich wegen der bewußten Herzensangelegenheit. Wenn ihm doch Vater helfen könnte! – wir musicirten bis man uns aufhören hieß, und wir zu Herzens mußten. Nach Tisch fuhren die Damen, wir Jugend gingen, nämlich: Mlle. Müller, Marianne H., ich, Herr

Carin, Heyse, Schützer, Neuburg Sohn.[53] Marianne legte bei diesem Spatziergange wieder Proben v. Eitelkeit und widerwärtiger Einbildung ab, daß ich nicht begreife, wie ich sie nach solchen Reden noch lieben kann. Ich werde Dir davon mündlich merkwürdige Geschichten erzählen, wenn ich sie nur bis Berlin nicht wieder vergessen habe.

Morgen gehen wir bis Darmstadt. Mutter will jetzt nicht gern starke Tagereisen machen. Das Wetter ist uns günstig, alle Tage Gewitter, heut heftiger Regen. Dr. Neuburg sprudelt schon vor Ungeduld, die Mädchen freuen sich unendlich. Wie lieb ist es mir, auf der ganzen Reise jemanden *Marianne* rufen zu können; daß der geliebte Klang dieses Namens der Zunge so wenig wie dem Herzen fremd wird.

Diesen Abend [22.7.] kommt Dein Vater mit H. Simon an, wie uns H. Simons Bruder meldet. Hast Du Gelegenheit Friedländers[54] etwas sagen zu lassen, so grüße sie von mir, und gieb mir Nachricht von Hannchen Zimmermann, die ich herzlich grüßen lasse. Ob Friebens und Wach[55] mit der Schwester verreist sind, wirst du wol wissen? Wie geht es Ernestine?[56] Was hört man von Beers, und hat Meierbeer[57] geschrieben? Ist Betty von ihrer Reise erbaut? Neulich träumte mir, sie sei zurückgekommen, und habe alles schrecklich gefunden, und ich habe gesagt: man muß aber auch Betty sein, um sich in Dresden zu mißfallen. Sag es ihr aber nicht. – Grüße Uhdens, wenn du sie siehst, Tante M[eyer], Betty und Heinrich [Beer], Casper und Fanny, Zelter, Rösel, Hensel im Namen Aller.[58] Wir alle küssen der guten Großmutter die Hände, lieben Alex. und knudeln Marie. Wenn Du Peppi schreibst, vergiß mich nicht.
Was ich Dir von Herzens, und namentlich von Marianne schrieb, bleibt unter uns.
Leb wohl und schreib an Deine *Fanny*
Einliegender Brief v. Felix an Ritz bitte zu besorgen.

[Brief von Fanny Mendelssohn an Marianne Mendelssohn, 23./24.7.1822:]

Darmstadt. Dinstag 23 Juli.

Weg aus dem unvermeidlichen Frankfurt [am 23.7.], immer näher der Schweiz, heut über 8 Tage haben wir schon den Rheinfall gesehn. – Wir hatten einige Briefe nach Darmst., besonders an Wagner, der nicht hier ist,[59] wir bringen also den Tag ziemlich unnütz hier zu, besonders da Saalings mit dem Dr. [Neuburg] uns erst morgen früh hier nachkommen. Dann geht es weiter, durch die Bergstraße, nach Heidelberg. Von da zunächst nach Schafhausen, Constanz, Zürich, dann wie Gott will. Mein liebes Kind, es giebt b. Schropp[60] nette Karten v. der Schweiz, 8 gr. das Stück. Wenn Du Dir so eine anschaffst, kannst du uns nicht nur auf unsern Reisen, sondern auf jedem Ausflug, auf jeden Berg folgen. Es wäre recht!

Der gestrige Morgen [22.7.] verging angenehm. Ferdinand Hiller war lange da. Das Kind ist außerordentlich für sein Alter. Sein Spiel setzte mich in das höchste Erstaunen. Und sein holdes, kindliches Wesen! Al. Schmitt hat recht, ihn so zu lieben. Dann war uns noch eine große Ueberraschung vorbehalten. Wir wollten zu Fr. v. Rothschild[61] fahren und stiegen erst bei Clärchen aus. Ich ging erst zu Saalings, und indem ich die Thüre öffne, erblicke ich – Koreff![62] Stelle Dir mein Erstaunen vor. Von Dresden ist er nach Baireuth, Würzburg, dem Erzgebirge gegangen, wie er sagt in höhern Aufträgen, und findet sich jetzt in F[rank]furt ein! Er war in einer Art von Extase, gab uns in Stuttgart rendezvous, wollte uns selbst nach der Schweiz führen, Du kennst Koreff und seine Anerbietungen. Ueber seine eigentliche Reise beobachtet er diplomatisches Stillschweigen. Wir begaben uns in Regen, Sturm und Gewitter zu Fr. v. Rothschild, welche so artig gewesen war, Mutter zuerst zu besuchen. Man kann nicht liebenswürdiger, feiner und artiger sein als Betty.

Koreff aß bei uns und sprach so vernünftig und interessant, als ich ihn lange nicht gehört. Nach Tische mußten wir noch überall herumreiten, bei Flörsheims,[63] bei Schlossers, eine sehr angenehme Familie, und dann zu Herzens. Diesen Morgen [23.7.] hatten wir noch Besuch, Onkel und H. Simon, die gestern angekommen waren, Al. Schmitt, Marianne Herz, die gestern nicht zu Hause war, und die Freundlichkeit hatte, mich noch aufzusuchen. Ich hatte diese Nacht kein Auge geschlossen, und war heut Morgen bei der Abreise ganz verstört. Julie that mir gestern allerhand Eröffnungen, die ich Dir sagen würde, wenn ich dürfte, noch glaube ich an nichts. – Mariannen [Saaling] bin ich unverändert gut, obgleich ich alle ihrer unendlich schlechten Eigenschaften einsehe. Sie hat aber auch viel Gutes. – Eliot ist gestern durch nach Darmst. und Heidelberg, in d. Schweiz treffen wir ihn wieder. Eben ist die Canzi von hier gereist. Auf dem ganzen Wege haben wir zu unsrer Verwunderung, ihr Lob posaunen hören. Waren denn die Berliner vernagelt?[64] Von Marianne Oppenh[eim]s[65] Aufenthalt in Wien höre ich (ganz unter uns gesagt) Zeichen und Wunder. Sie soll gesagt haben, sie wolle die Mutter nicht erwarten, sondern allein zurück gehen. Man geht ihr hundert Schritt aus dem Wege.* Was treibt Achille,[66] kömmt er nach Berlin? Wohnt Adolph noch auf der Meierei?[67] Marianne H. glaubt er sei außerordentlich in sie verliebt.

Den 24 Juli. früh. Wir erwarten Saalings, und dann gehts weiter. –

Gestern [23.7.] besahn wir die Bildergallerie, die manches Schöne enthält. Ein heil. Johannes in der Wüste, d. v. Raphael sein soll und ganz wunderschön ist. Liegende Frau von Titian, schöner Rembrandt, mehrere Rubens, 1 van der Neer, Ruisdael u. v. a. Die Bilder sind sehr hübsch geordnet und aufgestellt. Sie haben einen seinsollenden Schoreel, den Tod d. Maria, himmelweit von dem Boissereeschen verschieden.[68] Was mir sehr an der Gallerie gefiel ist, daß sie einen Saal ausschließlich für Gemälde ganz neuer Künstler bestimmt haben. Das finde ich sehr lobenswerth, und man sieht da gute Sachen. Auch schöne Antikenabgüsse, und sehr gut aufgestellt. – wir gingen dann ins Theater, wo wir sahen, wie man eine zänkische Frau klein kriegt, und 2 Liebende aneinander bringt. Ganz was Neues!

* Saalings nennen sie pagina 17 aus einem schlechten Roman.

[Näheres schreibt Heyse: Friedrich Ludwig Schröders] *„Das Blatt hat sich gewendet", ein in den ersten Acten höchst langweiliges und ordinäres Stück, dann interessirend durch die überraschende Katastrophe.*

Denke dir Marianne, daß Deine unglückliche Freundinn jetzt auch in einer langen Taille sitzt! Der Harz hat mein altes Reisekleid im eigentlichsten Verstande *aufgerieben*, und da mußte ich mir in Ffurt ein neues machen lassen. Dies hat natürlich eine Taille, welche zwar gegen die Ffurter ein wahres Kind ist, mir aber lächerlich lang vorkommt. Adieu, Liebchen. Der Morgen ist köstlich, wir bekommen einen herrlichen Tag zur Bergstraße. Wie freue ich mich diese hesperidischen Gärten wieder zu begrüßen.

[Brief von Fanny Mendelssohn (an Marianne Mendelssohn), 26./29./30./31.7.1822:]

Stuttgart, den 26 Juli 22. *Freitag*

Mittwoch [24.7.] kamen uns Saalings mit dem Dr. [Neuburg] in Darmst. nach. Gegen 10 fuhren wir bei hellem Sonnenschein nach d. Bergstraße ⟨über Bickenbach, Auerbach, Bensheim, Heppenheim, Weinheim, nach Heidelberg⟩. Es war ganz unbeschreiblich schön. Die Bäume erliegen unter der Last der Früchte.

Die letzte Post fuhr ich mit Mariannen und Felix, unser Entzücken beim Anblick des geliebten Thales kann ich Dir nicht sagen. Nach einiger Ruhe begaben wir uns aufs Schloß, Mutter und Julie zu Wagen, wir andern per pem [zu Fuß]. Es war höchst brillant, alle beau monde von Studenten und Damen, und Musik, die aus den alten Bogenfenstern tönte. Ich war froh zu sehen, daß die ganze Gegend, jeder Baum, jedes Haus mir treu im Gedächtniß geblieben war. Es ist ein Götterthal! Die Musik hätte ich um keinen Preis gemißt, sie vollendete den Zauber des Ganzen. Felix zeichnete den umgestürzten Thurm gut.[69] Wir genossen Luft und Gegend bis die Sonne ganz gesunken war, dann wieder zur Stadt.

Gestern [25.7.] hatten wir eine starke Tagereise, v. Heidelberg nach Stuttgart 15 M. ⟨über Wiesenbach, Sinsheim, Fürfeld, Heilbronn, Besigheim, Ludwigsburg⟩ und die Hitze, was Du Dir nur vorstellen kannst, gräßlich. Mitunter glaubte ich einen Sonnenstich zu haben, und um den Verstand gekommen zu sein, es war arg. Abends kamen wir nach St., ⟨„um 10 Uhr lebendig", wie Julie Saaling trocken-ironisch notiert⟩, bei hellem Mond und klarem Sternenschein, am ganzen Himmel rings umher heftige Gewitter, welche alle zusammen arbeiteten, und die Nacht zum Tag erhellten. Es war prachtvoll. –

Heute [26.7.] hat es auch schon gewittert, und stark geregnet. – Jetzt gehn wir in einer Stunde zu Boisserée,[70] morgen nach Schafhausen. Mar[ianne] war schon bei Dannekker,[71] wir besuchen ihn auch. Theater finden wir nicht.

Du glaubst nicht, was Saalings für eine angenehme Reisegesellschaft sind. Das Lachen nimmt kein Ende, und namentlich des Abends beim Schlafengehn (ich schlafe immer mit ihnen) sind sie ganz einzig. Mar. hat überall Bekannte, und wird wo sie hinkommt, mit Entzücken aufgenommen. – Eben sitzen wir alle beisammen und schreiben. Es kann im Bureau des Staatskanzlers[72] nicht fleißiger aussehn.

Mar. schreibt an Clärchen: Du glaubst nicht, wie es bei uns aussieht, Kraut und Rüben sind ein Putzzimmer dagegen. Wir amüsiren uns über alle Maaßen, und wenn ich es Dir so zerstreut und unzusammenhängend schreibe, so beschuldige nicht mich. Es ist ein schrecklicher Spektakel hier im Zimmer. Ich will sehn ob es mir möglich ist, diesen Brief heut zu expediren, sonst in der Schweiz.

Schaffhausen, den 29 Juli Montag. Wir sind nun wirklich seit gestern Abend in der Schweiz, und haben Herrliches erlebt. Erlaube mir aber erst nach dem lieben Stuttgart [zum 26.7.] zurückzukehren, wo uns dies mal viel Liebes geschehen und vorgekommen.

Als ich neulich da schrieb, ward ich mit allen Andern unterbrochen durch H. Benedict, den Vater des jungen Menschen, der voriges Jahr in Berlin war.[73] Von der Freundlichkeit mit welcher der Mann uns zu sich bat, kann ich Dir keinen Begriff machen. Gegen 12 ging es zu Boisserée, wo wir unerwartet Eliot, und noch überraschender den Maler Schoppe[74] aus Rom trafen, der uns durch Onkel B[artholdy][75] schon lange angekündigt ist. Wie es scheint ein feiner, artiger Mann. Was er uns eilig auf eilige Fragen erzählte, von Rom und dortigen Freunden, zerstreute mich so, daß ich mich ordentlich wieder sammeln mußte, um vor die Bilder zu treten. Mich freute, zu sehn, daß die Bilder in aller Lebendigkeit noch vor mir standen. Ich schicke Dir ein kleines Blättchen zum Aufbewahren für mich, eine Beschreibung enthaltend der Bilder, die mich am meisten frappirten.[76] Diese 2 Stunden werden mir mit die liebsten bleiben auf der ganzen Reise. Ich beneidete und bemitleidete Schoppe der mit uns war, denn auf der einen Seite kann er verstehn was ich nur fühle und ahne, aber dann muß er sich wieder ganz zerknirscht und getödtet fühlen, eben weil er es versteht. H. Bertram, der seine Salbung begonnen hatte, nahm glücklicher Weise eine Aeußerung des Dr. Neuburg übel, und entfernte sich, die Führung einem jungen Manne anvertraut, der ohne viel Worte die Bilder stellte, und einen Jeden seinen Gedanken überließ. Nichts greift so physisch und moralisch an, als Bilder sehn, und nun solche Bilder!

[Heyse:] *Ich schweige von den Bildern, die mir beim zweiten Anschein wieder eben so neu und wunderbar überraschend erschienen, als beim ersten;*[77] *denn alles was ich sagen könnte, wäre immer nur ein Schatten von dem, was ich denke und fühle.*

Ein gutes Mittagsessen war willkommen. Schoppe unterhielt uns höchst angenehm und nur von Rom. Ich hing an seiner Erzählung, alle Personen sind mir genau so bekannt, wenn auch nicht persönlich, doch ihren Verhältnissen nach. Er sprach sehr viel von Onkel B[artholdy]. Ich freue mich auf seine Zeichenbücher, in denen viele bekannte Personen stehn. Auch B. hat einen Carton zu der Taufe im Jordan angefertigt, doch nach Sch[oppe]s Abreise. Nach Tisch besuchten wir den freundlichen, liebenswürdigen Dannecker. Sein Christus ist nicht sehr vorgerückt, der Kopf ist fertig.

[Heyse:] *Vom Christus, von dem wir vor 2 Jahren nur das Gypsmodell sahen, während der Marmorblock zersägt wurde, ist jetzt bald in Marmor vollendet, gefällt mir aber – besonders der Kopf, der vom Modell bedeutend abweicht – so wie er da ist, nicht so gut, als das daneben stehende Modell, wobei man jedoch billig in Erwägung ziehen muß, daß das Werk noch nicht ganz vollendet ist.*

Eine schöne Hebe ist angefangen, es sieht gar eigen aus, als ob sie aus dem Marmor herauswüchse. Eine andre sitzende Figur angefangen [Klagende Ceres ?], Schillers Büste, die Ariadne, ⟨mehrere Büsten der 1819 verstorbenen württembergischen Königin Katharina⟩ u.s.w.[78] Leybold aus Wien hat ein Bildniß Danneckers erst untermalt, es scheint sehr hübsch und ähnlich zu werden.[79]

In Constanz, den 30 Juli 22
Den Abend [am 26.7.] in Stuttgart brachten wir bei Benedicts zu, wo wir eben so freundlich und ausgezeichnet, als prachtvoll empfangen wurden. Ich weiß gar nicht, was der junge Benedict muß erzählt haben, um eine solche Aufnahme zu bereiten. Sonnabend [27.7.] früh reisten wir v. Stuttgart ab. Schoppe brachte uns in den Wagen; im Fall er dich sehen sollte, hat er auch Grüße an Dich.

Mittwoch d. 31 in Constanz.
Wir reisten [am 27.7.] bis nach Bahlingen, wo wir guter Zeit ankamen; wir waren durch ⟨Waldbuchen und Tübingen nach⟩ Hechingen gekommen, wo wir das Stammschloß unsrer Könige, Hohenzollern, und die Preuß. Farben erblickten. Die Grafschaft Hohenzollern-Hechingen ist unter Preuß. Hoheit. Es war eine gebirgige aber schöne Tagereise. Der Abend kühl und klar. Im Mondscheine gehend, dachte ich viel an die liebe Ferne.

Sonntag [28.7.] fuhren wir ⟨nach Aldingen und⟩ über die Donau bei Tuttlingen. Sie ist da noch recht klein und jüngferlich, aber man sieht Anlage zu einer großen Schönheit. Dicht hinter Tuttlingen thaten wir den ersten Blick in die Schweiz, man fährt einen hohen Berg hinauf [auf die Tuttlinger Höhe, 864 m], und oben erblickt man links den Bodensee und die Alpen (des Berner Oberlandes) schneebedeckt, und in den Wolken sich verlierend, rechts den Jura. ⟨Weitere Stationen vor Schaffhausen waren Engen und Hilzingen.⟩

[Fortsetzung dieses Briefes zu Beginn des Kapitels „In der Schweiz“]

Abb. 6. Der Rheinfall von Schaffhausen im Mondschein. Aquatinta, zugeschrieben an J. L. Bleuler, um 1820/30

In der Schweiz

[Fortsetzung des Briefes Fanny Mendelssohns vom 26. bis 31.7.1822:]
Unter heftigem Regen kamen wir [am 28.7.] um 10 U. in Schaffh[ausen] an, und mußten lange vor dem ersten republican. Thore warten.

[Heyse:] *Wir finden das Thor von Schaffhausen verschlossen, und müssen erst eine halbe Stunde warten, bis der Schlüssel von der Hauptwache geholt wird, die mitten in der Stadt liegt! – Ein böses Omen, daß man uns den Eingang in die Schweiz verwehrt! –*

Das Gasthaus war sehr voll, wir mußten auf der Erde liegen, es war eine lustige Nacht. Montag [29.7.] um 10 fuhren wir nach Lauffen. Dicht vor d. Stadt ist die Rheinbrücke, wir schlugen die Hände zusammen vor Entzücken beim Anblick des herrlichen Stromes. Die Wellen sind tiefdunkel und blaugrün, wie die alten Maler wol den letzten Hintergrund zu malen pflegten, und wie man noch heute das Meer vorstellt. Ein recht königl. Strom; da sieht er noch anders aus, als bei Horchheim.[1]

Vom Rheinfall selbst sage ich Dir nichts. Wie er aussieht, weißt Du aus tausend Beschreibungen und Abbildungen. Wir kamen von der Züricher Seite, und sahen ihn zuerst von der Seite, nur theilweise, aber ganz in der Nähe, ganz benetzt davon. So macht er den größten Eindruck. Dann setzten wir über, sahen ihn vom Schlößchen [Wörth] und in der camera obscura, dann wieder am linken Ufer vom Garten aus, und von der Höhe am Schlosse Lauffen. Gegen 3 kamen wir zu Hause, und gegen 7 fuhren wir von Neuem nach dem Rheinfall, auf der Schaffhausener Seite, dem rechten Ufer. Draußen sahen wir den Prinzen v. HessenCassel,[2] der wie ein reisender Student angethan war. Wir saßen unter einem schönen Baume, den Rheinfall im Angesicht und mit vieler Ruhe erquickend, als ein starkes Gewitter aufstieg und wir ins Haus flüchten mußten. Hier stand ich mit Mar[ianne] am Fenster, wir hatten ein Schauspiel wie es nicht vielen Reisenden zu Theil werden mag. Die Nacht ohne Mondschein ziemlich helle, die schneeweiße Masse vor unsern Augen herabstürzend, oben und unten aber die Wellen schwarz, dicht neben dem Wassersturz eine Schmiede, aus der ein starkes Feuer aufstieg, dann und wann ein heftiger Blitz, und plötzlich der Mond, die verhüllenden Wolken durchbrechend, und eine breite, zitternde Lichtmasse auf den Strom niederwerfend. Eine Nacht für das schönste Epos! Als sich der Sturm etwas gelegt hatte, genossen wir das große Schauspiel noch eine Zeitlang unter den Bäumen, und gegen 10 begaben wir uns zur Stadt.

[Heyse dagegen war von ganz anderen Empfindungen erfüllt:] *Nirgends aber fühle ich so wie auf der unteren Gallerie, wo man dem tosenden Wasserschwall am nächsten ist, die geheimnißvoll anziehende Kraft des Wassers. Es war mir, als müsse es eine wahre Wollust seyn, sich in die brausende Fluth hinabzustürzen.*

Gestern [30.7.] früh fuhren wir v. Schaffhausen, mit Miethsfuhrleuten, die man durch die ganze Schweiz behalten muß, weil es keine Extraposten giebt. Ueber mehrere Ortschaften ⟨u. a. Diessenhofen⟩ auf schönem Wege nach Stein, welches eine herrliche Lage am Rhein, am Ausflusse aus dem Bodensee hat. Dann unter Gewitter und heftigem Regen ⟨über Mammern,[3] Steckborn, Berlingen und Ermatingen⟩ nach Constanz wo wir um 7 ankamen. Der ganze Weg ist über alle Beschreibung schön. Er führt an einem Theil des Bodensees hin, Obersee genannt. Rechts Anhöhen mit Reben bepflanzt. Die üppigste Fruchtbarkeit rings umher. Die Berge mit Gebäuden, Kirchen und Ortschaften bis zum Gipfel besäet, welches einen sehr gefälligen, und ganz eigenthümlichen Eindruck macht. Leider konnten wir den Reiz der Gegend fast nur ahnden, weil die tiefhängenden Wolken das weit Umherschauen verwehrten. ⟨Julie Saaling: „Mit Lesen verbrachten wir den Rest des Abends, und *Medea* von Grillparzer musste die Stelle von reizender Gegend vertreten."⟩

[Heyse:] *Die ganze Stadt Constanz ist eine Antiquität, und macht, wie jedes Überbleibsel des Alterthums einen wehmüthig-ernsten Eindruck.*

[Über seine Eindrücke vom Bodensee bei Konstanz schreibt Felix:] *Die helle Farbe dieses Sees ist bewundernswerth; Farben-Mischungen, die kein Maler wagen würde sieht man in der Natur neben einander, und freut sich darüber, bald spielt der See ins Rothe, bald ins Blaue; durch Winde aufgeregt ist er im Vordergrunde dunkelgrün, und hinten bemerkt man einen hellgrünen Streif gegen den selbst das Grün der Bäume grau scheint.*[4]

Diesen Morgen [31.7.] begrüßten wir einen heitern Himmel, und frohe Aussicht auf einen schönen Tag. Um 10 fuhren wir nach Staad, am See. Dicht vor der Stadt ist eine Brükke über den Rhein, da, wo er den Ober- und den Bodensee verbindet. Bei Staad ist eine Anhöhe mit d. Kapelle S. Loretto, da ist die schönste Aussicht. Die Ferne nicht ganz klar, der See bildete den Horizont. Zu beiden Seiten die überreichen, üppigblühenden Ufer.

Bei Staad schifften wir uns ein, und ruderten der Insel Meinau zu. Der See ist herrlich zu befahren, das Wasser hat etwas Zauberisches, das ich mir gar nicht deutlich zu machen weiß. Die nächsten Wellen sind frisch grün, die entfernteren dunkelblau, und gefällige Beleuchtung bildet fremde gar liebliche Schattirungen von lila, roth und weiß. Der Effekt der ganzen Masse schwebt zwischen blau und grün. Nicht weit von der Insel spannten wir die Segel auf, da hättest Du die Angst sehen sollen, Julchen schloß die Augen, Dorothea rang die Hände, und der Leibmedici, (wie wir ihn nennen [gemeint ist Dr. Neuburg]) perorirte gar viel, um uns zu überzeugen, daß er keine Furcht habe. Wenn Mutter und ich die Helden vorstellen! Die Gestalt des Inselchens erinnerte mich etwas an Nisida bei Neapel, wie ich dies aus Bildern kenne. Es ist ein kleines Juwel, ein herrlicher Landstrich. Auf dem Gipfel des Hügels steht ein Schloß, früher Johanniterkloster, wenige Gebäude umher; die ganze Insel wird von etwa 40 Personen bewohnt. Die Westseite ist mit Reben bepflanzt, und dem Lande die nächste. Das kleine Eiland gehört so wie Constanz, zu Baden. Unser Männerpersonale ist von Meinau nach dem gegen über liegenden Mörsburg gefahren; von da wollen sie nach Staad, und dann zu Lande zurück. Wir ließen die Wagen nach Meinau kommen. In Ermangelung einer Brücke fährt man durch den See, daß das Wasser bis an die Axen kömmt. Denke Dir Julchen. Eben kommen unsre Männer zurück, und sind entzückt von ihrer Fahrt. Alles grüßte, und ich schreibe Dir eigentlich in den heftigsten Kopfschmerzen.

Eigentlich bin ich ziemlich verdrießlich, unser Reiseplan ist ein wenig verändert, wir kommen erst in 6–8 Tagen nach Zürich, wo uns die Briefe erwarten. So lange noch zu warten! Wir gehen nun erst noch nach Appenzell und immer tiefer hinunter bis ins Lintthal. Unsre Verfassung ist folgende: Vater und der Dr. [Neuburg] sind unsre Reisetyrannen, H. Heyse erster Minister, und in jeder Stadt wird mit den Eingebornen Rath gehalten. Der Dr. ist etwas unschlüssig, etwas ungeduldig, etwas prosaisch und sehr gelehrt, aber gar gut, theilnehmend, und gefällig. Saalings Gesellschaft ist mir völlig unschätzbar. Wenn Mutter etwas ermüdet von einer Partie ist, bin ich immer viel zu niedergeschlagen, um sie aufzuheitern. Dann ist der nimmer sich erschöpfende Witz, die aufmerksame Gutmüthigkeit der lieben Mädchen für uns beide willkommen. In andern Stunden erregt ihr ernstes Gespräch meine Aufmerksamkeit, und mein Nachdenken. Immer mehr lerne ich ihren Charakter schätzen, ihre Anhänglichkeit für einander ist ohne Gränzen. Sie lieben mich aber auch sehr. Es vergeht keine Stunde auf dieser Reise, ich sehe und höre nichts Schönes, wo ich nicht dabei an Dich, meine geliebteste Freundinn denke. Jeden Genuß würde ich doppelt [empfinden], wenn ich ihn mit Dir theilen könnte. Schon oft wenn ich mich in einer schönen Gegend befand, wünschte ich heftig: Wenn doch Marianne in dem Augenblick ahnden könnte, wie mir ist, wenn sie doch jetzt eben an mich dächte!

Ich bin von guten und lieben Freunden umgeben, und habe doch eigentlich keine Freundinn dabei, und Du weißt:

Selig, wer sich vor der Welt
Ohne Haß verschließt
Einen Freund etc. [am Busen hält][5]

Das dachte ich diesen Morgen am See, der so eine stillsehnsüchtige Farbe hat.

Ich hoffe übrigens, Du bemerkst, wie übertreu ich mein Versprechen halte, wenn Du Dich nur nicht noch am Ende darüber beklagst. Ich hoffe auch Du bist treu, verwahrst mir die Sachen, und liest nicht mehr vor, als Recht. Mit welcher Ungeduld erwarte ich die Briefe! Schreibe nur recht oft, ich beschwöre Dich. – Adieu, ich muß spatzieren gehn.

Spät Abends. Wir haben einen weiten und schönen Spatziergang gemacht in den Garten des Grafen Thurn,[6] wo wir den Mond sich herrlich in den Wellen spiegeln sahen. Es hat mir etwas wohlgethan zu meinem heftigen Kopfweh. Morgen früh um 7 gehen wir und bis Reineck. Ich küsse Großmutter die Hand, Alexander & Marie. Die Eltern grüßen. Was hört ihr von Hensels Reise? Wir Alle wünschen ihn zu treffen.[7] Julchen wollte darunter schreiben, es wird zu spät. Beide grüßen sehr.

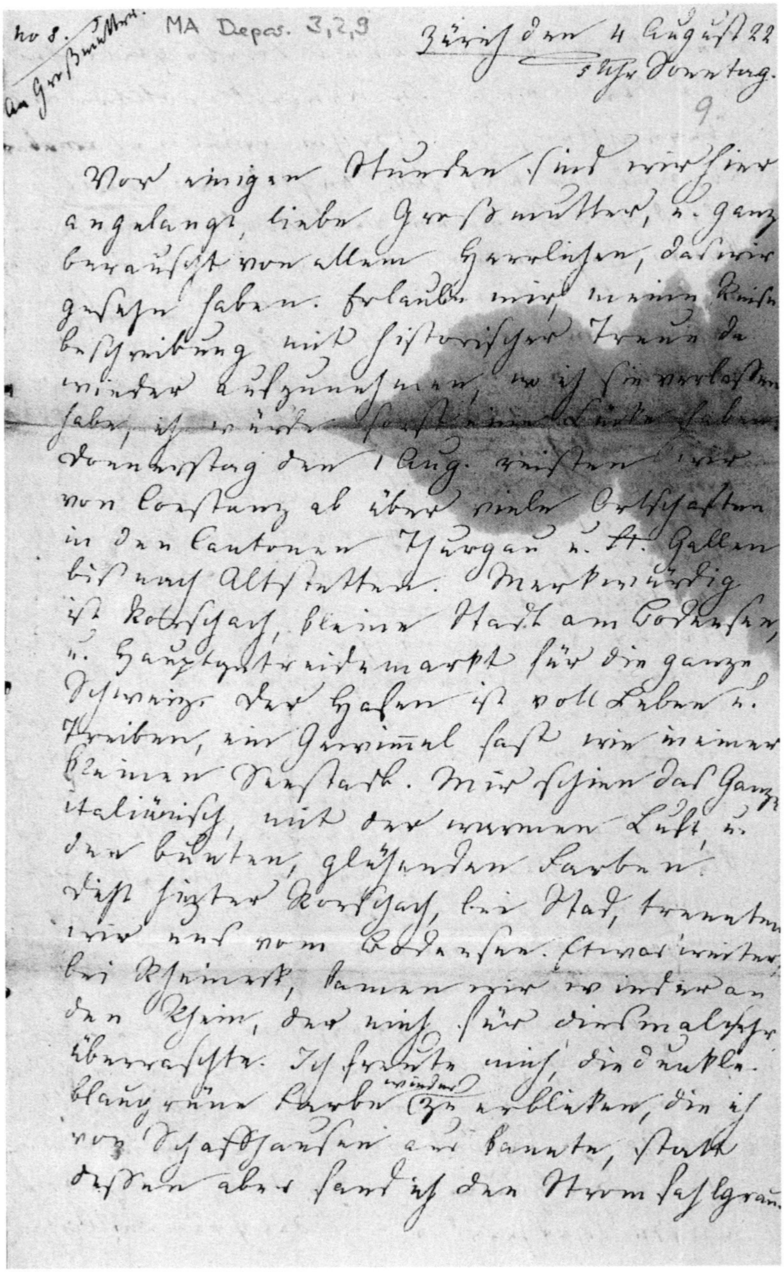

Abb. 7. Fanny Mendelssohn Bartholdy:
Brief an Bella Salomon vom 4./5.8.1822, der Anfang

[Brief von Fanny Mendelssohn an ihre Großmutter Bella Salomon, 4./5.8.1822:]

Zürich den 4 August 22 5 Uhr Sonntag.

Vor einigen Stunden sind wir hier angelangt, liebe Großmutter, und ganz berauscht von allem Herrlichen, das wir gesehn haben. Erlaube mir, meine Reisebeschreibung mit historischer Treue da wieder aufzunehmen, wo ich sie verlassen habe, ich würde sonst eine Lücke haben.

Donnerstag den 1 Aug. reisten wir von Constanz ab über viele Ortschaften ⟨Kloster Kreuzlingen, Münsterlingen, Güttingen, Kesswil, Uttwil, Salmsach, Egnach, Arbon, Steinach, Horn, Rorschach⟩ in den Cantonen Thurgau und St. Gallen bis nach Altstetten. Merkwürdig ist Rorschach, kleine Stadt am Bodensee, und Hauptgetreidemarkt für die ganze Schweiz. Der Hafen ist voll Leben und Treiben, ein Gewimmel fast wie in einer kleinen Seestadt. Mir schien das Ganze italiänisch, mit der warmen Luft, und den bunten glühenden Farben.

Dicht hinter Rorschach, bei Stad, trennten wir uns vom Bodensee. Etwas weiter, bei Rheineck, kamen wir wieder an den Rhein, der mich für diesmal sehr überraschte. Ich freute mich, die dunkle blaugrüne Farbe wieder zu erblicken, die ich von Schaffhausen aus kannte, statt dessen aber fand ich den Strom fahlgrau. Die schöne dunkelgrüne Farbe giebt ihm erst der See. In Reineck wollten wir übernachten, die Wirthin wies uns ab, weil sie uns für Engländer hielt. Als der Fuhrmann versicherte, wir seien keine *Engländer*, wir seien *ehrliche Leute*, und die Wirthin ihren Irrthum reuig einsah, waren wir aufsässig geworden und wollten nun auch nicht bleiben.

[Heyse:] *Hr. M. mit seiner gewöhnlichen Raschheit läßt sich auf keine Erklärung ein, sondern will noch weiter nach Altstetten. Doch dauert es eine Zeitlang, bis die Pferde gefüttert werden. Wir gehen inzwischen ein wenig am Ufer des Rheins auf und ab, der hier außerordentlich reißend ist.*

⟨Der Weg führt über St. Margarethen, Au, Balgach, Rebstein, Marbach.⟩ In Altstetten war es über alle Begriffe erbärmlich. –

[Heyse:] *Ich mache sogleich nach unserer Ankunft mit Hrn. M. und dem Dr. N[euburg] einen Spatziergang das Appenzeller Grenzgebirge hinein auf dem Fußwege nach St. Gallen. Herrlicher blick von den Höfen auf das schöne breite flache Rheinthal [...]. Gespräch mit einem Hirten, der sich wundert, da er hört, daß es in Preußen keine Berge giebt. – Hier merkt man, daß man in der Schweiz ist, und auch die Bewohner sind von dem Gefühle der Schönheit ihres Vaterlandes durchdrungen.*

Freitag 2 Aug. hatten wir eine herrliche Reise. Dicht hinter Altst[etten] ist ein Berg, der Stoß,[8] den wir Tapfern zu Fuß bestiegen [und Heyse schreibt, dass sie trotz Regens bis zum Gipfel gingen]. Hier beginnt *der Canton Appenzell,* und mit ihm eine Natur, einzig in ihrer Art. Wir fuhren etwa 5–6 M. in diesem Lande, und berührten darin die Ortschaften Gais, (Kurort wo Molken (dort Schotten) getrunken werden) Appenzell, Gonten, Urnäschen, Waldstadt und Schöngrund, ⟨St. Peterzell und Lichtensteig⟩. Das ganze Ländchen (der kleinste Schweizer Canton) bietet einen ewigen Wechsel von Berg und Thal. Der ganze Erdboden ist ein grüner Teppich, der sich vom tiefsten Thal bis zum Gipfel der höchsten Berge erstreckt. Die Wiesen sind durch fortlaufende, wohlunterhaltene Zäune in kleinere Bezirke abgetheilt, das Ganze besäet mit unzähligen einzeln stehenden Häusern und Hütten, welche wie große Schafheerden aus der grünen Umhüllung hervorgucken. Alle Vegetation erstreckt sich auf einige Tannenwaldung, und das üppige Gras; außerdem siehst Du weder Wein- noch Gemüse-, Korn- oder Obstbau. Das Land erhält dadurch eine gefällige, für Auge und Herz sehr wohlthätige Einförmigkeit. Ich konnte mich nicht satt sehn an dem glänzenden, sammtnen Wiesenteppich. Die Bauart der Häuser ist höchst eigenthümlich. Sie sind alle von Holz, dem man seine natürliche Farbe läßt, und das in der Regel tiefbraun ist. Das Dach steht weit über, oft ist das Haus von einer zweiten Wand umgeben, welche von der ersten absteht, und mit hölzernen Schuppen bekleidet ist, eine Gallerie mit einer Treppe darf nicht fehlen. Die Fensterscheiben sind rund, in Blei gefaßt. Das ganze Haus hat ein Ansehn von Nettigkeit und Wohlhabenheit, das ganz dem Aeußern der Einwohner widerspricht. Diese sind arm, häßlich, krüppelhaft, und größtentheils Bettler. Einzelne die wir sprachen, waren freundlich, und gesonnen uns zu unterrichten, wenn [man] sie nur verstehn könnte. Nicht selten haben die Appenz. Häuser ein Stockwerk dicht an der Erde, wo Baumwollzeuge gewebt werden; an andern Orten sind Bleichen, und die Bäuerinnen beschäftigen sich mit Anfertigung der berühmten Schweizer Stickereien. Der Rahmen ist rund und hat einen Fuß, wie ein Tisch, das Zeug wird nicht fest genäht sondern geschraubt. Wir begegneten vielen Wandrern, deren jeder einen Regenschirm trug, dort Dächli genannt. Die Häuser welche wir von innen sahen, waren niedrig und mit Holz getäfelt, die Betten unendlich breit, und mit Schnitzwerk und mit Bildern geziert. In Wattwyl wo wir übernachteten, war in jedem Fenster eine gemalte Scheibe, mitunter sehr hübsche Sachen, unser Wirth erklärte uns, daß in früherer Zeit, so oft ein Haus gebaut worden sei, jeder Freund und Verwandte eine bunte Scheibe geschenkt habe. Mit der Glasmalerei zugleich ist der hübsche Gebrauch abgekommen. Den deutlichsten Begriff eines Schweizer Hauses kannst Du aus Rösels Zeichnungen erhalten, er hat den Charakter vortrefflich aufgefaßt. Das Ländchen ist fast zu einfach, um malerisch zu sein, aber jedes Haus für sich ist ein kleines vollendetes Bild. Das Wetter war sehr ungünstig, Vormittags als wir auf den Stoß gingen regnete es stark, Nachmittags eine heitre Stunde. Abends bei Regengüssen und heftiger Kälte, stieg plötzlich ein uns Allen unbegreifliches Gewitter auf, drei starke Schläge, deren einer dicht über uns. Das kleine freundliche Gasthaus in Wattwyl mit dem gedeckten Tisch war willkommen.

Abb. 8. Altstätten. Radierung von H. Thomann nach J. C. Mayr, um 1790

den 5ten Morgens.

Sonnab. den 3. hatten wir einen schönen Tag zu einer schönen Reise. Wir fuhren von Wattwyl nach Rapperschwyl am Zürcher See, aber im Canton St. Gallen. Sobald man Appenzell verläßt, ändert sich der Charakter des Landes. Die Häuser weniger eigenthümlich schön und zahlreich, die Matten nicht so grün, aber eine große Fruchtbarkeit, viel Obst- und Weinbau. Bei einem kleinen Oertchen, Bildhaus, ist eine Höhe, von der man eine herrliche Aussicht hat. Etwas rechts der Zürcher See, mit den flacheren, anmuthigen Ufern, Uznach, Rapperschwyl am rechten Ufer, die Insel Ufnau, und unzählige andre Punkte. Links aber zeigte sich etwas ganz Neues, nie Gesehenes. Es war der Glärnisch, mit seinem schneebedeckten Haupte, den wir in geringer Entfernung von uns erblickten. Es macht einen eignen Eindruck, zum erstenmal Schneeberge zu sehn. Die etwas tief hängenden Wolken zerstreuten sich, und man konnte deutlich die großen Schneemassen unterscheiden. In der Mitte zeigte sich über den andern Bergen die Spitze des Rigi. Wir kamen nachmittags in Rapperschwyl an, und fuhren sogleich nach der Insel Ufnau. Hier ist Huttens Grab an unbekannter Stätte.[9] Die Rückfahrt war herrlich, der See glatt und unbewegt, die Ufer mit den unzähligen Häusern sanft hervortretend, die Schneeberge von den letzten Sonnenstrahlen röthlich beleuchtet. Noch etwas später trat der Mond hinter dem Glärnisch glühend hervor. Die Ruderer hielten an, das Schiffchen stand still, und so genossen wir einige Minuten lang das herrliche Schauspiel. Dann gingen wir noch auf die Brücke, die über den See nach einer Landzunge geht, und 1800 Schritt lang ist. Hier sahen wir den Mond höher steigen und den verschiedenartigsten Schein auf die Gegend und ins Wasser werfen. –

Die gestrige Fahrt [am 4.8.] war über jede Vorstellung schön. Von Rapperschwyl nach Zürich nur 6 Stunden längs des Sees, den wir nun seiner ganzen Länge nach, von Uznach ⟨über Stäfa, Männedorf,[10] Meilen⟩ bis Zürich befahren haben.

[Heyse:] *Nur auf halbem Wege, in Meylen, wird der Pferde wegen ein kurzer Aufenthalt gemacht, und wir gehen von da eine Stunde zu Fuß voran. [...] Cultur, Fleiß, Ordnungs- und Reinlichkeitsliebe können nicht weiter gehen. Bis ins kleinste hinunter merkt man die ordnende Hand des Menschen. Klima und Boden begünstigen diesen Fleiß. [...] Überall Wohlhabenheit, nie gerade Luxus. Das ist ein erfreulicher Anblick. – Mit dem Betreten des Cantons Zürich gleich hinter Rapperswyl hört alle Bettelei auf, die uns früher nicht wenig geplagt hatte.*

Von dieser Fruchtbarkeit kann man sich wirklich keinen Begriff machen. Alles drängt sich aus der Erde, eine Pflanze scheint der andern den Platz zu mißgönnen. Wein, Obst, Gemüse, alles im Ueberfluß, alles in üppiger Fülle. Land- und Bauernhäuser sind dazwischen gesäet, das ganze Ufer ist ein Garten. Der See ist sehr ruhig, die Farbe blauweiß, die Wellen lang und sehr still. Zürich liegt ganz in der Ecke und an beiden Seiten des Sees, zum Theil sehr alt, zum Theil neu und recht hübsch gebaut. Man findet nach französ. Art viele Terrassengärten.

[Heyse:] *Zürich macht einen sehr guten Eindruck. Alles ist nett und reinlich gehalten.*

Das schlechte Wetter hielt uns gestern ab, noch viel vorzunehmen, heut [am 5.8.] scheint es sich etwas aufzuklären. – Wir fanden gestern einen Brief v. Tante M[eyer] und einen von Rode.[11] Julie erhielt Brief v. Adelheid [Rothschild][12] mit einem Gruß von Onkel B[artholdy]. Hoffentlich kommen in diesen Tagen frische Briefe aus Berlin.

Unser Gasthaus hat eine ganz herrliche Lage an der Limmat bei ihrem Ausfluß aus dem See. Wir denken einige Tage hier zu verweilen. Heut sahn wir Ebel.[13] Ich habe noch hundert Dinge zu sagen, aber ich muß in größter Eile schließen, die Post geht fort. Adieu, beste geliebte Großmutter, ich umarme Deine geliebten Enkel und Urenkel. (Mutter schreibt an Tante Levy.)

Ich höre eben, daß die Post erst in einer Stunde geht, und da kann ich mich nicht enthalten, noch einmal anzufangen. Du würdest Dich freuen, beste Großmutter, wenn Du Mutter jetzt sehen könntest, wie wohl sie aussieht, wie tapfer sie geht, wie gut es ihr bekömmt, und wie sie sich an allem Schönen freut. Man kann auch wirklich nicht angenehmer reisen. Neulich als wir den schönen Abend auf dem Zürcher See

Abb. 9. Ansicht von Männedorf am Züricher See. Radierung, vor 1822

zubrachten, und der Mond so zur rechten Zeit aufging, sagte Vater, er glaubte, er sei ein Prinz, weil uns alles so nach Wunsch geht. Nur ist es zu hoffen, daß der Himmel uns besseres Wetter verleihen wird, bis jetzt war fast kein Tag ohne Regen oder Gewitter, und das kann man nirgens weniger brauchen, als grade in der Schweiz. Wo wir zunächst hingehn, wissen wir noch nicht, unsre Herren sind schrecklich diplomatisch, und verändern obendrein ihren Plan alle Tage. Nun wird man sich wol mit Ebel beraten. So viel ist gewiß, daß wir uns eben tüchtige Bergschuhe mit Nägeln angeschafft haben, und auf den Rigi loszielen. – Man lebt hier in einer wunderlichen Welt. Seit 14 Tagen haben wir außer uns selbst kein bekanntes Gesicht gesehn, keine Zeitung gelesen; den Namen Fonk[14] habe ich seit Berlin nicht gehört, ich bin sehr begierig einmal wieder etwas von ihm zu erfahren. Ich hoffe, liebe Großmutter, Du hältst mir Wort und verwahrst die alten Zeitungen. Schreibt nur immer fleißig, wir erhalten die Briefe spät doch sicher, und sie machen uns sehr glücklich. Gestern als das Briefpaquet ankam, klopfte mir das Herz hörbar. – Tausend Mal wünsche ich als Maler das Land zu durchreisen, was sieht man, außer der Landschaft, für allerliebste Bilder! Alte Frauen und junge Mädchen an weinumrankten Fenstern in malerischen Stellungen, andre vor den Häusern mit dem Spinnrädchen, ein lockiges Kinderköpfchen aus einer Dachluke schauend, und den natürlichen Rahmen ganz ausfüllend. Besonders hübsch war eine

Frau, die am Fenster stehend ihr Kind in den Armen hielt, und es herzlich küßte. Kurz auf jedem Schritt sehe ich die Vorbilder für den geschickten, auffassenden Künstler. Die ersten hübschen Kostüms haben wir hier gesehn, das mag aber daran liegen, daß wir am Sonntag hier angekommen sind.

Eben kommt ein Brief v. Clärchen [Klara Herz], welche gestern mit den meisten Kindern nach Baden gereist ist. Auch ein Brief v. Zelter an Felix,[15] den ich nun nicht mehr beantworten kann. Nichts vom Hause, ich bin außer mir. Zum zweitenmal lebewohl. Laß gefälligst zuweilen etwas von meinen Briefen an Zelter gelangen. Die sind mit für ihn.

[Brief von Fanny Mendelssohn an Marianne Mendelssohn, 9./10./12./13./14.8.1822]:

Zürich, den 9 August. *Freitag.*

Heute hast Du mich sehr getäuscht, meine Liebe. Nachdem ich in 3 Wochen keine Zeile von Dir gesehn habe, glaubte ich ganz bestimmt bei der Rückkehr nach Zürich einen langen Brief zu finden. Seit drei Tagen denke ich mit einer Art von Fieber an den Moment, wo ich ihn eröffnen werde. Wir kommen an, und finden nichts. Ich kann Dir nicht läugnen, daß ich den Augenblick recht empfindlich darüber war, aber es ist schon wieder vorbei, ich kann unmöglich von Zürich weggehn, ohne Dir noch einmal geschrieben zu haben, und ich habe Dich in meinem Herzen schon vollkommen entschuldigt, wenn Du Dich nur bessern willst. Nun dauert es wieder 8 Tage, bis ich einen Brief von Dir haben kann, und die Zeit scheint mir nicht erreichbar. Wenn Großmutter so könnte wie sie will, würden wir, ich bin es überzeugt, an jedem Orte einen Brief von ihr finden. Alexander hat heut einige Zeilen geschrieben, aber Männer verstehen sich nicht auf Details, welche das Glück der Frauen sind. Man erfährt nichts als: Alle sind wohl und lassen grüßen. Und auch dies muß ich errathen, denn Vater liest nichts vor. – Und nun ich ausführlich gepredigt habe, fange ich wieder an ausführlich zu beschreiben. Mich kann ich so wenig ändern, als Dich.

Neulich [am 5.8.], als ich von Zürich an Großmutter schrieb, mußten wir uns den ganzen Tag in Geduld fassen. Gegen Abend hellte sichs auf. Der kleine freundliche Herr Pestaluz[16] holte uns ab und führte uns tutti quanti spatzieren. Zuerst aufs Casino, wo man eine schöne Uebersicht des Sees und seiner Ufer hat, und wo wir durch ein Teleskop den Albis deutlich erkannten. Sodann auf den Wall „Katze“ genannt,[17] von wo man eine gute Aussicht der Stadt gewinnt. Von da nach der *neuen Promenade*. Hier steht Gessners einfach schönes Denkmal.[18] Die Anlagen sind herrlich, die Bäume haben manches Jahrhundert an sich vorüber ziehn sehn. Hier stürzt sich die wüthende Sihl schäumend und brausend in die Limmat.

Dinstag d. 6 Morgens führte uns H. Pestaluz nach der Blindenanstalt, die sehr gut eingerichtet ist. Für Julchen war es ein trauriger Auftritt, sie weinte sehr. Ihr heiteres, schönes Gemüth hilft ihr aber Eindrücke der Art leicht verschmerzen. Bei Fueßli[19] kauften wir einige kleine Schweizer Bildchen. Nach Tisch holte uns Ebel ab, dessen Bekanntschaft wir am Abend vorher gemacht hatten. Er führte uns nach der Bibliothek, wo ein Miniaturbild der Schweiz mit allen Höhen und Tiefen, Flüssen, Seen und Städten aufgestellt ist.[20] Hier zeigte und erläuterte er uns die ganze Reise. Er spricht sehr angenehm ruhig, deutlich und gemessen. Wir fanden in seinem Vortrag Belehrung und Unterhaltung.

Nachmittag fuhren wir von Zürich ab, bis Richtenschwyl am Zürcher See. Wilhelm blieb mit der Bagage in Z. zurück. Der Weg ging längs des Sees, und wir sahen nun das Ufer gegenüber, welches wir einige Tage früher befahren hatten. Ueberall Ordnung und Wohlhäbigkeit, die Häuser wie geleckt, die Gärten mit holländ. Pedanterie angelegt. Ein herrliches, reiches Land. Das Gasthaus war unter aller und jeder Kritik.

[Heyse:] *Richtenschwyl ist ein Curort; das Wasser soll jedoch nach Dr. N[euburg]s Versicherung sehr wenig Heilkraft besitzen. Dem sei, wie es wolle, ich möchte dort nicht einen Tag zubringen. Wir fanden schlechtes Essen, schlechte Betten und entsetzlich viel Flöhe.*

[Weiterreise am 7. August:] Gleich hinter Richtenschwyl beginnt d. Canton Schwyz, und mit ihm eine andre Cultur. Die Häuser schlechter, das Volk ärmer. ⟨Die Fahrt geht über Pfäffikon, Altendorf, Lachen, Galgenen, Schübelbach und Reichenburg.⟩ Bei Bilten betraten wir Glarus. Beiläufig warne ich vor dem Wirth in Bilten, als einem argen Preller. So wie man Glarus betritt, kommt man ins Gebirge. Rechts erhebt sich steil und sehr plötzlich der Wäggis, weiter hinten der Vorder-Glärnisch, die Landschaft schließend der Hinter-Glärnisch, beide schneebedeckt. Das Thal selbst ist ein Meer von Grün, durchströmt von der Linth, und von tausend Bächen, welche von den Bergen herabkommend, viele Wasserfälle bilden. Die Hütten darüber hingestreut in großer Menge. Dieser Weg führt nach Glarus, welches sehr tief liegt.

[Heyse:] *Ich gehe mit Dr. N[euburg] und Felix in den ersten Wagen. Die andern beiden bleiben lange zurück. Als sie uns endlich einholen, findet es sich, daß fast die ganze Gesellschaft ausgestiegen ist, um den Weg durch dies merkwürdige Thal zu Fuß zu machen. Sogleich steige ich auch aus, und Felix folgt meinem Beispiel. […] Felix zeichnet;[21] ich setze mich zu ihm auf eine grüne Matte, und lasse mir, von einem Mäher, der sich zu uns gesellt, die Namen der Berge nennen.*

Mollis gegenüber, 1 ½ Stunden vor Glarus, stiegen wir aus, und gingen einen angenehmen Fußpfad in die Stadt. Das Wetter war sehr ungünstig, die Berge bis auf die Mitte mit Wolken bedeckt, wodurch sie noch höher und steiler erschienen. Furchtbar war das Spiel der Wolken mit dem Vorderglärnisch, bald verhüllte er sich ganz, bald zeigte sich hoch über den Wolken eine schwarze Spitze, dann ward einmal wieder ein Schneefeld sichtbar, und plötzlich war alles in Nacht und Nebel gehüllt.

In Glarus wohnt man ganz vortrefflich im Goldnen Adler. Wir hatten eigentlich vor, noch denselben Abend nach dem Linththal zu fahren, es war aber zu spät geworden. Wir fuhren also, 10 in einen halben Wagen gepackt, denselben Weg wieder zurück, den wir gekommen waren, 2 St. weit, und dann rechts ab, an die Linth. Dieser Strom führt immer viel Steine mit, die er von den höhern Gebirgen herunter bringt. Dadurch war das Bette beschränkt worden, und der Fluß über seine Ufer getreten. Gegen das Jahr 1807 war das Uebel so groß, daß eine große Menge Landes überschwemmt, und die Luft in der ganzen Umgegend verpestet ward. Hierauf beschloß die Schweizer Eidgenossenschaft durch Kanäle den Schutt abzuleiten. Man wies der Linth ein neues Bette an, wodurch sie nun den Schutt in den Wallenstädter See wirft, und dann in einem neuen, gedämmten und befestigten Bette fortläuft, bis sie kurz vor dem Zürcher See wieder in ihren alten Lauf tritt, und sich dann in diesen See ergießt.[22]

Den 10 Morgens.
Auf den neugewonnenen Lande sind viele Wohnungen erbaut, und ein Waisenhaus für den Canton Glarus errichtet; dieses mit den dazugehörigen Gebäuden, heißt Colonie. Wir besahen die Anlagen, die Linth, welche durch den Wallenstädter See eine vollkommen grüne Farbe erhält, und fuhren dann einen andern Weg, durch das Dorf Mollis [nach Glarus] zurück. Der Himmel hatte sich vollkommen erheitert, und wir sahen klar und deutlich, was uns am Morgen die Wolken verhüllt hatten. Der Schnee des Glärnisch leuchtete hell hervor, einzelne Sonnenblicke fielen auf die Gegend, aus den Spitzen der Berge stiegen gelbe Wolken, wie der glühende Rauch aus einem Krater, die Fahrt war einzig schön.

Donnerst. den 8 früh um 7 fuhren wir nach Linththal. Das Wetter begünstigte uns auf eine fast unglaubliche Weise. Der Himmel tiefblau, und ganz vollkommen klar. Die Contoure der Berge waren scharf gezeichnet in der hellen Luft, und erschienen so niedrig, daß wir glaubten, den Schnee mit den Händen ergreifen zu können. Vor uns erschien die ungeheure Masse des Dödi, eines der höchsten Berge in der Schweiz. Bei jedem Schritt zeigte sich ein neues Schneehaupt, oder eine schmale glänzende Linie, welche sich zwischen dem dunkeln Berge und der blauen Luft gar herrlich abzeichnete. Es ist ein unbeschreiblich wunderbares Gefühl, sich der furchtbaren Natur so nahe zu sehn. Das beängstigende eines so tiefen Felsthales wirkt sogar physisch auf den Besuchenden.

Wir fuhren 3 St. bis zum Dorfe Linththal in glänzenden grünen Matten, zwischen zahlreichen Wasserfällen, unter denen sich der Diesbach auszeichnet. Von Linththal gingen 5 v. uns, der Dr., Marianne, H. Heyse, Felix und ich nach dem Fetschbach, ¾ St.

Abb. 10. Der Wiggis bei Näfels (in der Mitte) und Mollis (hinten links). Aquatinta von J. Suter, um 1835

weit in der größten Mittagshitze. Dies ist der größte Wasserfall im Linththal und besonders interessant durch sein Getöse, indem sich sein Schall an einer gegenüber stehenden Felswand bricht. Er bildet eigentlich 3 Fälle, wir hatten aber nicht Zeit einen Punkt zu erreichen, wo man sie alle übersehn kann; wir rannten in der Hitze wieder zurück, und waren froh nur das noch gesehn zu haben. Ich hatte mir einen entfernteren Punkt, die Pantenbrücke [hinter Tierfehd], in den Kopf gesetzt, allein die Zeit war zu kurz.

Das einzige was die Reise in dies schöne Thal und überhaupt in die kleinen Cantone verbittert, ist der Anblick des schrecklichen Elends, des häßlichen, verkrüppelten Volks. Wir sahen mehrere vollkommne Cretinen, andre entstellte Menschen, deren Anblick Abscheu erregte.

[Heyse:] *Die Menschen sind das häßlichste in dieser wunderbaren Natur. Sie vegetiren mehr als sie leben, und sinken an körperlicher Mißgestalt und garstiger Stumpfheit und Dumpfheit bis zum Vieh herab. Cretin-artige, blödsinnige Menschen mit abscheulich dummen Physiognomien, die entweder gar nicht sprechen, oder nur kindlich lallen, ja mitunter sich kaum bewegen können, stehen und liegen zugleich am Wege, und strecken dumm lachend die Hand nach Almosen aus.*

Sie sind sehr arm und nähren sich blos vom Ertrage der Milch und des Käse. Dieser wird verschieden gemacht, eine Art Kräuterkäse heißt Schabzieger. Im Sommer verpachten die Thalbewohner ihre Kühe an die obern Sennen, und bekommen für das Stück 2 Louisdor und drüber. Häufige Lawinen und Ueberschwemmungen verwüsten das Land. Im Jahre 1817 verhungerten hier Hunderte von Menschen. Viele von den kleinern katholischen Cantonen sind der Beschaffenheit des Landes nach, eben so arm und unglücklich.

Auf dem Rigi [12. August].
[8.8.:] Nach dem Mittagessen in Glarus fuhren wir bis Rapperschwyl, wo wir um 9 ankamen. Wir waren bei Näfels über die Linth gegangen, hier war im 14 Jahrh. eine große Schlacht der Schweizer gegen die Oesterreicher. Noch jetzt wird der Jahrestag feierlich begangen.[23] –

Freitag d. 9 fuhren wir bei anhaltendem Regen nach Zürich. Das schöne Ufer verlor ungemein, ohne Beleuchtung, ohne Menschen. In Zürich mußten wir uns den ganzen Rest des Tages ruhig verhalten. Passavant[24] und seine niedliche Tochter besuchten uns, Ebel verließ uns wenig. Er war so gütig uns die Reise Post für Post aufzugeben, und wir freuten uns herzlich, nun endlich etwas Bestimmtes zu erfahren.

Sonnabend [10.8.] begab sich etwas Komisches. Ein gewisser Liste,[25] an den Felix von Spohr empfohlen war, und den wir bei dem ersten Aufenthalt nicht getroffen hatten, kam uns zu besuchen. Er ist von Profession Spatziergänger in der Schweiz, und neben bei Musiklehrer. Der gute Mann verläßt nämlich seine Schüler alle 4 Wochen, um wie eine Gemse auf den Bergen herumzuklettern. Die ganze Schweiz kennt ihn und respektirt sein Pedal,[26] wunderlich, fantastisch und genial scheint er durch und durch. Vater forderte ihn auf mit uns auf den Rigi zu gehn, auf der Stelle entschloß er sich, lief zu Hause, zog einen andern Rock an, und war reisefertig. Um 2 Uhr fuhren wir ab, Ebel begleitete uns in den Wagen. Bald hinter Z. steigt man den Albis hinan, ein ziemlich steiler aber kurzer Weg. Auf dem Albishause stiegen wir ab, und erreichten einen höhern Punkt, die Hochwarte, zu Fuß.[27] Hier übersieht man nach einer Seite den ganzen Zürcher See von einem Ende zum andern, ein lachender, lieblicher Anblick. Nach der andern Seite sieht man den Zuger See, einen Streif des Vierwaldstädter, den Rigi nah und deutlich, den Roßberg, den Pilatus. Weiter hinten die Schneeberge des Glarner Landes, sich weit herum ziehend. – Mutter und Julie kamen nicht bis herauf.

[Den Weg zum Albis hinauf, wurden sie von Liste begleitet. Felix schreibt darüber:] *Liste aber um uns einen Beweis von seiner Kenntniß der Fußsteige zu geben (denn schon hatten wir die Länge seiner Beine, welche alle Wege abkürzten, erkannt) ging vom Albis herunter mit Herrn Heyse zu Fuß, durch Fußwege, Feldwege, über Hecken, Zäune, und Befriedigungenn hinweg, kam bald vor, bald hinter uns zum Vorschein, und traf eine halbe Stunde früher als wir in Zug ein.*[28]

Abb. 11. Der Fätschbach. Aquatinta von J. J. Falkeisen, um 1835

[Und Heyse kommentiert das knapp:] *Hr. Liste geht aber auch einen gewaltigen Schritt, und hetzt mich tüchtig ab.*

Liste theilt uns ein Schweizer Sprüchwort mit, welches sich an uns bewährt hat:

Hat der Pilatus einen Hut,
So wird das Wetter gut;
Aber hat er Stock und Degen,
Giebt es morgen Regen.

Unten, am Albishause, trafen wir den General Minutoli, mit seiner Neapolitan. Gemahlinn, und seinem kleinen, abscheulichen, gräßlichen Mohrengesicht, welches mit im Wagen saß. Beim Anblick dieses Mannes trat mir der Grimm ins Herz, ich kann nicht sagen wie sehr. Dies kleine Affengesicht ist nun die Frucht einer Reise, welche ein *solches* Leben gekostet hat. Weiter bringt er nichts zurück, die mit Blut erkauften Merkwürdigkeiten hat der Himmel vernichtet.[29]

Dinstag, den 13 August. Auf Rigi-Kulm, 5555 F. über dem Meer.[30] *Vormittags um 10 Uhr.* Ich schreibe dir mit einiger Betrübniß, meine liebste Freundinn. Seit gestern Abend befinden wir uns auf dem schönsten Punkte der Schweiz; umhüllt von einem undurchdringlichen Nebel, der uns auch nicht die geringste Durchsicht auf die nächsten Gegenstände erlaubt. Ist das nicht traurig? Wir haben auch gar keine Hoffnung auf eine günstigere Stunde, und werden wol morgen wieder abziehn, ohne den Rigi gesehn zu haben. Ich bin wirklich außer mir. Da ich Dir vom Rigi nichts sagen kann, werde ich meine Reisebeschreibung fortsetzen, wo ich sie neulich ließ.

Wir hatten den Plan, Sonntag [11.8.] von Zug wegzufahren, auf dem See bis Immensee, Tells Capelle, und Küssnacht zu sehn, und Nachmittags den Rigi von Arth aus im Schatten zu besteigen und am andern Morgen weiter zu ziehn. Wenn wir diesen Plan hätten ausführen können, würden wir schönen Sonnenauf- und Untergang gefunden haben, wir wurden aber auf eine unangenehme Weise gestört! Marianne nämlich, die schon seit einigen Tagen erkältet war, wurde die erste Nacht in Zug so krank, daß sie am Sonntag außer Stande war, ihre Reise fortzusetzen. Sie blieb zu Bett, der Dr. [Neuburg] bei ihr, uns war Wind und Wetter günstig, und wir machten indessen die Parthie nach Immensee. Ich kenne kein Vergnügen, dem einer Schweizer Wasserfarth [!] ähnlich. Die Farbe des Zuger Sees ist ein ewiger Kampf zwischen Blau und Grün, mir fällt ewig ein, was Grillparzer vom Meere sagt: halb Aether, halb Wiese. Es ist ein köstliches Wasser. In zwei Stunden waren wir in Immensee. Den Rigi vor uns, den Roßberg seitwärts. Der Bergsturz von Goldau noch dem Auge entzogen. Arth im Winkel des Sees. Von Immensee gingen wir zu Fuß nach der hohlen Gasse, wo Tells Capelle steht. Man steigt ganz sachte, und ziemlich hoch, ohne es zu merken. Die hohle Gasse selbst ist gar nicht so schaurig, als man sie sich wol vorstellt. Es ist ein ganz kurzer Hohlweg, mit schönen frischen Bäumen bewachsen, welche nur eine Laube bilden. Die Inschriften

Abb. 12.
Felix Mendelssohn Bartholdy:
„Tellenkapelle in der hohlen Gasse bei Küssnacht".
Zeichnung, 11.8.1822

auf Tells Capelle habe ich mir abgeschrieben. Ueber der Thür hängt ein altes Bild, welches in einem Cyclus Tells Geschichte enthält. Es ist eine wunderliche Sache um den klassischen Boden. Diese Gegend ist bei weitem nicht die schönste die wir gesehn haben, aber die Erinnerung längst geschehener Thaten macht sie zur interessantesten. Man ist erfreut zu sehn, wie diese Begebenheiten im Munde des Volkes leben, wie ein Jeder die nähern Umstände weiss, und gern erzählt. – Felix zeichnete die Capelle sehr treu und hübsch (s. Abb. 12). Wir setzten unsern Weg nach Küssnacht fort. Hier erblickten wir zum ersten [Mal] den Vierwaldstätter See in der Nähe. Wir nahmen ein angenehmes Frühstück in einer Laube am See, bis wir durch den Regen vertrieben wurden. Wir mußten über eine Stunde im Hause abwarten, dann kehrten wir auf demselben Wege nach Immensee zurück. Mir ist die Tellenkapelle sehr lieb geworden, ich verließ sie wirklich mit Wehmuth. Im Hingehn trafen wir da eine hübsche Luzernerinn, und hielten sie auf, ihr schönes reiches Costüm von allen Seiten genau zu untersuchen. Im Zurückfahren fanden wir den See etwas bewegt, er schlägt gar so herrliche Wellen. [Um 4 ½ Uhr Ankunft in Zug.] Nach Tisch gingen wir in die Oswaldkirche, wo ein Bild von Caracci hängt.[31] Es ist aber nicht gut zu sehn. Felix spielte Orgel. Der junge, talentvolle und sehr musikalische Wirth war so entzückt davon, daß er sogleich hinlief seine Freunde zu holen. Als er lange genug Orgel gespielt hatte, baten sie Alle, ihn zu einem Freunde führen zu dürfen, wo er ihnen Clavier vorspielen sollte.[32] Mehrere Stunden behielten sie ihn da. Der junge Wirth freute sich nur, daß der Prinz v. Hessen Cassel nicht angekommen sei, weil er sonst hätte zu Hause gehen müssen. Einigen dieser Leute war Felix schon aus öffentlichen Blättern bekannt. –

Luzern den 14 Aug
Marianne ward den Abend [des 10.8.] ziemlich krank, wir Andern hatten einige vergnügte Stunden. Die Familie des Wirths ist wirklich gebildet und angenehm. Der junge Suter sang Schweizer Lieder zur Guitarre, die uns entzückten.

[Heyse:] *Besonders ein lustiges Schweizerlied machte viel Glück.*[33]

Den Buffo spielte ein langer Engländer, der am andern Ende des Tisches saß, kein Wort sprach, und nur von Zeit zu Zeit mit Fingerspitzen und Füßen den Takt angab. Der Mensch war zum Kranklachen.

Montag d. 12 war Marianne wirklich so weit, daß sie aufstehn und sich einschiffen konnte. Wir fuhren auf dem See bis Arth, schon unterwegs konnten wir die schrecklichen Verwüstungen des Bergsturzes Spitzibühl deutlich unterscheiden.

Der See war vollkommen ruhig, die Fahrt überaus schön. Wir lasen Wilhelm Tell, der an Ort und Stelle außerordentlich Eindruck macht. – Von Arth fuhren wir zu Lande nach Goldau, über den Trümmern der verschütteten Stadt, und der schrecklichen Verwüstung der ungeheuren Steinmasse welches das unglückliche Thal bedeckte,

[Heyse:] *wo wir mit Schaudern die schrecklichen Trümmer des Bergsturzes betrachten, deren traurige Spuren Jahrhunderte nicht zu tilgen vermögen.*

Jetzt stehen da mehrere Hütten, ein Gasthaus und eine Capelle. Diese ganze Zeit über haben wir viel Details über jene Jammerscenen erhalten. 480 Personen kamen dabei ums Leben, einige wurden durch wunderbare Zufälle erhalten (s. Abb. 13 und 14).

Grade in der Mittagsstunde den 12 August traten wir unsre Wanderung auf den Rigi an. Die Sonne brannte, aber der Pilatus war wolkenfrei, und wir fürchteten für den Abend. Unser Häuflein war das hübscheste und munterste, was Du Dir denken kannst. Mit unserm Hauptführer, *Dominique Jüz*, und den andern Führern und Trägern, waren wir *33 Personen*. Die 3 Damen wurden auf Sesseln getragen, und ein 4ter Sessel wurde abwechselnd von uns benutzt. Ein Pferd trabte nebenher, und trug bald den, bald jenen. Der ganze Aufzug hatte etwas märchenhaft Poetisches, welches durch die Originalität unsrer Führer, und die Kraft und die Schönheit ihrer Gestalten erhöht wurde.

Alles ging gut, bis uns 1 ½ St. vor Rigi-Kulm ein heftiger Regen ereilte. Wir erreichten noch glücklich einen kleinen Schoppen, Oberdächli genannt, wo wir unterkrochen. Pferd, Sessel und Menschen bildeten nun eine malerische Gruppe, ich hätte mir wol jemanden gewünscht, die bunte Unordnung aufs Papier zu fixieren.

Als wir 1 ½ St. gewartet hatten, zog das Gewitter vorüber, und der Regen minderte sich ein wenig. Wir zogen nun auf dem schlüpfrigen Weg Boden weiter, von oben und unten zugleich durchnäßt. Auf dem Klösterli, (1 St. v. Rigi Kulm) fanden wir zu unsrer Verwunderung den jungen Pestaluz mit seiner Frau, deren Bekanntschaft wir in Richterschwyl gemacht hatten. Seit 3 Tagen warteten sie auf gutes Wetter. ½ St. vor [recte: hinter] Klösterli ist Rigi Staffel, der erste Punkt von dem man eine freie Aussicht hat. Mit der größten Anstrengung erreichte ich diesen Gipfel, die Ungeduld hatte mir nicht erlaubt, ruhig im Sessel zu bleiben. Man konnte aber wenig unterscheiden, Regen und Nebel erlaubten nur die Aussicht auf die nächsten Gegenstände. Die letzte halbe St. bis Rigi-Kulm war wegen Nässe und Kälte sehr beschwerlich, und wir freuten uns im Gasthause eine geheizte Stube zu finden. Den ganzen Abend konnte man nicht das Geringste sehn, wenn man heraustrat, befand man sich in einem Meer von Dünsten und Nebel. Auf dem Rigi ist die Sitte, daß man des Morgens, *wenn schönes Wetter ist*, eine Stunde vor Sonnenaufgang, durch das Alphorn geweckt wird. Schwankend zwischen Furcht und Hoffnung krochen wir in unsre kalten Löcher. Der Morgen kam, wir erwachten ohne Alpenhorn, die Nebeldecke war noch viel dichter geworden, und hatte sich um die Fenster gelagert. Die Verzweiflung war groß. Ich brachte mit Vater und Felix einen guten Theil des Vormittags in schneidender Kälte auf dem Kulm zu. Die Nebel zogen um uns herum, der Wind jagte die Wolken hin und her, und mitunter hatten wir hier und dort einen freien Blick ins Thal. Liste war den Morgen wieder abgezogen, der Verfasser der Schweizer Landschaften und Karten, war mit uns.[34] Er zeigte uns eine merkwürdige Erscheinung, die man zuweilen an nebeligen Tagen auf dem Rigi sieht, Nebelbild genannt. Unter Deinen Füßen, erblickst Du plötzlich auf den Wolken einen kleinen, zirkelförmigen Regenbogen, in welchem sich alles darüber stehende spiegelt. Die Erscheinung ist sehr magisch, mit der Wolke zugleich jagt sie vorüber. Bis zu Mittag beobachteten wir die wunderbaren Gestaltungen der Wolken, dann klärte sich der Himmel auf.

Abends [am 14.8.]. Ich bin heut zu Fuß vom Rigi herunter gegangen, habe diesen Abend noch eine sehr *erhabene* Promenade gemacht, bin so müde, daß ich nicht Hand nicht Fuß regen kann, erfreue mich einiger Kopfschmerzen, und habe zur Post schon 4 Bogen vollgeschmiert. Gründe genug um zu schließen, und den Rest meiner Reisebeschreibung zu sparen.

Leb' wohl! Schatz, wenn ich in Interlaken einen Brief von Dir finde, hörst Du von da aus mehr von mir, wo nicht, schreibe ich Dir so wenig, als wäre ich auf irgend einem Berge zu Stein geworden.
Morgen gehen wir nach dem Gotthart.

Abb. 13. Goldau mit dem Bergsturz. Zeichnung wohl bald nach 1811. Stahlstich, 1844. Die am linken Rand dargestellten Gebäude, das Pfrundhaus und ein Gasthof, waren als erste nach dem Bergsturz errichtet worden (1811).

Der Rufi- oder Roßberg, 4854 F. ü. M., an dessen Fuß Goldau liegt, besteht wie auch der Rigi, aus Nagelflue, einem Conglomerat von meistens abgerundeten Kalk- oder Kieselsteinen, die durch einen kalkig-sandsteinartigen Kitt zusammen gehalten werden. Die Schichten dieses an sich sehr harten Gesteins wechseln mit sandigen und andern Lagen. Da diese indeß verwittern, oder durch eindringendes Wasser nach und nach zerstört werden, und dann plötzlich als dicke Schlammströme in das Thal sich ergießen, so wird den Nagelflue-Bänken nicht selten die Unterlage entzogen, so daß ganze Schichten in das Thal herab sich wälzen. Schon früher waren zu verschiedenen Zeiten Steine oder kleine Felsmassen hinunter gestürzt, aber es bedurfte der Regenjahre von 1805 und 1806, um das Ereigniß vom 2. Sept. 1806 herbeizuführen. Nachmittags gegen 5 Uhr riß sich eine solche Schicht von 1000 F. Länge und 100 F. Höhe vom Roßberg los, und stürzte 3000 F. tief in das Thal hinab, verschüttete vier Dörfer, tödtete an 500 Menschen, füllte ein Viertheil des Lowerzer Sees aus und verwandelte das reizende Thal in eine Wüstenei, übersäet mit größern und kleinern Felsstücken, die durch die Gewalt des Falles selbst bis zum Fuß des Rigi hinan geschleudert sind.

(Karl Bädeker: Die Schweiz 2/S. 81f.)

Der 1833 zu Zürich gestorbene ehrwürdige Chorherr Heinrich Hirzel beschreibt in den „Briefen Eugenia's an ihre Mutter (Zürich 1819)" die Begebenheit so:

Von der Spitze des Roßberges hatte sich eine Masse von Felsenschichten losgerissen, Tod und Verheerung verbreitend. Häuser und Hütten, Menschen, Herden, Bäume und alles, was lebte, und nicht lebte, in der Verwirrung einer Sündfluth mit sich fortwälzend, hatte sie mit der Schnelligkeit eines wüthenden Waldstroms in zwei Armen in das Thal sich hinab geworfen, und, auf zwei Seiten hervorbrechend, die Dörfer Busingen und Goldau, nebst den Höfen von Hueloch und Röthen und dem größten Theile von Lowerz, in grauenvollen Schutt, die Mehrzahl der Einwohner aber in eine gemeinsame Todesnacht begraben. Zahlreiche Hütten friedlicher Hirten waren durch die schnell vorwärts geschobene Kiesmasse erdrückt, oder von ungeheuern, gleich einem leichten Federballe fortgejagten Felsenstücken, mit einer, alle Vorstellung weit übersteigenden Gewalt, zerquetscht und zerschmettert worden. Neu geschaffene Felsenberge sah man im gleichen Augenblicke aus der Tiefe hervorgehen. Große Tannenwälder hatten sich zugleich mit dem Erdreiche, in welches tief eingewurzelt sie bereits Jahrhunderten trotzten, von dem Abhange des sinkenden Berges losgerissen, und waren, ohne daß irgend eine Spur davon übrig blieb, in die Tiefe des Thales versunken. Noch andere mächtige Massen von Erde, Stein und Geschiebe waren quer über das Thal hin an den Abhang des dem Rüffiberg gegenüber stehenden Rigi hinaufgewälzt, zum Theil auch über die wenigen stehen gebliebenen Häuser und Bäume in weite Entfernung hinweggeschleudert worden.

In Goldau selbst hatten mehrere Einwohner des Dorfes das Unglück drohende Gestein sich von der Spitze des durch die anhaltenden Regengüsse erweichten Roßberges los machen und heranwälzen gesehen, als plötzlich von der Capelle aus die Sturmglocke ertönte. Auf ihren Unglück weissagenden Ton hin hatte sich alles, was von Menschen jedes Geschlechtes und Alters in der Nähe zugegen war, in und um das in dieser Schreckensstunde keinen Schutz gewährende Heiligthum der Kirche mit Zittern und Zagen in größter Eile zum Gebete versammelt. Ein Augenblick, so stürzte unter dem sich über die Betenden hinwälzenden Schutte das Gebäude zusammen, und ein ungeheures Grab verschlang sie alle, Männer und Weiber, Greise und Kinder.

Indeß aber der eine Arm des Erdstromes Goldau und seine Umgebung vertilgte, hatte der andere sich nach der Seite von Lowerz fort gewälzt, und bis an das Dorf und den See hinauf, was nur immer auf dem Wege sich vorfand, theils mit sich fortgerissen, theils mit Erde und Schlamm dicht überworfen. Das helle Blau des Lowerzer Sees sah man in eine widrige Leimfarbe umgewandelt, und seine sonst so sanften Wellen hatten als tobende Meereswogen, mit fürchterlicher Gewalt, über den Felsen von Schwanau und die Besitzungen des glücklicher Weise eben abwesenden Eremiten zusammen geschlagen.

Abb. 14. Der Bergsturz von Goldau. Bericht eines Zeitzeugen (Karl Bädeker: Die Schweiz 2/S. 82f.)

[Brief von Fanny Mendelssohn an ihre Großmutter Bella Salomon, 15./16.8.1822]:

Brunnen in Schwyz am Vierwaldstädter See, *den 15 Aug. Donnerstag*

Während alle Andern um mich herum die heiße Mittagsstunde verträumen, setze ich meinen Reisebericht fort, da ich im Augenblick nicht der Ruhe bedarf. Nur mein Pedal ist von der gestrigen Rigiparthie so ermüdet, daß ich nicht aus der Stelle kann; könnte ich durch Besteigung des Rigi Euch Alle, Ihr Lieben herbeischaffen, es wäre mir unmöglich, jetzt den Gipfel zu erreichen.

Nachdem wir am Dinstag [13.8.] auf dem Rigi geduldig den ganzen Morgen im Nebel gewartet hatten, hellte es sich zu Mittag ein wenig auf. Es war merkwürdig, das Arbeiten der Dünste zu beobachten, wie sie aus der Erde und aus dem Wasser aufstiegen, sich verdichtend zum Himmel aufstiegen, oder wie ein dünner Schleier um den Berg herum zogen, und dann nach verschiedenen Gegenden hin sich zerstreuten. Nach einigen Stunden war die Nord- und Westseite völlig klar, und man konnte die ungeheure Ebene nach Deutschland hin, die unzähligen Seen, Länder, Städte und Häuser, Waldungen, Wiesen und Berge deutlich übersehn. Auf der Süd- und Südostseite aber lastete der dichteste Wolkenschleier, und die hohen Gebirgsketten an diesen Seiten waren gänzlich verhüllt. Sehr schön ist die Aussicht östlich auf den Zuger See, den Bergsturz von Goldau, den Lowerzer See, Schwyz, den Haken und Mithen, den Roßberg, und weiter hinten auf den Säntis, Glärnisch und Dödi. Der Sonnenuntergang war herrlich, die Strahlen spiegelten sich bald in diesem, bald in jenem See, und die ganze Fläche leuchtete in magischem Glanze. Sonderbar ist es, daß die ganze nördliche Seite den Eindruck eines Basreliefs macht. Wir hatten das Zürcher kurz vorher gesehn, und wurden lebhaft daran erinnert. Alle Berge nach der Seite verschwinden wie kleine Maulwurfshaufen. Das eben macht die Stellung des Rigi so merkwürdig, daß er, ohne viel höher zu sein als seine Nachbarn, sie doch so ganz dominirt.

(C[anton] Uri) In Altorf. den 15 Aug. Abends.
Sehr amüsant war es an diesem Tage [13.8.] die verschiedenen Reisenden ankommen und abziehn zu sehn, ihre Bemerkungen zu hören, den Eindruck zu beobachten den die Sache auf sie machte. Die Engländer dienten hier wie immer statt der Lustigmacher, und ganz ohne es zu wollen.

Gestern [14.8.] früh um ½ 4 ertönte das Hausglöcklein, und darauf das Alpenhorn, welches mit durchdringendem Ton die Melodie des Kuhreigens wiederholte ⟨„gleich dem Tone zur Auferstehung erscholl dies Erwecken", wie es Julie Saaling empfindet⟩. Von dem Eindruck dieses Erwachens kann ich Dir keine entfernte Vorstellung machen. Ich erwachte mit doppeltem Schreck, denn in dem Augenblicke sprang Rebecca auf mein Bett, und faßte mich bei den Füßen. Die erste Empfindung war Ueberraschung und Freude, mit einem Satz war ich aus dem Bette und am Fenster, die ganze Gletscherkette des Berner Oberlandes strahlte mir hell und wolkenleer entgegen. – Bei dem ersten Tönen der Glocke erwacht das ganze Haus: jeder kriecht aus seinem Loche, schreit nach Licht, alles rennt durcheinander, zieht sich an, hüllt sich möglichst ein, und sucht das Freie. In kurzer Zeit standen wir Alle beisammen auf dem Kulm; zahlreiche Pilger von Klösterli und Staffel vermehrten die Gesellschaft. Die Erde war mit Reif leicht bedeckt, und die Kälte ziemlich streng. Die Damen ließen sich ihre wollenen Bettdecken geben, und nahmen sie um wie Tücher, es waren lauter Hogarthsche Figuren,[35] trotz der Feierlichkeit des Orts konnte ich das Lachen nicht abwehren.

Noch war es Nacht, der Mond stand hell am Himmel, unter ihm der Morgenstern, auf den Bergen das erste Morgenroth. Kein Wölkchen am Himmel, die ganze südliche Gebirgskette frei, die Berner Gletscher im reinsten Glanze des Eises strahlend.

(Altorf Cant. Uri)
Dicht über dem Thal schwebte ein leichter Nebel, welcher aus den Seen aufstieg, und sich mit ihnen vermischte. Der Pilatus hatte einen leichten Wolkengürtel. Nach etwa einer Stunde hob sich die Sonne hinter dem Säntis empor. Nun ward eine Bergspitze nach der andern geröthet, und endlich glühte die ganze Bernerkette im zartesten Roth. Man hätte niederfallen und anbeten mögen. Es war der feierlichste Moment, den ich erlebt habe. Bald nachher wurden die niederen Bergspitzen erleuchtet und zuletzt zerstreute das Sonnenlicht die Nebel im Thale. Es war ein Morgen, wie ich wenige gesehn habe, und alle Leute versicherten, in Monaten sei kein solcher Sonnenaufgang gewesen. Wie waren wir für unsre Geduld belohnt! Keller[36] und sein Teleskop waren willkommen, er ließ uns die einzelnen Bergspitzen beobachten, wie sie eine nach der andern beleuchtet wurden. Die Schreckhörner, Wetterhörner Finsterahorn, Lauterahorn, Mönch Eiger Jungfrau, und die kleineren Gletscher. Wir sahen gestern zum erstenmal Gletscher, was ich früher fälschlich so benannte, waren nur Schneegebirge. Nachdem wir uns einige Stunden lang an dem herrlichen Anblick geweidet hatten, gingen wir ins Haus, uns zur Abreise zu bereiten.

[Wahrscheinlich trug nun Abraham Mendelssohn in dem Gästebuch des Hotels, das sich heute noch dort befindet, die Namen seiner Reisegruppe ein, in vier Zeilen, in sehr kurzer Form – und offensichtlich haben sich gleich anschließend andere Gäste mit ihren Unterschriften angeschlossen[37] (s. Abb. 15).]

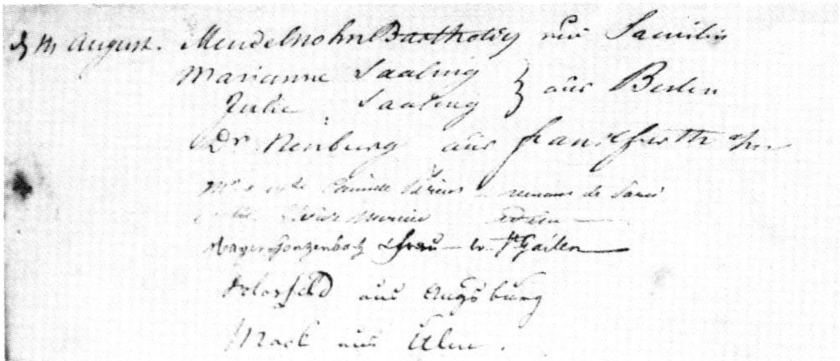

Abb. 15. Abraham Mendelssohn Bartholdy: Eintragung im Gästebuch des Hotels Rigi-Kulm, 14.8.1822

Gegen 7 machten wir uns auf den Weg, bei herrlichem Wetter. Unsre bunte Caravane wurde durch Pestaluzis gemehrt, welche uns aber bald zuvoreilten, und in Weggis ein Abschiedsbillet zurückließen. Das Kessibodenloch.[38] Bis Staffel ist der Weg derselbe [wie beim Aufstieg]. Hier sahen wir noch einmal die ganze Aussicht im hellsten Sonnenlicht. Es hielt fürwahr schwer sich davon zu trennen. Von Staffel kamen wir aufs kalte Bad, ½ St. weit. Dies ist eine eiskalte Quelle, die zwischen hoch überhängenden Felsen entspringt, und der Dreischwesterbrunnen heißt.[39]

Eine kleine Kapelle heiligt den Ort. Dies Plätzchen ist überaus reizend. Der Weg führt an der südwestlichen Seite des Berges hinunter, und gerade in den Vierwaldst. See, von dessen Wellen Weggis am Fuß des Rigi bespült wird. Er ist ohne Vergleich schöner, als der von Arth, den wir hinauf stiegen, aber viel steiler. Die Aussicht behält man bis zuletzt im Auge. Auf der Mitte des Berges tritt man aus dem Canton Schwyz in den von Luzern. Hier verliert man den Zuger See, den Sturz von Goldau, und die ganze Ostseite. – Auf dem ganzen Wege sind die Spuren eines ehemaligen Bergsturzes unverkennbar. Große Felstrümmer liegen umher, und einmal führt der Weg durch ein ungeheures Felsenthor, aus einzelnen, übereinander hingefallenen Steinen bestehend.

Weiter unten beginnt eine herrliche Vegetation, und auf der letzten halben Stunde krönt ein Kastanienwald die Schönheit des Weges. Weggis hat eine unbeschreiblich schöne Lage und soll der Obst- und Gemüsegarten für Luzern sein. Ganz erschöpft vor Müdigkeit kam ich unten an, da ich bis auf wenige Minuten den ganzen Berg herunter gestiegen war. In Weggis schifften wir uns ein, und nahmen Abschied von unsern Trägern, mit denen wir uns in den drei Tagen sehr befreundet hatten. Auf dem Rigi hatten sie uns gymnastische Uebungen und Spiele vorgeritten, über die wir uns halb krank lachten.

Die Fahrt bis nach Luzern ist sehr interessant. Das westliche Ufer steil und hoch und felsig, das östliche flacher und sehr angebaut. Die Wiesen sind wieder unvergleichlich. [Ankunft in Luzern um 1 Uhr.]

Luzern liegt ganz im Winkel des Sees und präsentirt sich mit vielen Thürmchen sehr stattlich. Gegen Abend stiegen wir auf *Alle Winde* ein Garten hinter der Stadt, wo man eine schöne Uebersicht des Sees, der Stadt, und der fernen Gebirge erhält. Rigi und Pilatus im Vorgrunde. Mich trugen meine Füße nicht mehr. –

[Felix zeichnet diese Aussicht und notiert dazu auf einem separaten Kommentarblatt:] *Luzern, von Allewinde aus Diesen Namen führt ein Garten bei Luzern, der ursprünglich einem Privatmanne, dem Herrn v. Weber gehört, welcher ihn aber für das Publikum eröffnet hat.* […]

Hier muß ich noch rühmlichst unsres Dr. Neuburg erwähnen, der, ein Mann von 63 Jahren, den Rigi ganz herauf, und fast ganz hinunter stieg, ohne sich besonders ermüdet zu fühlen. Im Tragsessel ist die Parthie nicht im Geringsten beschwerlich, wie ich an Mutter bemerken konnte. Sie war am Muntersten von Allen.

Abb. 16. Rigi-Kaltbad, mit dem Blick auf den Bürgenstock und Pilatus (am rechten Rand). Stahlstich von J. Riegel, um 1850

[Freitag, 16. August]
Gestern, den 15 Aug: früh um 8 schifften wir uns auf dem Vierwaldst. See ein, um nach Altorf, und dann heut nach dem Gotthart zu fahren. Es war sehr heiß, der Pilatus ganz klar, mit Stock und Degen. Wir zogen vorüber bei Weggis und dem Rigi, Stanzstaad, Buochs, Gersau, und landeten zuerst in Brunnen. Die Fahrt dauerte 5 Stunden und wir warteten nun erst die grimmig heiße Mittagsstunde ab. Brunnen hat eine wirklich himmlische Lage in einer der vielen Ecken des Sees. Rings von hohen Felsen geschlossen, ist die Gegend beschränkt, aber schaurig und schön. Wir fuhren nun weiter, es regnete ein wenig, und ¼ St. hinter Brunnen fing es an zu gewittern. Wunderbarer Weise blieb der See völlig unbewegt bei Donner, Blitz und Regen. Da ich Ruhe genug hatte mich umzusehn, fand ich den Anblick überaus groß und imposant. Ein Sonnenstrahl fiel auf die Berge, und erleuchtete die Matten. Wir fuhren bei dem *Grütli* vorbei, welches wir für diesmal liegen ließen, und im Rückweg besuchen wollen. Dies ist eine Wiese auf der Höhe eines Berges am See. – Indessen wurde die Sache ernsthafter, der Regen nahm zu, die Landung ist an diesem Theil des Sees wegen der Felsenufer sehr schwierig. Dicht bei *Tells Platte* lief das Schiff unter einen kleinen Schoppen, und kaum waren wir geborgen, als ein furchtbares Hagelwetter begann und etwa eine halbe Stunde anhielt. Dann fuhren wir, bei mäßigem Gewitter und Regen, und völlig ruhigem

See weiter, Tells Platte, dem kleinen und großen Axenberg, den Bannberg und Jützenstock etc. vorbei und landeten bei Fluelen, wo der See endet. Immer höher, wilder und romantischer wurden die Ufer, der Axenberg ist ein[e] Felsmasse von ungeheurer Größe; der schneebedeckte Bristenstock schließt das Thal hinter dem See, und scheint einen Riegel vor die Welt zu schieben.

[Etwas ausführlicher hat Heyse diesen letzten Teil der Fahrt auf dem See beschrieben:] *Um 3 ½ Uhr besteigen wir [in Brunnen] unser Schiff wieder. Die Fahrt ist anfangs ganz ruhig; rechts sehen wir das Grütli liegen. Langsam steigen ein paar schwarze Wolken an dem übrigens ganz klaren Himmel auf; es fallen einige Tropfen, und plötzlich gießt bei hellem Sonnenschein ein heftiger Platzregen in Strömen herab; von nahen Donnerschlägen begleitet. Prächtig durchzuckt der Blitz die schwarzen Wolken, die auf den Bergen ruhen, und der Donner hallt von den Felswänden abprallend fürchterlich wieder. Wir sind genöthigt, ganz in der Nähe von Tellen-Platte unter ein zur Landung für Schiffe erbautes Schutzdach uns zu flüchten, und werden, ehe wir dies Obdach erreichen, trotz der leinwandenen Bedeckung des Schiffes recht ordentlich naß. [...] Kaum sind wir dort [in Flüelen] um 5 ¼ gelandet, indem unsere Ruderer all ihre Kräfte anstrengten und auch Dominique ihnen Beistand leistete, so bricht ein zweites heftigeres Donnerwetter los.*

Von Fluelen nach Altorf, ½ St. fuhren wir im Charaban [Char-à-bancs]. Das Thal ist einzig schön. Durch den Effekt der Sonne erschienen die Felsen goldgelb, ein schöner Regenbogen schwebte über ihnen, die hintere graue Masse des Bristenstocks mischte sich mit den Wolken, ein wahrer Höllenrachen.

In Altorf besuchten wir sogleich den Platz, auf dem Tells Knabe stand, als ihm der Apfel herunter geschossen wurde. Ein Thurm bezeichnet die Stelle.[40] Alte verwischte Gemälde zeigten ehemals Tells Geschichte und die Schlacht bei Morgarten,[41] in welcher er soll mitgefochten haben. In großer Entfernung vom Thurm steht ein Brunnen, mit Tells und des Knaben Statue. Hier stand der Schütze. Hier in der ganzen Gegend sind die Häuser von außen mit Scenen aus jener Zeit geziert. Die Männer auf dem Grütli, oder Tell mit der Armbrust, Geßlers Tod oder eine andre Scene. Auch in den Zimmern sieht man die Begebenheiten auf alle Art, in Kupferstichen, Bildern und Zeichnungen verewigt. Die Erzählung lebt im Munde des Volks, ein jeder nennt mit Stolz die Namen Tell, Walther Fürst, Stauffacher, Melchthal und Attinghausen.[42] Von Tells Tode hat man keine bestimmte Kunde, er soll bei einer Ueberschwemmung umgekommen sein, als er mehrere Personen rettete. Altorf ist ein trauriger Ort. Vor 23 Jahren brannte die Stadt ab, noch sind die Brandstellen sichtbar, die alten Brandmauern drohen den Einsturz. ⟨Julie Saaling notiert sich nichts davon, beklagt vielmehr „ein recht schlechtes Gasthaus, italienisch, unsauber, unangenehm schweizerisch, unter Donnern und Blitz vertilgen wir erbärmliche Fisch- und Fleischarten, und gingen in harte Betten."⟩

Abb. 17. Altdorf mit dem „Türmli“ und dem Bessler-Brunnen.
Stahlstich von H. Winkler, 1836

Heut [16.8.] sind wir von heftigem Regen hier angefesselt, und werden vielleicht gar nicht aus der Stelle rücken können. Es ist recht traurig. Mein großer Gram ist, daß ich durchaus nicht mager werden kann. Ich mache mir zwar viel Bewegung, denn ich bin heute z. B.noch lahm von der Rigiparthie, aber die Luft, die man hier athmet, der Heugeruch, die Milch und Butter sind wahres Gift für meine Wünsche. Man nährt sich hier im Allgemeinen sehr gut. Forellen, Braten, Gebackenes, und vor allem Milch Butter und Käse vortrefflich. Das Brot ist durchweg schlecht, entweder heiß und ungenießbar, oder trocken und bröckelig. Geröstet ist es zu genießen. Bis jetzt haben wir immer schlechtes Obst getroffen, seit einigen Tagen schöne Pfirsich.

Nachmittags. Wir haben heut einen wunderlichen Tag erlebt. Um 6 Uhr waren wir alle fix und fertig, und saßen nun bis um 10 und schrieben. Dann redeten wir uns ein, wir hätten großen Hunger, und frühstückten frisch drauf los. Um 12 fuhren wir in heftigem Regen nach Bürgeln, eine gute Viertelstunde von hier. Den Weg dahin fanden wir, trotz der ungünstigen Umgebung, überaus schön. Zwischen den höchsten Bergen die herrlichsten Nußbäume und Wiesen. Bürglen liegt am Eingange des Schächenthals, und der sehr reißende Schächenbach bildet hier in Gemeinschaft mit einem andern Bache einige kleine, schöne Wasserfälle. Wir besuchten zuerst die Capelle, welchen den Platz von Tells ehemaligem Hause einnimmt. Sie ist von außen und innen mit Bildern und Sprüchen geziert, welche die Geschichte besagen. Die alten, schlechten Verse habe ich mir notirt. Alles was man hier aus alten Gedichten und aus dem Munde des Volks über jene Zeit vernimmt, beweist, wie streng und wörtlich sich Schiller an die Geschichte gehalten hat. Nur daß er die Begebenheiten mehrerer Jahre in den Raum einer Tragödie zusammendrängen mußte.

Von da stiegen wir immer im Regen zu einem alten Schlosse herauf, welches Geßlern gehörte. Es ist jetzt von einem Maler, Triner und dessen Sohn[43] bewohnt. Beide verfertigen hübsche Ansichten der Schweiz. Die Aussicht aus diesem Gebäude über das Schächen- und Reußthal ist hinreißend. Ein Haus im Thale, auf grüner Wiese, unter hohen Nußbäumen am Schächenbach ist das Ideal einer Idylle. Wer das bei heiterm Wetter gesehn hätte!

[Brief von Fanny Mendelssohn an Marianne Mendelssohn, 18./19.8.1822]:

Altorf den 18 August Sonntag. Abends.

Ich hab einen Tag erlebt, Marianne, einen Tag der auf ewig unauslöschlich in meinem Innersten steht, dessen Andenken für lange Zeit hinaus auf mich wirken wird. In Gottes größte Natur bin ich getreten, das Herz hat mir gebebt vor Schauer und Ehrfurcht, und als ich wieder beruhigt, das menschlich Schönste, das anmuthig Lieblichste erblicke, als ich an der *Grenze von Italien* stehe, da ruft mein Schicksal, bis dahin und nicht weiter. Nie, nie habe ich solche Empfindung gehabt, inniger Dank gegen Gott der mich diesen Tag hatte erleben lassen, Sehnsucht nach dem, was mir die Berge verhüllten, feste Vorsätze, die ich in meinem Innern faßte, alle diese Gefühle vereinigt, strömten aus in heißen und wohlthätigen Thränen. Gestern Abend wollte ich nicht an Dich schreiben, Du siehst mich nicht gern allzu heftig gestimmt; ich war exaltirt, aber ich behielts für mich, ich wollte warten bis ich ruhiger wäre, aber noch jetzt, noch bei der Erinnerung an gestern und heute früh, wird mir das Herz weit und groß, verläßt mich alle Ruhe. – Ich will versuchen, Dir in der möglichsten Ordnung zu erzählen, was ich gesehn, was ich erlebt.

Gestern [17.8.] früh um 7 fuhren wir bei bewölktem Himmel von Altorf ab, dem klaren Himmel zu, nach Süden. Bürglen und das Schächenthal links lassend, kamen wir ins Reußthal, welches hier mit hohen Felsen umschloßen, aber sehr breit und überaus fruchtbar ist. Nußbäume, andre Fruchtbäume und Tannen von außerordentlicher Schönheit. Man fährt an einem Thurme Geßlers, und der alten Veste Zwing Uri vorbei.[44] Links [recte: rechts] die Surenengletscher, [links:] Windgalle, Bristenstock und andre Schneeberge und Gletscher. Auf den vordern Bergen herrliche Alpen sichtbar. So in mannigfaltig wechselnder Umgebung gelangt man nach Amstäg, 3 St. v. Altdorf, *am Fuß des Gotthart.* Hier beginnt die neue Gotthartstraße,[45] welche diesseits 2 St. weit, bis Wasen fahrbar, und auf der Tessiner Seite fertig ist. Die Straße ist bald rechts, bald links von der Reuß in den Felsen gesprengt, trefflich geebnet, und durch Mauern gesichert. Ueber die Abgründe wölben sich kühne Brückenbogen. Ein Riesenwerk, und ewiges Denkmal für die Cantone Uri und Tessin. Es ist erhebend zu sehn, wie menschliche Beharrlichkeit den Willen der Natur beugen kann.

[Nach einer Notiz Heyses war die Gruppe bis Wassen in Wagen gefahren, die man jetzt hier zurückließ; er selbst ging zu Fuß bis Andermatt, für die anderen nahm man] *6 Reitpferde, worunter 3 mit futteralen für die Damen, und 2 Tragsessel.*

Hinter Wasen hört allmählig die Vegetation auf, das Thal verengt sich mehr und mehr, immer schroffer steigen die Felsen, immer wilder braust die Reuß. Bei Göschenen, dem einzigen Dorfe auf dem ganzen Wege, zeigt sich zur Linken [recte: zu Rechten] der Reuß der furchtbare Göschener Alp Gletscher, es war der erste dem wir so nahe traten. – Sobald man die Schöllenen erreicht, verschwindet die letzte Spur von Leben und Nähe der Menschen. Rings umher siehst Du nichts als die himmelhohen Felsen, zwischen denen sich die Reuß ihr furchtbares Bett gebrochen hat. Hier verliert sie ganz das Aussehn eines Stromes, sie bildet einen fortdauernden, wüthenden Wassersturz. So steigt das Entsetzen mit jedem Schritte, bis es endlich an der Teufelsbrücke seinen höchsten Gipfel erreicht. Du befindest dich in einem vollkommen geschlossenen Felskessel, vor Dir in mehreren Absätzen herunterstürzend die ungeheure Wassermasse, hoch darüber wegführend die schmale aber sichere Brücke. Der schneidende Wind, der gegen Abend hier weht, und Gletscherwind heißt, die hier und da hervorblikkenden Schneespitzen, die Dämmerung, welche in diesem Höllenthale zu herrschen begann, jede Umgebung trug bei, das Schrecken zu mehren.

Abb. 18. Die Teufelsbrücke. Schabkunstblatt
nach einer Zeichnung von Heinrich Keller, um 1830

[Ähnlich beschreibt auch Heyse seine Eindrücke:] *Hier ist kein Thal mehr; es ist das bloße wilde Felsbette, das die Reuß sich gewaltsam gebildet hat. Von der Wildheit dieser Gegend hat man keinen Begriff, wenn man sie nicht gesehen hat. Mit ungeheurer Gewalt und Schnelligkeit wälzt sich die Reuß über große Felsblöcke hin. […] Überall erscheint das Thal nach allen Seiten hin gesperrt; man sieht weder Aus- noch Eingang, und tritt so von einem Felskessel in den andern. Unzählige Gießbäche stürzen von den Felsen herab unmittelbar in die Reuß. […] Zu der natürlichen Furchtbarkeit dieser Gegend kommt nun noch die gänzliche Einsamkeit; keine Menschenwohnung weit und breit; kein Vogel, kein Insect, da alle Vegetation fehlt. Durch solche Schauer gelangt man nun endlich auf die Teufelsbrücke.*

Luzern den 19
Wenig aufwärts von der Teufelsbrücke ist das Urner Loch,[46] ein Felsdurchgang von etwa 80 F., und am Ausgange dieses Thores blieb ich wie versteinert über das Wunder welches ich erblickte. Ausgebreitet vor meinen Augen ein liebliches stilles Thal, mit den üppigsten Wiesenteppichen, an beiden Seiten eingefaßt von grünen Hügeln, einzelne Hütten darüber hingestreut, im Hintergrunde das anmuthige Dorf Andermatt

Abb. 19. Das Urner Loch, Blick vom Urserental. Stahlstich von Ch. Askey nach Cockburn, 1820

und Ursern, auf der Höhe eine Kapelle, aus der mir die stille Abendglocke entgegentönte, rechts der Gotthart, dessen Gipfel sich klar in der blauen Luft zeichnete, links der St. Annen Gletscher grünlich glänzend, mit einer Fortsetzung von Schneebergen. Seitwärts die Furka mit ihrem Gletscher, der Gotthart Gletscher, und der Crispalt, aus dem der Rhein entspringt.[47] Verschwunden das wilde Tosen des Stromes, der hier schnell aber ruhig über den Felsen gleitet, verschwunden jede Spur des Entsetzen, welches Dich noch eben umgab. Rings um Dich her Ruhe, tiefer Frieden, welcher nie aus diesem stillen Thal zu weichen scheint. Gott welch ein Eindruck!

Wir gingen noch einige hundert Schritte weit über die Wiesen um den Annengletscher besser zu betrachten, die Kälte nöthigte uns bald zur Rückkehr. Die einzigen Kennzeichen einer höheren Luftregion sind eben diese kalte Luft, die man einathmet, und der Mangel an Vegetation. Weniges Nadelholz steht in der Nähe von Andermatt, sonst ist der Erdboden nur mit üppigen Wiesen bedeckt. Das, was man nicht sieht, wirkt nicht weniger heftig auf das Gemüth, als die sichtbaren Umgebungen, die Idee des Landes, welches hinter jenen Gebirgen beginnt, ja selbst die fühlbare Nähe Italiens, der kleine Umstand, daß die Landleute alle in Italien waren, italiänisch reden, und den Wandrer mit den süßen Lauten der lieblichen Sprache begrüßen, rührte mich unendlich. Wäre ich an diesem Tage ein junger *Bursche* von 16 Jahren gewesen, bei Gott, ich hätte zu kämpfen gehabt, um keinen dummen Streich zu begehn. Und wenn mich auf der einen Seite die heftigste Sehnsucht nach Italien trieb, so hatte ich auf der andern den größten Wunsch, über Furka und Grimsel nach dem Haslithal zu gehn, eine Reise die wir leicht hätten machen können, wenn wir uns vorher darauf eingerichtet hätten. Den ganzen Tag hatte ich die Möglichkeit berechnet, noch Abends, wenn auch allein mit Dominique, auf den Gotthart zu steigen, es sind nur noch drei Stunden vom Ursernthal, aber es war nicht möglich, ich mußte mich bescheiden. – Abends allein auf meinem Zimmer verlebte ich eine Stunde, die ich nie vergessen werde. Das Ursernthal, welches sich bis an den Fuß der Furka erstreckt, liegt 4456 F. hoch. Wasen liegt aber nur 2 Stunden weit, und 2000 F. tiefer,[48] danach kannst Du die Heftigkeit des Reußlaufs berechnen. Oft verliert man ihren Lauf ganz aus den Augen, in dem sie sich durch die engsten Schluchten windet. An einer solchen Stelle, Pfaffensprung genannt, steht eine Brücke; herabgeworfene Steine machen hier das Getöse eines starken Schusses.

Auf dem Wege von Andermatt nach Amstäg zählte ich 16 große Wasserfälle, mit allen kleineren Fällen und Bächen sind es über 40. Eine sehr schöne Erscheinung, die man hier häufig sieht, ist der Regenbogen, der durch den Staub eines Wasserfalles gebildet wird. – Besonders schön nahm er sich aus an der Teufelsbrücke.

Es ist sehr überraschend, in einem Thale wie Andermatt ein sehr schönes, angenehmes und reinliches Gasthaus zu finden; in dieser Hinsicht wie in jeder andern waren unsere Erwartungen übertroffen.

Gestern [18.8.] früh hatte ich eine schwere Stunde. Es wollte mir gar nicht in den Sinn, das liebliche, schöne Thal zu verlassen, wieder nördlich zu reisen, wieder in die schreckliche Wildniß zu gehn, und das betäubende Geräusch des Stromes zu ertragen. In der Morgenbeleuchtung war das Thal unendlich reizend, die kleine Kapelle Maria Hilf war schön beleuchtet, die Matten glänzten im Thau, die Gletscher waren mit grünlichem Licht überstrahlt, der Gotthart erhob sein Haupt in die reine Luft; nichts glich der Ruhe dieser Morgenfeier ich kann Dir nicht sagen, wie bewegt ich war. Und nun aller dieser holden Anmut den Rücken wendend, wieder durch die Schauerhöhle in die wilden Schluchten. Allein auch diese verloren in der Morgenklarheit von ihren Schrecknissen, uns wenigstens imponirten sie lange nicht so, wie am Abend vorher.

Ich ging einen großen Theil des Weges ganz allein, mir still überdenkend, was ich gesehn, und was mir das innerste Gemüth so sehr bewegt. –

[Auch Heyse hing auf dem Rückweg ganz eigenen Gedanken nach:] *Es zeigt sich wieder einige Vegetation [hinter Göschenen]; Tannen wachsen zwischen den Felstrümmern hervor; es wird immer wärmer, je tiefer wir steigen. Ziegenheerden klettern an den Felshängen furchtlos umher. Die Stimmung, in der ich mich an diesem Morgen fühle, kann ich nicht beschreiben. Seit lange[m] war ich nicht so ausgesöhnt mit der Welt und mit mir selbst, und der Gedanken, in dieser Stimmung durch einen herabstürzenden Felsblock in die brausende Fluth heruntergeschleudert, auf immer von der Welt zu scheiden hatte für den Schwärmer nichts Erschrekkendes. Es schien mir ein schöner Tod zu seyn.*

Von fernher vernahm ich die Morgenglocken aus dem Dorfe Göschenen, ihr Klang war gar feierlich und schön und der Gletscher hinter dem Dorfe vom hellsten Sonnenlicht beschienen. (Dieser Gletscher hat Zusammenhang mit dem Rhone Gletscher, und gehört also auch zum Gotthartgebirge.) Ich muß einige wunderschöne Mädchen in Wasen erwähnen, mit welchen wir uns unterhielten.[49]

Wir fuhren über Bürglen zu Hause, wo wir noch einmal Tells Capelle, und den alten mit Epheu bewachsenen Thurm[50] besuchten, und uns im frischen Schatten der Nußbäume von der Hitze erholten. Das Thal ist auch ungemein schön und romantisch. Mit Mariannen, H. Heyse und Rebecka ging ich dann [von Bürglen] einen schönen Fußpfad nach Altorf zurück.

Diesen Morgen [19.8.] mußten wir sehr früh aufbrechen, weil Julie etwas albern furchtsam ist, und durchaus nicht Nachmittags auf dem See fahren will. Zum erstenmal sahen wir die Berge um Altorf recht deutlich und im schönsten Licht. – Nach 6 schifften wir uns in Fluelen ein. Diesmal besuchten wir die durch Lage und Erinnerung so interessante Tellenplatte, in welcher die Geschichte jener Zeit in sehr schlechten Bildern dargestellt ist. – Dann bestiegen wir das Grütli, die Wiege der Schweizerischen Freiheit. Hier wo die drei Cantone Schwyz, Uri und Unterwalden aneinander gränzen, wo die drei Männer den ewigen Bund schworen,[51] hier entspringen drei kleine Quellen, welche das Volk als heilig ehrt. – Von dieser kleinen Höhe übersieht man einen schönen Theil des Sees, den Axenberg, Mythen und Haken, und Stoß, die Städte Brunnen und Schwyz. Der Berg, worauf das Grütli liegt, heißt Seelisberg.

Die Fahrt bei völlig heiterm Wetter ist wirklich sehr interessant und schön. Nach Luzern zu verflacht sich das Ufer beträchtlich, der Rigi ist der letzte hohe Berg. Nun hast Du auf der einen Seite die freundlichen, und bewohnten Ufer, auf der andern über den nächsten grünen Bergen die Berner Kette, den Uri Rothstock, und die vielen Schneeberge bis zum Dödi. Der Pilatus dem Rigi gegenüber, im Vorgrunde. [Nach einer Notiz von Heyse erreichten sie um 1 ¾ Uhr Luzern, wo sie dann auch übernachteten.]

Den Vierwaldst. See haben wir recht viel genossen, und er hat sich trotz seines übeln Rufes, sehr artig gegen uns benommen. Auch werden wir seiner immer in Freundschaft und in allem Guten gedenken. Morgen verlassen wir Rigi, Pilatus, den See und alle Freunde dieser Gegend, und wenden uns nach dem Canton Bern, nach Interlaken. Uebermorgen ist der ersehnte Tag, wo uns die Briefe aus Berlin Nachrichten bringen von Dir von Großmutter, Alexander, Eurem Kinde, von Peppi und allen Lieben. – Aus Interlaken schreibe ich an Tante H[inni],[52] Peppi und Onkel B[artholdy]. – Die An-

dern sind alle zu Thorwaldsens Löwen[53] gegangen, Mutter hat aber Kopfweh, ich bin bei ihr geblieben, und habe Muße gefunden, meinen Brief zu vollenden. Es ist der zweite, den ich seit gestern an Dich schreibe, der erste war so verwirrt, daß ich ihn umschreiben mußte.
Lebe wohl, und denke in Liebe Deiner Fanny.
Wie geht es meiner kleinen Ernestine?

[Brief von Fanny Mendelssohn an Marianne Mendelssohn, 23./24.8.1822:]

Interlaken den 23 Aug. 22. *Freitag.*

So eben ist der ersehnte, erseufzte Moment erschienen, der uns Nachrichten von Euch, Ihr Geliebten gebracht hat. Laß Dir aber erzählen, wie es uns damit ging. Diese Briefe sind erstlich schrecklich alt, der Meinige vom 31sten. Sie sind über Zürich nach Bern gegangen, und gestern, als wir in Thun ankamen, schickte Vater einen Boten nach Bern, der bei unsrer Abreise noch nicht zurück war. Nun baten wir Perriers, die später als wir nach Unterseen gingen, uns die Briefe mitzubringen.[54] Dominique wurde gestern zweimal nach Unterseen geschickt, Perriers waren angekommen, aber noch keine Briefe für uns. Die schönen Hoffnungen waren zu nichts geworden, die Verstimmung war groß, soll ich dir gestehn, daß ich im Dunkeln am Fenster saß, und weinte? Die Briefe gab ich ziemlich verloren, diesen Morgen machte ich mit Mariannen einen Spatziergang, wir sprachen mit Wehmuth und Verdruß von unsern getäuschten Erwartungen, aber bei unsrer Heimkehr rief uns Mutter aus dem Fenster zu, die Briefe seien angekommen. Aber die Freude wurde uns recht gedämpft, denn indem ich mit der einen Hand Deinen Brief ergriff, zog mich Felix bei der andern auf die Seite, und erzählte, H. Heyse habe eben die Nachricht erhalten, daß seine älteste Schwester, Elise gestorben sei. Ich kann dir gar nicht beschreiben, wie doppelt schwer und schmerzlich dieser Verlust ist. Die Mutter überaus kränklich und schwach, und durch dies Unglück sehr angegriffen. Grade durch ihre Krankheit und ihr Unglück war dieses Mädchen der ganzen Familie doppelt lieb und theuer. – An und für sich ist ihr Tod kein großes Unglück zu nennen, denn ihr Lebenszweck war verfehlt, und sie fühlte sich allein und unglücklich, aber grade in diesem Moment, und daß dem armen Heyse die ganze Freude, die Erinnerung so getrübt werden soll, das berührt uns Alle aufs Schmerzlichste. Wir sahen noch eben die Familie in der harmlosesten Heiterkeit, kaum besorgt um Elise, an deren Leiden sie gewissermaßen gewöhnt war, nur dass die arme Mutter beim Abschiede von ihrem Sohn unendliche Thränen vergoß, Gott gebe, daß sie ihn wiedersehe. Der arme Mensch ist jetzt weggegangen, sich im Freien ein wenig allein auszuweinen, mir ist recht bange vor seiner Rückkehr. So stand ich nun, Deinen offnen Brief in der Hand, und vor Bangigkeit und Thränen nicht fähig ihn zu lesen, die ersten Zeilen beruhigten mich aber gleich. Dem Himmel sei gedankt, daß alles wohl ist, Dank Dir, daß Du mir von allem ausführliche Nachricht giebst. Schreibe nur öfter, liebste Marianne, ich bitte, ich beschwöre Dich; wir sind nun doppelt ängstlich und besorgt; beständig denke ich daran, wenn uns das Schönste ergötzt, wünsche ich nur, ach wenn wir Briefe hätten!

Das ist aber nicht die einzige Unannehmlichkeit, die wir heut erfahren haben. Vater hat sich gestern mit Wilhelm entzweit und ihm sogleich aufgesagt. Heut haben sich alle Leute ins Mittel geschlagen, die Sache wieder auszugleichen aber umsonst, eben jetzt ist er fortgewandert. Du begreifst, wie fatal dies für uns ist, entweder wir müssen uns bis Berlin ohne Bedienten behelfen, oder in einer fremden Stadt einen fremden Menschen annehmen; und nun begreife ich gar nicht, wie er nach Berlin kommen wird, wenn er nicht etwa noch Geld bei sich hat. Solltest Du etwa durch Charlotte etwas von seinem Schicksal erfahren, so lasse es uns doch wissen.

Doch es wird Zeit, uns zu fröhlicheren Gegenständen zu begeben. Die Nachricht, die Du mir mittheilst, hat mich wahrhaft entzückt, und meine Thränen in die heftigsten Freudenthränen verwandelt. Man kann wol nicht Schwestern mehr lieben, als ich Peppi und Dich liebe, ich hoffe auch, es fehlt uns zu Geschwistern weiter nichts, als eben einerlei Eltern zu haben. Der Himmel gebe, daß unser sehnlicher Wunsch erhört werde. Der Himmel lächelt jetzt Deinem Schicksal so freundlich, daß Du auch dies von seiner Gunst hoffen darfst.

Onkel Bartholdy schreibt nichts von Kommen, wohl aber hat er Alexanders Brief erhalten, und schrieb, die Antwort müßte in Euren Händen sein. Aus der Lausanner Zeitung ersehen wir heute, daß der Congreß von Mailand nach Wien verlegt ist.[55] Wir vermuthen also, daß der Onkel dahin kommen wird, und was ist dann natürlicher, als eine Reise nach Berlin. Ich indessen glaube es nicht, es scheint ihm eben nicht besonders daran gelegen zu sein, und die Leute meinen auch, das sei recht und politisch.

Nachmittags.

Deine Vermuthungen in Hinsicht auf Juliens Mitteilungen in F[rank]furt,[56] waren ungerecht, meine Liebe. Julie ist zu klug, und kennt sich zu gut, um sich mit solchen Dingen zu beschäftigen. Unser Gespräch bezog sich auf ganz andre und viel reellere Gegenstände.

Aus Deinem Berichte über Miss Elisa Dorcemont geht noch nicht klar hervor, ob diese Dame Erzieherin bei Benediks Kindern sein soll, und ob sie wirklich so schön, talentvoll und liebenswürdig ist, als der Alte sie findet. In dem Falle wäre ja für Brinkmann ausgesorgt, und auch für Peppi wäre es mir lieb. –

Ueber die Nachricht von Bohrers hätte ich sprudeln mögen, wie kann Henning damit zufrieden sein? Das kömmt doch von Spontinis Abwesenheit her, wäre er da geblieben, er hätte es nicht gelitten.[57]

Seit gestern Mittag sind wir hier, ziemlich angefesselt vom Regen. Unsere früheren Schicksale will ich Dir in der Kürze erzählen, ich bin heut gar nicht aufgelegt zu vielem Plaudern.

Dinstag [20.8.] fuhren wir von Luzern, bei dem Sempacher und Mauensee ⟨und dem Orte Ettiswil⟩ vorbei;

[Heyse:] *um 2 Uhr langen wir in Zell an. Die Hitze ist sehr groß und zum erstenmale seit vielen Tagen leiden wir am Staube. Die Gegend bleibt sich gleich, anmuthig, ohne eben eigenthümlich zu seyn;*

vor Hutwyl traten wir in den Canton Bern, wo wir sogleich die herrlichsten Häuser von der eigenthümlichsten Bauart sahen, wie auch schöne, starke, kräftiggebaute Menschen. Wir ⟨passieren Dürrenroth und Affoltern und⟩ übernachten in einem wundervollen Bauernhause des Dorfes Summiswald.

Mittwoch [21.8.] kamen wir ⟨nach der Fahrt über Lützelflüh, Walkringen, (Groß-) Höchstetten, (Ober-) Diessbach, Kiesen⟩ Abends nach der wunderlich gebauten Stadt Thun,

[von wo aus, nach den Notizen von Heyse, der Diener Dominique nach Interlaken geschickt wurde, um dort ein Quartier ab dem 22. zu bestellen. Die Wagen blieben nun in der Stadt Thun,]

welche wir gestern [22.8.] verließen und unter Gewitter und heftigem Regen über den See [nach Interlaken] fuhren. Diesen selbst, so wie die Stadt Thun, erwähne ich näher bei der Rückfahrt. Gestern den ganzen Abend nöthigte uns der Regen, das herrliche Thal nur vom Fenster aus zu genießen.

Heut [23.8.] ganz früh ging ich mit Mariannen auf einen kleinen Berg, von wo aus man eine schöne Uebersicht des Thals hat, des Thuner und Brienzer Sees, und der mit vielen Inseln geschmückten Aar gewinnt. Was sich bei unsrer Heimkehr begab, weißt Du. Den ganzen Tag hat es geregnet; aber hier kömmt mir keine Ungeduld an, wir wohnen trefflich [im Hotel Interlaken]; die Aussicht aus unsern Fenstern ist entzückend; und wenn ich nur hier ein Fortepiano hätte, könnte der Regen für mich 8 Tage währen.[58]

Der arme Heyse ist sehr betrübt, ich hoffe die ewige Abwechslung der Reise wird ihn bald zerstreuen. Denke Dir daß die Schwester schon 2 Tage nach unsrer Abreise, den 11ten [Juli] starb.

Den 24 Aug. Endlich ist das Wetter günstig geworden. Diesen Nachmittag fahren wir nach Lauterbrunnen. Heute früh waren wir auf einem Thurm, wo man den Thuner und Brienzer See, und noch einen kleinen, den Fuhlensee, sieht.[59] Mir gefällt aber der Tempel[60] besser. Von der bevorstehenden Partie versprechen wir uns den höchsten Genuß. –

Denke nicht, mein Herz, daß ich diejenigen vergesse, von denen ich nicht immer rede. Das Andenken Eures Kindes ist unzertrennlich von dem Euren. – Heute habe ich schon viel an die Stralower Lust[61] gedacht. Du hast gewiß Leute. Grüße mir Alles und liebe Deine Fanny
Ich bitte, Felixens Brief an Zelter einzusiegeln.[62]

[Nachschrift von Lea Mendelssohn Bartholdy:] I was highly disappointed, nach so langer Erwartung der Briefe, auch nicht eine Zeile für mich zu finden, meine Liebe! Schelte alle, denen ich so häufig und weitläuftig geschrieben, für mich aus. Wir hatten einen Boten von Thun nach Bern und dann hieher gesandt, uns die sehnlich verlangten Nachrichten zu bringen. Das Paket von Herz enthielt die für H. Heyse traurige Botschaft, kam im schlechtesten Wetter an; Zerstreuung war außerhalb nicht zu holen, und eine Unzufriedenheit mit unserm Bedienten veranlaßten ihn uns zu verlaßen, was mir, wie Du denken kannst, sehr unangenehm ist. Meinem Mann sind, in der Lebhaftigkeit die Du [an] ihm kennst, die Worte entschlüpft, er möge zum Teufel gehen, und wiewohl er den andern Morgen selbst auf Wilhelms Stube ging und ihn begütigen wollte, war dieser nicht zu halten. Die freundlichen Salings ließen ihn zu sich bescheiden, er kam nicht; unser Führer der für uns nach Thun gesandt war, beredete ihn gestern und heute mit ihm zurück zu kehren, er war nicht zu bewegen. Auf der Reise werden wir mit Salings Bedienten und dem Führer gut fertig, Du würdest mich, mein liebes Kind! aber sehr verpflichten, wenn du vorläufig einige gute Subjekte zur Auswahl für mich ausbuddeltest. Aufwartung muß er aber gehörig verstehen, kurz, du weißt, was ich brauche. Ich stehe in jeder Not wieder zu Dienst. Du bist ja auch ein Hausmütterchen, und kennst solche Leiden. Mamas spekulativer Kopf wird gleichfalls Pläne ersinnen. Ich ersuche dich, meiner Köchin dies zu wißen zu thun; sie hat vielleicht nützliche Bekanntschaft. Sie soll auch brav viel Gemüse trocknen und piquant und süß tüchtig einmachen; Quitten, Melone grüne Pflaumen, Pfeffer- und asiatirte Gurken, mixed piccle und kleine Bohnen in Essig, auch scharfen Blumenkohl nicht zu vergeßen. Anfangs Oktober sind wir hoffentlich wieder bei Euch. Tausend Grüße an Großmutter, Alex[ander] und Marie. Sage Peppi daß die Aussicht sie bei uns zu haben mich glücklich macht. Verzeih diesen erbärmlichen, häßlichen Brief. Von Herzen und immer die Deine

L. Mendelssohn-Bartholdy

Die Tanten, die Meyer und Betty grüße ich, wiewohl alle gegen mich faule, schlechte Personen sind.
[Fanny:] Ich bitte, Felixens Brief an Zelter einzusiegeln.[63]

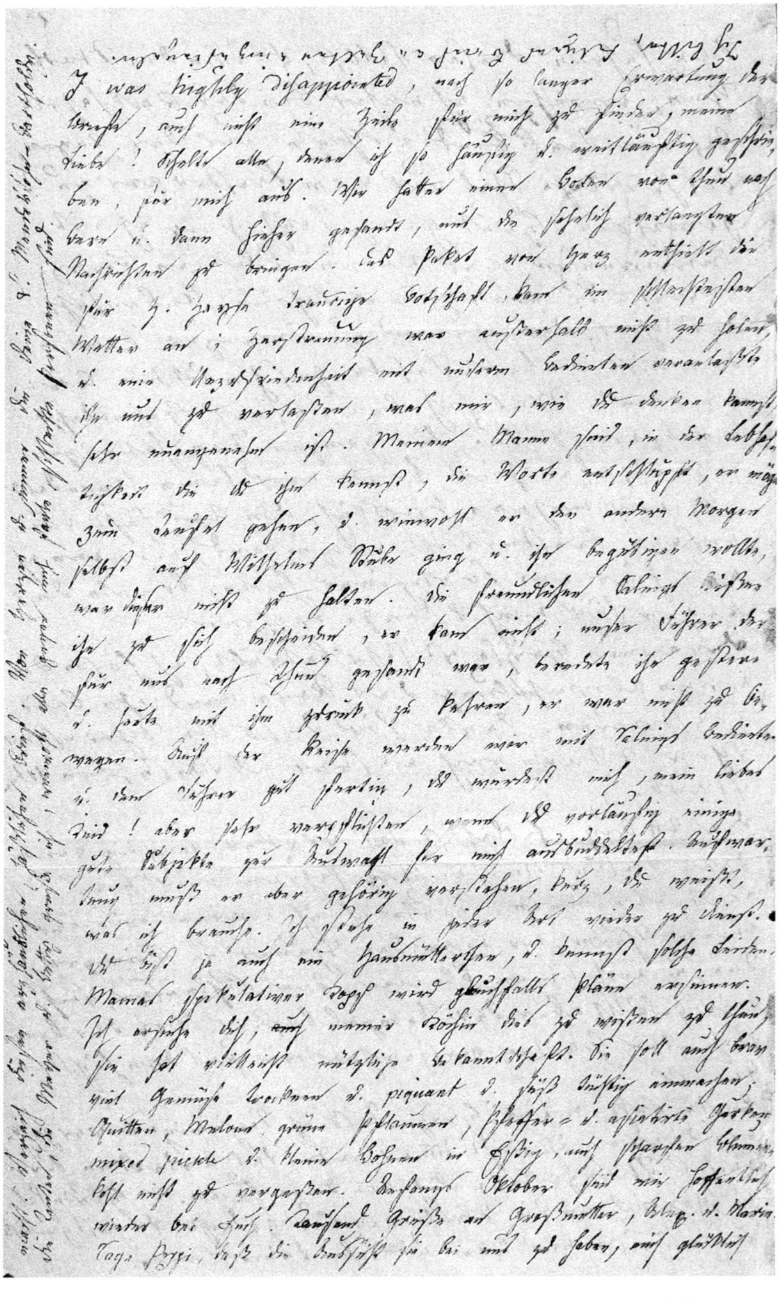

Abb. 20. Lea Mendelssohn Bartholdy: Nachschrift im Brief der Tochter Fanny an Marianne Mendelssohn vom 23./24.8.1822

[Brief von Fanny Mendelssohn (an die Tante Recha Meyer[64]), 26.8.1822:]

[Montag, 26. August 1822]

Fahrt nach Lauterbrunnen und Grindelw[ald]

Sonnabend den 24sten August um 3 ½ U. fuhren wir von Interlaken in Char-à-bancs. Man durchstreift das Bödelithal seiner Breite nach, und gelangt dann ins Zweilütschinenthal, wo kalte Gletscherluft weht. Die Zweilütschine entsteht aus dem Zusammenfluß der schwarzen und weißen Lütschine, die im Grindelwald- und Lauterbrunnerthale aus Gletschern entspringen, und sich bei dem Dorf Zweilütschinen vereinigen. Wild braust nun das kalkweiße Gletscherwasser zwischen himmelhohen Felswänden der Aar zu, mit der zugleich es in den Thuner See fällt. Beim Eintritt ins Lauterbrunner Thal eröffnet sich dem Auge ein Blick ins Grindelwaldthal, und dem daraus empor steigenden Schreckhorn. Der Eintritt ins Lauterbr. Th. ist eng und schaurig. Die Granitwände erheben sich zu einer ungeheuren Höhe, von beiden Seiten stürzen sich Gletscherbäche in die tosende Lütschine. Die Vegetation ist arm, und hört mitunter ganz auf, jedoch gewinnt die Gegend an malerischem Reize, je mehr man sich dem Dorfe Lauterbr. nähert. In weiter Ferne schon wird der Staubbach sichtbar, der eine Viertelstunde hinter dem Dorfe gelegen ist, und sich von dieser Seite am vortheilhaftesten ausnimmt. Er schwindet je mehr und mehr man sich ihm nähert, und von jener Seite gesehn, macht er den Eindruck eines dünnen Wasserfädchens. Auch sahen wir ihn nur in dürftiger Beleuchtung des eben verlöschenden Sonnenglanzes, und zu einer Zeit, wo er der allgemeinen Aussage nach, ungewöhnlich wenig Wasser gehabt haben soll. Wie dem auch sei, er machte auf uns nicht den erwarteten Eindruck.

Bei einbrechender Dämmerung setzten wir den Weg ins Thal fort. Die Wiesen leuchteten in goldnem Glanze, wie immer nach Sonnenuntergang, und dufteten herrlich. Vor uns lag die ungeheure Gletschermasse der Fischerhörner, der Schmadribach war deutlich zu unterscheiden, aus Gletschern entspringend, stürzt sich dieser große Wasserfall wieder in Gletschermassen nieder. Er liegt 4 Stunden v. Lauterbr. und ist beschwerlich zu erreichen. In der Nachbarschaft des Staubbachs befinden sich mehrere andre schöne Fälle, wenn auch das Thal nicht so wasserreich ist als das Haslithal.

Das Gasthaus [zum Geisbock] in Lauterbrunnen ist gut und die Aussicht wirklich göttlich. Rechts erblickt man den Staubbach (über dem auf einem Berge, das höchste Dorf der Schweiz liegt.[65]) Grade zu sind die Fischerhörner mit dem Schmadribach, links erhebt sich die Jungfrau über ihren Fußschemel den Mönch, eine ungeheure, im Lauterbrunnerthal lastende Felsenmasse. Die Jungfrau erblickt man hier ganz, mit den beiden Silberhörnern, und dem *Kopf*, welcher den höchsten Gipfel bildet. Dieser ist jedoch häufig durch Wolken verhüllt. Im Thal links v. Gasthaus rauscht die Lütschine, hinter der sich niedrigere, mit Alpen und Hütten bedeckte Berge erheben. Die abendliche Beleuchtung lieh der überreichen Landschaft einen himmlischen Reiz.

Beim Abendessen setzte man uns köstliche Erdbeeren vor.

Sonntag [25.8.] als wir uns reisefertig machten, verkündeten die tief hängenden Wolken einen trüben Tag. Man beschloß dennoch über die Wengernalp oder kleine Scheideck zu gehen, und um 7 Uhr brach die Caravane auf ⟨„theils im Sessel, theils zu Pferde und zu Fuße“, wie Julie Saaling schreibt⟩. Der erstere Theil des sehr beschwerlichen Weges führt über die, unmittelbar aus dem Thal aufsteigenden, mit Hütten und Alpen bedeckten Berge. Im Rücken hat man das Lauterbr[unner]th. mit seinen Bächen und begränzenden Eismassen. Wir erblickten es noch in hellem Sonnenschimmer, etwas später übereilte uns der Regen, welcher uns auf dem ganzen Weg begleitete. Je höher man steigt, desto mehr entfaltet sich die kolossale, schneebedeckte Felsmasse der Jungfrau; nach etwa 4stündigem steilen Bergansteigen erreicht man eine Höhe, von wo sie sich dem erstaunten Auge in ihrer ganzen, schwindelerregenden Größe darstellt. Hier beginnt die Wengern Alp. Noch ehe wir sie erreicht hatten, verkündete der Donner herabstürzender Lauinen [Lawinen] die Nähe der furchtbaren Jungfrau. Eine Sennhütte gewährt dem ermüdeten Wandrer spärlichen Schutz wider Regen und schneidende Kälte. Nur eine breite Kluft trennt die Wengern Alp v. der schroff empor steigenden Felswand der Jungfrau, und schützt vor der Gewalt der unaufhörlich herabstürzenden Lauinen. Wir zählten deren 10 in dem kurzen Zeitraum einer halben Stunde. Ein lauter Donner verkündet sie, und dann sieht man die losgerissene Schneemasse in Gestalt eines Wasserfalls in die nächste Schlucht stürzen. Die Sennhütte, deren Einrichtung wir genau in Augenschein nahmen, besteht aus locker über einander gethürmten Steinen, das Dach ist von der einen Seite so niedrig, daß ich es mit einem Schritt bestieg, um desto leichter den Steigbügel meines Pferdes zu erreichen. – Das Innre der Hütte, in der eine etwas große Person nicht aufrecht stehn kann, besteht aus 2 Abtheilungen, deren eine, ohne Fenster, eine Feuerstelle, und die Vorräthe v. Milch und Käse enthält. Die andre Abtheilung hat 2 große Löcher statt der Fenster, und dient zum Melkplatz für das Vieh. Mittelst einer Leiter gelangt man in eine Art v. zweitem Stockwerk, worin die armen Sennhirten schlafen.

[Über den Aufenthalt in der Sennhütte berichtet auch Felix:] *Eine Sennhütte ist übrigens nicht so poetisch, wie man sie sich wohl denkt.[…] Mit Mühe gelangt man in's Innere, denn die Vertiefung, in der jede Hütte steht, ist von den Kühen so beschmutzt, daß man nur auf Steinen und Brettern, die die Hirten in den Schmutz werfen, zur Thüre kommen kann. Durch eine Bretterwand ist dies schöne Gebäude in zwei Theile getheilt. Im vorderen sind ein Fenster und zwei Thüren. Hier setzten wir uns hin,[…]. In die hintere Abtheilung begaben sich die Träger und Führer und machten daselbst ein Feuer an, um das sie sich lagerten; hin und wieder kam auch einer von uns und wärmte sich, denn die Kälte war streng. Dem einen froren die Füße, dem andern die Ohren, des dritten Nase hatte eine Schattirung von Lila, und alle hatten einen desperaten Hunger.*[66]

Als wir uns wieder der Jungfrau zuwendeten, erlaubte uns ein heitrer Sonnenblick die freie Aussicht auf das ungeheure Naturschauspiel. Glänzend traten die weissen

Schneefelder, die grünlichen Gletscher zwischen den schwarzen Felsen hervor, und die Pracht des Anblicks ward durch die magisch wechselnden Lichteffekte sehr erhöht. Doch bald umhüllte uns wieder ein dichter Nebel, und unter dem Schleier feuchter Dünste verfolgten wir unsern Weg. –

Dieser führte uns nach einer Stunde beschwerlichen Steigens auf den Gipfel des Berges. Hier erblickt man, bei heiterm Himmel, auf einer Seite, die Jungfrau in ihrer größten Pracht, und einen Theil des Lauterbrunnenthals, auf der andern, das Grindelwaldthal, und die darein hinabsteigenden ungeheuren Berge. Die Schreckhörner, Wetterhörner und die Eyger. Wir standen traurig da, in dicke Wolken eingehüllt, ohne mehr als eine Ahndung des übergroßen Anblicks mitnehmen zu können. Die Luft war kalt, und wehrte uns langen Aufenthalt unter freiem Himmel; ganz trostlos zogen wir auf einem überaus steilen und beschwerlichen Wege fort. Hier findet sich keine Spur einer geebneten Bahn, jeder sucht sich zwischen Steinen, Gewässern und großen Erdklößen durchzuwinden, und so ging ich eine ganze Zeitlang in einem Bache fort. Wir kamen einige Male in der Nachbarschaft großer Stellen frischgefallenen Schnees vorbei. Die Wengern Alp steigt fast senkrecht ins Thal hinab, und der ungeübtere Fußgänger muß den Weg freiwillig um das Zehnfache verlängern, um den jähen Abhang gefahrlos herunterzusteigen. Den letzten Theil des Weges hatten wir starke Sonnenhitze, und im Thal angekommen, betraten wir das erste Haus um auszuruhen. Frischgepflückte Kirschen boten eine willkommne Erquickung. Sehr erschöpft langten wir im Gasthause an [gegen 3 ¾ Uhr].

Das Gasthaus [zum Bären] im Grindelwaldthal liegt etwas erhöht und gewährt nach allen Seiten die herrlichste Aussicht. Das Thal selbst ist bedeckt mit grünen Matten, Sennhütten und einzelnen Bauernhäusern. Eyger, Mattenberg und Wetterhorn schließen es ein, über ihnen erheben sich die Jungfrau, das Schreckhorn, und das Lauteraarhorn. Die beiden Grindelwaldgletscher (der obere und untere) steigen bis tief ins Thal hinab, der letztere erstreckt sich weit unter das Dorf. Aus beiden Gletschern entspringt die schwarze Lütschine, welche sich bei Zweilütschinen mit der aus Lauterbrunnen kommenden weißen Lütschine vereinigt, und in der Nähe v. Interlaken in die Aar fließt.

Es war zu spät geworden, um noch einen der Grindelwaldgletscher aus der Nähe zu sehn, wir begnügten uns für diesen Abend mit einem Spatziergang ins Dorf, da ohnehin der Tag anstrengend und ermüdend gewesen war.

[Heyse:] *Nun noch eine Bemerkung: Bei allen solchen Partien ist das Unangenehme, ja schier Unerträgliche, die Bettelei der Leute, die sich, besonders die jungen Mädchen, überall mit Blumen, Früchten etc. herzudrängen, oder ein Lied singen, oft vielmehr heulen, um ein Almosen zu empfangen. Überhaupt finde ich in Vergleich mit der Zeit, wo ich die Schweiz zuerst kennen lernte [1812–1815], den Charakter des Volks sehr verschlimmert. Man vermißt ganz die unbefangene, ungeschminkte, sich selbst unbewußte Natur. Alles ist vorbereitet, berechnet und erkünstelt, um dem durchreisenden Fremden sein Geld abzulocken.*

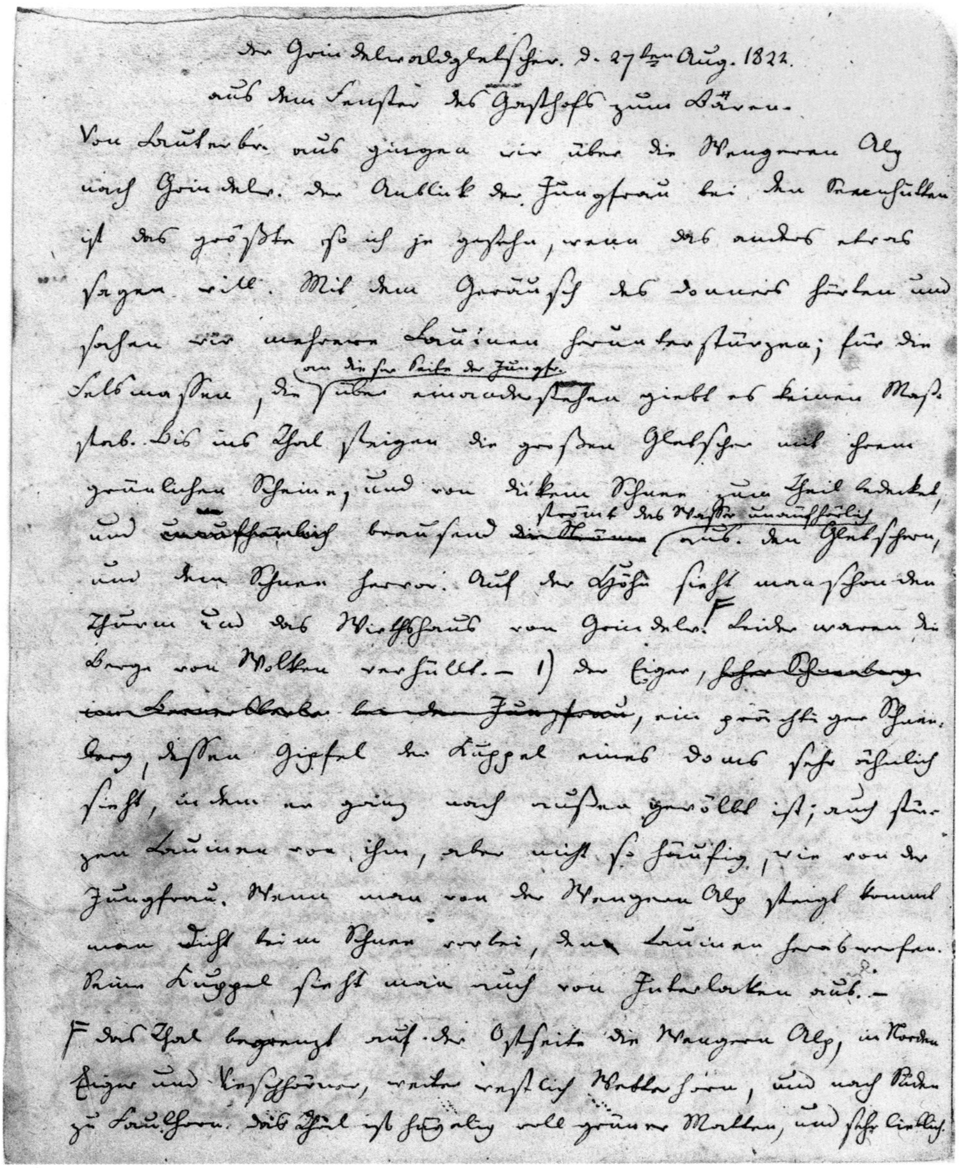

Abb. 21. Felix Mendelssohn Bartholdy: Erläuterung zu seiner Zeichnung vom Grindelwaldgletscher. Autograph, der Anfang

Der Grindelwaldgletscher. d. 27ten Aug. 1822.
aus dem Fenster des Gasthofs zum Bären.

Von Lauterbr. aus gingen wir über die Wengeren Alp nach Grindelw. Der Anblick der Jungfrau bei den Sen[n]enhütten ist das größte so ich je gesehn, wenn das anders etwas sagen will. Mit dem Geräusch des Donners hörten und sahen wir mehrere Lauinen herunterstürzen; für die Felsmassen, die an dieser Seite der Jungfr. über einanderstehen giebt es keinen Maßstab. Bis ins Thal steigen die großen Gletscher mit ihrem grünlichen Scheine, und von dickem Schnee zum Theil bedecket, und brausend strömt das Wasser unaufhörlich aus den Gletschern, um dem Schnee hervor. Auf der Höhe sieht man schon den Thurm und das Wirthshaus von Grindelw. Das Thal begrenzt auf der Ostseite die Wengern Alp, im Norden Eiger und Vieschhörner, weiter westlich Wetterhorn, und nach Süden zu Faulhorn. Das Thal ist hügelig voll grüner Matten, und sehr lieblich. Leider waren die Berge von Wolken verhüllt. – 1) Der Eiger, ein prächtiger Schneeberg, dessen Gipfel der Kuppel eines Doms sehr ähnlich sieht, indem er ganz nach außen gewölbt ist; auch stürzen Lauinen von ihm, aber nicht so häufig, wie von der Jungfrau. Wenn man von der Wengern Alp steigt kommt man dicht beim Schnee vorbei, den Lauinen herabwerfen. Seine Kuppel sieht man auch von Interlaken aus. – 2.) Die Vieschhörner (vom Dorfe Viesch genannt) sehn hinter dem Gletscher hervor. An der linken Seite des Gletschers führt ein Fußsteig auf den Theil des Eigers an den sich der Gletscher anlehnt. Herrlich muß die Aussicht oben sein. Vier Gletscher sieht man, den obern und untern Grindelwald-, den Viesch-, und Lauteraargletscher. Weiter links durch den vorstehenden Berg versteckt ist das Finsteraarhorn und der Lauteraargletscher. (3) Der kleinere Grindelwaldgletscher, rechts ist der größere den ich nicht gesehn, und der noch schöner als der kleinere sein soll. Er steigt bis ins Thal hinab, und viele seiner Eisspitzen sind mit herabgefallner Erde und Steinen (Guf[f]erlinien genannt) bedeckt. (Was hier durch schwarz angezeigt ist) Jetzt führt ein Weg auf den Gletscher. Auf den Guuferlinien [!] wächst Gras und Kraut. Einen Schritt vom Gletscher vor dem kleinen Wäldchen pflückt man Erdbeeren. Beide Gletscher besonders aber der größere rücken seit mehreren Jahren merklich vor. Im Sommer schmilzt das Eis immerwährend im Winter aber wird es durch Lauinen und Schnee der vom Himmel fällt verstärkt. (4) Die weiße Lütschine welche aus den Höhlen unten am kleineren Gletscher hervorströmt. Sie geht durch das Lauterbrunnen Thal, nimmt die Bäche alle welche in ihm Wasserfälle bilden, nimmt am Ende des Thals die schwarze Lütschine auf, und strömt in den Brienzer See.

Felix Mendelssohn Bartholdy: Erläuterung zu seiner Zeichnung vom Grindelwaldgletscher. Vollständiger Text. *Die Ziffern 1–4 sind auf dem oberen Rand der Zeichnung (Abb. 22) eingetragen.*

[Brief von Fanny Mendelssohn an ihre Großmutter Bella Salomon und Marianne Mendelssohn, 27.8.1822:]

Interlaken, den 27sten August Dinstag

Aus meinem Briefe an Tante Meier weißt Du liebe Großmutter und liebe Marianne die nähern Umstände unsrer verunglückten Parthie, nun muß ich Euch die glückliche Lösung derselben mittheilen. Nachdem wir gestern [am 26.8.] den ganzen Vormittag sehr gefroren und sehr gegähnt hatten, wurde bei Tisch beschlossen, die Sache abzuwarten; es regnete zu stark um zu fahren, und Einige von uns wären sehr unglücklich gewesen, abzureisen, ohne den Gletscher gesehn zu haben. Als es gegen 6 nur eben aufhörte zu regnen, verließen wir, (nämlich der jüngere Theil der Gesellschaft) unser Kaminfeuer, und begaben uns zu Pferde und im Sessel zum Gletscher ¾ St. entfernt. Ein wahrhaft furchtbarer, entsetzlicher Anblick. Obgleich ich ihn so lange aus geringer Ferne gesehn hatte, konnte ich mir doch keine Vorstellung machen von der Dicke und Höhe dieser Eismassen. Wohl kann man begreifen, wie sie der Gluth der Mittagssonne widerstehn, es würde ein sehr langer und heißer Sommer dazu gehören, nur einen geringen Theil des kalten Kolosses zu schmelzen. Unmittelbar am Eise wachsen Walderdbeeren unter den Bäumen und im schönen Grase, solche Contraste glaubt man kaum, wenn man sie mit Augen gesehn hat. Während wir uns am Feuer wärmten, brachte man uns Kirschen und die schönsten Erdbeeren, welche dort erst jetzt reifen, auf der Wengeren Alp pflückten wir Veilchen, während auf den nächststehenden Bergen frischer Schnee fiel.

Als wir diesen Morgen [27.8.] erwachten, war der Himmel klar. Herrlich glänzten Eyger, Mettenberg und Wetterhorn, alle mit frischem Schnee bedeckt und als die Gletscher von der Sonne bestrahlt wurden, konnten die Augen nicht mehr die Pracht ertragen, und mußten sich aufs tiefere Thal senken, welches nun erst in seiner ganzen Schönheit erschien. Während die Eltern und der Dr. nach dem Gletscher gingen, saßen wir vor der Thür, uns weidend an dem mannigfaltigen Reiz der Umgebung.[67] Um 9 fuhren wir fort [zurück nach Interlaken]. Unterwegs sahen wir die Jungfrau über d. Eyger, das Schreckhorn über d. Mattenberge, und Lauteraarhorn über dem Wetterhorn, welche man Alle von Grindelwald nicht sieht. – Den Mattenberg hätte ich wol besteigen mögen, es ist jetzt ein Weg herauf geführt, und man übersieht da das ungeheure Eismeer der beiden Grindelwaldgl[etscher] und der beiden Aargletscher, welche Alle hier zusammenstoßen. Ueber Zweilütschinen fuhren wir in 3 ½ St. hierher [nach Interlaken], wo wir Briefe von Euch, Zelter und Casper, und viele erwünschte Nachrichten fanden. Die frohe Aussicht, Peppi wiederzusehn, beglückt mich und uns Alle ungemein. – Auf den Ausgang von Fonks Prozeß bin ich über alle Maßen gespannt. Daß Bohrers angestellt sind, grämt mich ordentlich, welche Ungerechtigkeit gegen Kelz und den alten Hansmann, von Henning gar nicht zu reden, der sich ja hat zufrieden stellen lassen.[68] Daß Casper eine Wohnung in unsrer Nähe hat, ist mir sehr lieb; Fanny [Casper] beklagt sich über mein Schweigen, mein Brief ist jetzt schon lange in ihren Händen.

Abb. 22. Felix Mendelssohn Bartholdy: „Grindelwaldgletscher". Zeichnung, 27.8.1822

Wie geht es Zelter, er schien etwas verstimmt. Sage mir liebe Marianne, ja recht bald etwas über Academie und Ausstellung.[69] Lebt wohl, liebe Großmutter, liebe Marianne, neulich bei dem schlechten Wetter in Grindelwald habe wir Eure und aller Lieben Gesundheit in *Champagner* getrunken. Treu und ergeben Eure Fanny.

[Brief von Fanny Mendelssohn an Marianne Mendelssohn, 29./30./31.8./1.9.1822:]

Meyringen im unteren Haslithal, den *29 Aug. 22. Donnerstag.*

Glück, wie Unglück, kommt selten allein, meine Liebe. Die Schweizer Posten begreife ich noch bis dato nicht, am 23sten bekam ich einen Brief v. 31sten Jul., und gestern, den 28sten erhalte ich auf einmal einen vom 16! Es war eine Art von Trunkenheit im Hause; vorgestern waren Briefe von Zelter und Casper gekommen, gestern hatten Saalings aus F[rank]furt und Baden, Mutter v. Betty [Beer], Felix v. Ritz, ich v. Zelter[70] und Dir Briefe, und das im Augenblick unsrer Abreise nach Haslithal. Es war unser größter Wunsch morgen nach dem Handecker Wasserfalle, von da nach der Grimsel zu gehn; aber die Herren der Schöpfung haben anders beschlossen, leider. Ich hoffe, meine Gute, daß Du von mir Anerkennung meines Glückes erwartest; in diesem Lande, unter solchen Umständen, mit meiner Umgebung, in meinem Alter zu reisen, das ist wirklich ausgesucht schön. Soll ich Dir nun die Schattenseiten unsrer Reise nennen? Sie liegen theils in, theils außer uns. Erstlich, schlechtes Wetter. Zweitens, Menschen, mit denen man sich scheut zu reden, sie lassen sich ihre Antwort bezahlen. Ein abscheuliches, miserables, geiziges, eigennütziges, schlechtes Volk; es ist wahr, die Schweizer sind die Kehrseite der Schweiz. Daß wir, der Schwerfälligkeit unsrer Karavane wegen, viele schöne Parthien unterlassen müssen, ist ein negatives Uebel, ein sehr positives aber besteht in der Brummbärigkeit unsres verehrten Reisegefährten, des H. Dr. Neuburg, der diesmal auch seine Kehrseite zeigt. Denke Dir, daß er in dem Grade eitel und wunderlich ist, daß er durchaus immer verlangt, wir sollen uns Alle nur um ihn bekümmern, und seine mineralogischen Vorlesungen anhören; wenn das, wie natürlich, nicht geschieht, so brummt er unaufhörlich. Dabei ist er sehr einseitig und intolerant, ihn interessirt auf der Welt Gottes nur Stein und Pflanze; schöne Gegenden liebt er nicht, Menschen behagen ihm nur wenn er mit ihnen von Steinen reden kann, Kunstwerke sind ihm ein Greuel, und wenn er von Musik reden hört, wird ihm übel. Ich möchte nur wissen, wozu er nach der Schweiz gereist ist. Als zu unser aller Verdruß entschieden wurde, nicht nach der Grimsel zu gehen, rief er aus: nun Gottlob! denn die Plaisiers in diesen Thälern wachsen mir schon zum Halse hinaus. – Diese Klagen dauern schon während der ganzen Reise; der Tag in Stuttgart, der uns so unvergeßlichen Genuß gewährte, rechnet er unter die verlornen, er war zum sterben unglücklich. – Ich habe Dir bis jetzt immer nichts von diesen kleinen Häuslichkeiten geschrieben; da sie aber mit in die Reisebeschreibung gehören, will ich sie Dir nicht vorenthalten. Glaube übrigens nicht, daß dergl. Uebellaunigkeiten auf die Gesellschaft übergehn, man läßt ihm seine Laune, und wer von uns vielleicht Lust hat zu brummen, leistet ihm Gesellschaft.

Interlaken. Freitag den 30sten Nachmittags.
Jetzt will ich Dir den Verlauf unsrer Parthie ins schöne Haslithal mittheilen.
Vorgestern, Mittw. [28.8.], fuhren wir bei ziemlich trübem Himmel auf dem Brienzer See, der von ganz stillen lieblichen Ufern eingeschlossen wird. Besonders das südliche ist sehr bebaut und freundlich. Die Fahrt dauert 3 St. In der Gegend von Brienz, aber am andern Ufer ist der bekannte Gießbach. Wir fuhren heran, und stiegen an seinen verschiedenen Fällen herauf. Von einer Höhe von 4–500 F. steigt er treppenförmig herunter und fällt endlich unmittelbar in den See, eine ganz eigenthümliche Schönheit. Auf einer Wiese stehend, übersieht man 7 prächtige Fälle, es sind die obersten, eine Totalansicht kann man nicht erhalten. Wir gingen noch etwas höher, bis zu einer Brücke, auf der man ganz durchnäßt wird. Der Weg dahin ist beschwerlich, wegen des schlüpfrigen Bodens, und beim Rückwege wurden wir noch obendrein vom Regen überfallen. Wir erreichten das einzige Haus, welches auf dem Wege steht und von dem Brienzer Schulmeister bewohnt ist. Hier mußten wir eine halbe Stunde warten. Wir trafen den alten Mann mit seinen Kindern am Clavier, singend.[71] So zeichnete sie der arme Zimmermann. Du wirst Dich des Blattes erinnern, welches bei Mme. Fränkel

hängt.[72] Dieser Erinnerung wegen war mir die Hütte und die Familie rührend. Wir hatten noch da ein artiges Abentheuer; mit uns zugleich warteten zwei junge Leute, die wir schon in Grindelwald und Lauterbrunnen getroffen hatten, und die in Begriff waren, über die Berge nach Meyringen zu gehn. Sie nahmen Vaters Anerbieten an, und fuhren mit uns auf kürzerem Wege über den See, nachdem sich das Wetter ein wenig gelegt hatte. Bei der Ueberfahrt erklärte man sich über die gegenseitigen Verhältnisse. Der eine war ein Engländer, Beauchamp, ein Capitain, der jetzt auf Urlaub reist, und den Winter in Florenz zubringt. Wir schrieben ihm Grüße in seine Brieftasche für Onkel Bartholdy, auf den Fall, daß er ihn sieht. Der andre ist ein Oeconom aus Bremen, Namens Caesar, ein feiner, gebildeter junger Mann.[73] Er kömmt jetzt aus Italien, kennt viele Bekannte, Philipp [Veit], Schoppe, Thorwaldsen, Begasse,[74] und scheint sehr gut von den Verhältnissen in Rom unterrichtet zu sein. Er spricht von seinen Reisen mit vieler Annehmlichkeit, und ist einer von den Menschen, aus denen man leicht etwas ziehen kann. In Brienz stiegen wir aus, und fuhren durch das Haslithal nach Meyringen, wo wir den Rest des Tages im Regen zubrachten, sehr zufrieden mit dem Gesehenen. Der Gießbach ist, meiner Meinung nach, nicht nach Verdienst berühmt, wir fanden ihn über jeden Ausdruck schön. Diese Farbenmischung, der blaugrüne See, das schneeweiße Wasser des Bachs, die gelbgrünen Wiesen, und die schwarzen Tannen, es ist wahrhaft zauberisch. Er stürzt mit solcher Gewalt, daß man ihn schon am Anfange des Sees vernimmt, wenn der Wind dahin steht.

Wir brachten den Abend mit Caesar und Beauchamp zu, die ganz glücklich waren über diese Begegnung, und sogleich beschlossen, den andern Tag noch in Meyringen mit uns zu bleiben. Wol mag es ihnen auch selten begegnen, daß eine Familie sich gleich so genau mit ihnen bekannt macht.

Gestern [29.8.] früh weckte mich Marianne um 5 Uhr, und wir sahen auf der Gallerie des Hauses die Sonne aufgehn. Meyringen, und besonders dies Gasthaus liegt wundervoll. Aus den Fenstern der Gallerie sieht man in geringer Entfernung mehrere Fälle des Reichenbachs, daneben den sehr schönen Wasserfall des Falchernbachs, dahinter die herrlichen, bunt bewachsenen Hügel des Haslithals, welche sich an einer Stelle theilen, und die Aussicht auf den Rosenlauigletscher, die Wetterhörner und mehrere andre Gletscher und Schneeberge eröffnen. Dies alles nun zuerst von den Sonnenstrahlen erleuchtet, welche sich dann auf die vordern Berge senkten, einzelnen Hütten auf den zerstreuten Matten beschienen, dann die Wasserfälle trafen, und die schönsten Regenbogen erzeugten, und zuletzt ganz langsam ins tiefere Thal drangen; dies alles sahen und genossen wir ganz allein, und fühlten uns gar eigen davon ergriffen und erbaut.

Um 8 verfügten wir uns zum Reichenbach. Erst geht man eine halbe Stunde in der Ebene, und gelangt dann zu seinem untersten Fall. Wir besuchten die 7 prächtigen Fälle nach der Reihe von unten nach oben. Der Weg ist äußerst beschwerlich, und in der Hinsicht erkauft man sich das Vergnügen ein wenig. Es ist aber außerordentlich schön. Den obersten Fall, der sich 300 F. tief in ein dunkles Becken stürzt, sieht man in einem Häuschen, welches auf der Wiese dicht dabei steht. Der herrlichste Regenbogen zog sich queer über den Fall. Ich habe überhaupt nie schönere Regenbogen in der Schweiz gesehn, als die des Reichenbachs. Seine Höhe im Ganzen wird 1000 F. angegeben. Schade, daß man nie mehr als einen Fall auf einmal sehn kann. Herunter gingen wir einen bessern Weg, nach dem Kirchetberge, wo das obere Haslithal anfängt, und wo man einen schönen Blick ins Haslithal hat.

In Thun den 31sten Nachmittags.
[29.8.:] Nach einem Spatziergang von 4 Stunden gingen wir nach Meyringen zurück. Das Wetter war noch gut, wir sahen das Thal im schönsten Licht. Die Hügel, welche es einschließen, haben gar liebliche Formen, und gruppiren sich sehr schön. Dunkle Bäume, bunte Wiesen, kahle Felsen, klare Bäche und Wasserfälle, Hütten Zäune und Felder gewähren den mannigfaltigsten Anblick, und in dieser Hinsicht fand ich meine Erwartungen vollkommen befriedigt. Nichts übertrifft die Lieblichkeit und Anmuth des Haslithales. Aber was die Schönheit der Menschen, der Kleidung und der Wohnungen betrifft, da weichen unsre Berichte von denen der meisten Reisenden ab. Man sieht überhaupt wenig Wohnhäuser, und sehr wenig hübsche, und die Menschen haben wir auf dem flachen Lande von Bern, zwischen Thun und Luzern, und in Interlaken viel schöner gefunden. Den Rest des Tages in Meyringen hatten wir Regen. Wir hatten die größte Lust den andern Tag nach dem Handecker Wasserfall und der Grimsel zu gehn, und unsre Herren intriguirten mit uns deswegen; aber alles vergebens. Nach dem Abendessen nahmen Caesar und Beauchamp Abschied von uns, sie sind über Grimsel und Furka nach dem Gotthart gegangen, wo sie sich trennen. Der eine geht nach Italien, der andre durch die Schweiz nach Frankreich und dann nach Hause.

Bern, den 31 Aug. Abends. Wir fuhren gestern [30.8.] früh von Meyringen nach Brienz. Es war uns nicht beschieden, diesen Theil des schönen Thales bei heiterm Wetter zu sehn, die Wolken hingen tief. Wunderschöne Wasserfälle sieht man auf diesem Wege; am ausgezeichnetsten der Wandelbach, dessen Du Dich aus Mesplets kleinem Bilde bei uns erinnern wirst.[75] Wir hatten gute Fahrt über den Brienzer See, und kamen noch Vormittags in Interlaken an. Das Wetter klärte sich ganz auf, um 3 machten wir einen langen Spatziergang. Wir besuchten zuerst den vielgeliebten Tempel, von dem man das Interlakner Thal, die Aar mit ihren Inseln, den Thuner See, und die Schneeberge so schön übersieht. Dann gingen wir auf die andere Seite, wo wir den sehr niedrigen Abendhügel bestiegen. Hier hat man die Schneeberge hinter sich, übersieht aber das ganze Thal und beide Seen, mit allem was daneben und dazwischen liegt. Reizenderes läßt sich nicht ersinnen. Das ganze Ländchen ist eine ununterbrochene Ebene, an beiden Seiten von mäßigen Bergen beschränkt, durchströmt von der Aar, welche aus dem Brienzer See in den Thuner fließt. Außer den Hauptörtern Unterseen und Interlaken beleben noch mehrere Dörfer und viele einzelne Wohnungen die Fläche. Kein Plätzchen ist unbenutzt, auf den herrlichsten Wiesen stehen unzählige Obstbäu-

Abb. 23. Felix Mendelssohn Bartholdy:
„Großer Nußbaum bei Interlaken nicht weit vom Wirthshause". Zeichnung, 30.8.1822

me, Nußbäume habe ich nie von der Größe gesehn,[76] die Häuser sind prächtig, und überall öffnet sich die Aussicht auf das Schneegebirge. – Auf dem Abendhügel erwarteten wir den Sonnenuntergang, es war ein hinreißend schönes Schauspiel. Alle die grünbewachsenen Berge glühend, die Wiesen von einem unnennbaren Glanz. Alle Sinne waren beschäftigt, das Tönen der Glöckchen, der Duft des Heus, der Anblick des ruhigsten Thales, welches je die Sonne beschien, alles wirkte ungemein erquikkend und rührend. Wir gingen nun ins Thal zurück, die Schneeberge zu sehn, herrlich kontrastierte die kalte Leichenfarbe der Gletscher mit dem glühenden Roth der Schneegipfel. Ueber Unterseen gingen wir zurück. Der Weg von da nach Interlaken 5–7 Minuten zu gehn, ist ein wahrer Garten. Auf beiden Seiten ungeheure Nußbäume, und die schönsten Häuser. Erst als es ganz dunkel war, konnten wir uns zur Heimkehr entschließen. Bald nachher ging der Mond voll und klar hinter den Bäumen auf, und nun hatten wir ein seltenes Schauspiel. Es bildete sich ein Hof, und bald nachher ein vollkommner Regenbogen um den Mond, mit einem zweiten, blässeren darüber.

Es leben viele, die das nicht gesehn.

So läßt Schiller die Schwörenden auf dem Grütli sagen.[77] Wir stellen uns so, daß der Thurm uns den Anblick des Mondes entzog, und nun war die Beleuchtung vollkommen magisch. Der Abend war einer der schönsten, die wir in der Schweiz erlebt hatten; wir freuten uns, Interlaken noch einmal in so günstiger Beleuchtung gesehn zu haben.

Ich hätte gestern alles in der Welt gewettet, daß das Wetter sich zum Guten wenden würde, aber heut [31.8.] wie alle Tage, Regen und ewiger Regen. Wir hatten dennoch gute Ueberfahrt über den Thuner See, [morgens waren Heyse, der Vater Mendelssohn und die beiden Knaben zu Fuß von Interlaken nach Neuhaus gegangen, wo man sich um 9 Uhr auf dem Segelboot einschiffte; wir] kamen gegen 12 in Thun an, und fuhren von 3 bis 6 hierher im Regen. Herrliches Land, schöne Bäume, schöne Häuser, guter Weg. Die Stadt scheint wunderschön zu liegen, rings von der Aar umflossen, mit Gärten, Landhäusern, Promenaden geziert. Die Bauart gefällt mir, Kolonaden führen durch die Stadt an beiden Seiten. Wir wohnen gut in der Krone. Briefe sind da, aber keiner für mich. Ich muß gestehn, Du hältst gut Wort. –

Ich freue mich, und lobe Dich, daß Du Dein Töchterlein hast taufen lassen. Obgleich ich gar sehr gewünscht hätte, Pathenstelle zu vertreten, wollte ich Dich doch nie darum bitten; eine gute Sache muß nicht aufgeschoben werden, und ist immer besser gethan. Ich freue mich, das liebe Kind nun als Glaubensverwandte zu begrüßen, und kenne Dich genug, um zu wissen, daß Du ihm eine fromme, wirklich christliche Erziehung geben wirst, nicht so, wie viele andre, die meinen, mit dem Tropfen Wasser sei Alles geschehn, und wenn man einen Taufschein habe, so sei man ein Christ. Das sind Grundsätze, die mir nie in meinen Kram gepaßt haben, und aus denen ich mich hervorarbeitete, sobald ich selbständig denken lernte. Was man ist, sei man recht; deswegen allein bin ich gegen das heutige Judenthum, weil es ein kompletter Religionsmangel ist, wären wir Juden gewesen, so hätten wir den Vorurtheilen der Welt trotzen und es bleiben können, aber wir waren nichts, ohne religiöse Bildung, ohne Kirche und Bibel sind wir, sind unsre Eltern auferzogen; es ist Zeit, daß dies Treiben ende; was ich bis jetzt noch nicht für mich gethan, werfe ich mir vor, und will meine Unwissenheit abstellen, so bald wir in unsre häusliche Ruhe gelangen. Nun eine Nachricht, die ich Dir, liebste Freundinn im engsten Vertrauen mittheile, und die Dich wenigstens überraschen wird: die Eltern lassen sich in F[rank]f[ur]t taufen, und wir verweilen zu dem Ende wenigstens 8 Tage dort.[78] Es ist mir sehr lieb, diesen Wunsch endlich in Erfüllung gehn zu sehn; ich zweifelte noch immer, daß es für [wohl ein Schreibfehler für: zur] Ausführung kommen würde; und nichts fürchte ich mehr als Theilung der Familien durch Religion. Die Motive seien, welche sie wollen, die Resultate sind es, an denen mir liegt; der Gedanke, unter einer andern Erde zu ruhen, als meine Eltern, war mir eine unerträgliche Last, ich kann auch noch jetzt nicht die Hoffnung aufgeben, mit Dir die letzte Wohnung zu theilen, wie ist es damit Marianne?

Aus einem einzigen Worte, welches Vater heut zu Neuburg sagte, errieth ich den ganzen Zusammenhang der Sache, und einen Augenblick nachher sagte es mir Mutter. Ich kann Dir gar nicht beschreiben, wie sehr es mich beglückt.

Den andern Morgen. Der erste Sept. hat nun auch mit Regen begonnen; ich fürchte sehr für unsre Reise. Vater ist schon ganz mißmuthig, und spricht von Rückreise. Du kennst diese Anflüge, die mich weiter nicht beunruhigen. – Alle hiesigen Blätter sind Castleraghs tragischen Todes voll;[79] die Geschichte ist auch wirklich schrecklich. Ungleich mehr aber war ich erschüttert von dem unglücklichen Ende des Fonkschen Prozesses; wer hätte das erwartet.

Zum Schluss noch eine andre Nachricht. Clärchen [Herz] ist mit Louis [Saaling, ihrem Bruder] und ihren Kindern in Baden, und amüsirt sich außerordentlich. Koreff *wohnt bei ihnen*, verläßt sie nicht, und wird sehr satirt. Er ist wirklich einzig. – Die Masse von Fremden, und besonders Engländern, kannst du Dir gar nicht vorstellen. Man glaubt sich in eine englische Stadt versetzt, rechts und links hört man nur die widrigen Klänge. Sie machen sich auf hundertfältige Weise lächerlich; Beauchamp wollte durchaus nicht für einen Engländer gelten, und sprach auch nie einen Landsmann an. Er ist der menschlichste Engländer, den ich je gesehn. Nun lebe wohl, meine Theure. Den Brief v. Rebecka an Caroline[80] bitte zu besorgen. Felixens Brief an Casper und meinen an Zelter wirst Du wol baldigst versiegeln und befördern.[81] Wir rechnen sehr auf Deine Freundschaft wegen Couverte etc. In ungefähr 6 Wochen umarmt Dich wieder Deine Fanny.
Es versteht sich, daß alle *Persönlichkeiten* in diesem Briefe unter uns bleiben.

[Brief von Fanny Mendelssohn an Marianne Mendelssohn, 5./6.9.1822:]

Vevay. Den 5 Sept. 1822. Nachmittags.

Heut schreibe ich Dir wieder in einer Art von Trunkenheit meine liebste Marianne, es scheint mir als habe ich noch nie Schöneres gesehn als diese Gegend, diesen See. Dazu ist heut das göttlichste Wetter, und wenn es so bleibt, fahren wir übermorgen früh nach den Borromäischen Inseln! Ich danke dem Himmel, dass da die Grenze ist, denn gingen wir weiter, ich glaube ich hielte es nicht aus. Zuviel auf einmal für mein armes Menschenherz. Wenn der Himmel uns nun ferner gutes Wetter schenkt, so machen wir eine Reise! Du brauchst nur auf der Karte unsern Weg zu verfolgen, nur zu sehn, wie wir vom See ab ins Wallis, bei Leuk vorbei, über den Simplon nach dem lago maggiore gehn, und Du wirst begreifen, daß mir zu Muthe ist, als sollte ich auf Wolken ins Paradies getragen werden. Ich weiß nicht warum, aber ich glaube immer, es muß uns auf den Inseln irgend etwas Außergewöhnliches, Unerwartetes begegnen; ich bin in einer großen, gespannten Erwartung.

Kaum habe ich in meiner jetzigen Stimmung Muth und Lust, Dir von unserm 3tägigen Stadtaufenthalt in Bern zu sprechen, allein der Ordnung wegen muß ich dazu zurückkehren, zu seiner Zeit war er auch sehr angenehm.

Abends. Ich schrieb dir, daß wir den 31 Abends bei trübem Wetter in Bern ankamen. Die dortige Plateform[82] ist berühmt als eine der schönsten Aussichten der Schweiz. Man sieht, wiewol etwas entfernt, die ganze Kette des Berner Oberlandes. Wir waren unglücklich genug, in den drei Tagen unsres Aufenthaltes auch nicht eine ganz heitre Stunde zu treffen, obgleich wir jeden Tag mehrere Male auf der Plateform waren. Am letzten Morgen vor der Abreise lief ich noch mit den Brüdern hin, und da sahen wir sie ein wenig durch den Nebel hervorschimmern. –

Den ersten Vormittag [1.9.] in Bern blieben wir zu Hause; unsre Herren gaben ihre Empfehlungsschreiben ab, machten Bekanntschaften. Nachmittags gingen wir wieder allein aus, besuchten die hochrathsherrliche, republicanisch-großkleinstädtische-steife Familie Zeerleder,[83] gingen durch einige schöne Straßen nach dem Stadtgraben, wo es Hirsche und Bären giebt, in den Garten des prächtigen Hospitals, und dann in Gesellschaft zu dem Prof. Mäkel aus Halle,[84] dessen Familie wir triefend von der Wengern Alp hatten kommen sehn, und wo wir allerliebst empfangen wurden. Die Leute sind aus Halle und erst seit kurzem da etablirt, und waren außer sich vor Freude wieder einmal vernünftiges Deutsch reden zu hören. Wir machten Musik.

Montag [2.9.] früh gingen wir in der Stadt Bern herum, Einkäufe zu machen. Die Bauart ist schön die Straßen sind ziemlich breit, und auf beiden Seiten mit Arcaden besetzt, unter denen man sehr angenehm auf breiten Steinen geht, und vor Sonne und Regen geschützt ist. Alle unteren Stockwerke sind Läden, weil die Arcaden sie zum Wohnen zu finster machen. Auf den Straßen hört man eben so viel französisch als deutsch, ersteres scheint überhaupt bon ton zu sein. Uebrigens ist der ganze Canton Bern, und namentlich die Hauptstadt, für Sittenverderbniß berüchtigt, Du glaubst nicht, was man davon für Geschichten erzählt. – Der gesellschaftliche Ton in Bern soll in den vornehmen Zirkeln unmäßig steif sein. Die ganze Stadt ist in lauter Cotterien eingetheilt, welche ihre besondern Feste und Vergnügungen haben, und nie jemand zulassen, der nicht dazu gehört. Sogar die kleinsten Kinder haben ihre geschlossenen Gesellschaften und eigne Bälle. Kein einziger von allen denen die wir in Bern kennen lernten, war mit der Stadt zufrieden, Alle tadelten die Lebensweise der Einwohner.

Montag Vormittag besuchten wir Hofwyl, die Residenz des H. v. Fellenberg, 1 ¼ Stunden von Bern.[85] Mit seiner großen landwirthschaftlichen Lehranstalt verbindet er eine Freischule für arme Knaben. Die Einrichtungen sind wunderschön, von dem Wohnhause der Grafen und Fürstensöhne, bis auf die Käse- und Milchkeller ist Alles reinlich, kompendiös und zweckmäßig. Auf eine Empfehlung des Pr[ofessor] Meißner, genossen wir einer Auszeichnung, welche den Reisenden äußerst selten widerfährt, Fellenberg selbst unterhielt sich eine halbe Stunde mit uns, und lernten in ihm einen sehr interessanten Mann kennen.

Abends waren wir bei Meißners. Er ist Professor der Philologie und wie auch seine Frau, sehr musikalisch.[86] Ihre Tochter ein allerliebstes Mädchen ganz in meinem

Alter. Wir trafen mehrere angenehme Leute, machten viel Musik, und amüsirten uns außerordentlich. Meißner ist wirklich ein überaus angenehmer Mann.

Ich kann meinen Brief nicht beenden. Leb wohl, wenn ich Dir wieder schreibe, bin ich auf den Inseln gewesen. Mutter hat eigentlich die größte Lust nach Mailand zu gehn, will es aber weder sich, noch uns gestehn. Gottlob, daß da die Grenze ist. Ich muß alle meine fünf Sinne zusammennehmen, um mir zu sagen, es ist wirklich alles so.

Eben habe ich Großmutters lieben Brief erhalten. Ich kann nicht sagen, wie ich davon überrascht und gerührt war. Ich schreibe ihr nächstens.
Adieu, umarme Deine glücklichste Freundinn.
Freitag d. 6.

[Brief von Fanny Mendelssohn an ihre Großmutter Bella Salomon und Marianne Mendelssohn, 7./8.9.1822:] Sonnabend den 7 Sept. früh.
Ich muß suchen, Euch noch vor der Abreise so viel wie möglich unsre Berner Schicksale zu erzählen, vor der Abreise, denn wenn ich nun durch noch größere Eindrücke noch mehr aufgeregt werde, so wird es mir unmöglich.

Den letzten Tag [3.9.] gingen wir Vormittags in die Kirche, wo Felix vor der ganzen versammelten Bekanntschaft Orgel spielte, und Lob und Bewunderung erndtete.

Nach Tisch brachte ich meine Lieder zu Mme. Meißner, welche sie theils selbst sang, theils sich vorsingen ließ, und sich sehr gütig darüber äußerte. Meißners hatten uns gleich wieder auf den andern Tag gebeten, wir waren aber leider bei Zeerleders versagt. Das war eine ennüyante Theeabfütterung. Man sprach französisch aus Steifheit, und langweilte sich ex officio. Meißner kam noch nachher zu uns, den liebenswürdigsten Abschied nehmend.

Mittwoch [4.9.] reisten wir ab von Bern, nachdem wir noch einmal auf der Plateform gewesen waren, und fuhren dem Canton Freyburg zu. Die Stadt gleiches Namens liegt sehr sonderbar, von einem hohen platten Felsen herunter ins Thal gebaut, und rings von hohen Felsen eingeschlossen. Hier scheiden sich die Sprachen, die Stadt selbst ist getheilt zwischen deutsch und französisch. Die Freyburger sind auch schon bei weitem lebhafter als die Berner, die mit ihren großen schweren Gestalten etwas sehr Gravitätisches, Steifes haben.

Die Freyburgerinnen entstellen sich durch eine abscheuliche Haartracht. Ihre Flechten sind mit schwarzem Bande und mit Hanf oder Werg ausgestopft, und dadurch sehr aufgetrieben. Diese dicken Wülste laufen nun an beiden Seiten dem Gesicht zu. Nicht selten pudern sie es auch, oder nehmen falsches Haar, so sahen wir eine Blonde mit einer braunen toupe, eine Rothäärige mit einer schwarzen toupe. Wenn sie ausgehn, wird über diese Frisur noch ein platter Strohhut gethürmt.

Wir übernachteten in dem kleinen Städtchen Bulle, und fuhren Donnerst. [5.9.] weiter. Die Gegend, welche im Freyburgischen hügelig und sehr angenehm ist, wird immer interessanter, je mehr man sich dem Waadtlande nähert.

[Heyse:] *Unverkennbar ist das Charakteristische der französischen Physiognomien: schärfere Züge, besonders spitze Nasen, schwarze Augen und dickeres Haar: überhaupt im ganzen Äußeren eine größere Lebhaftigkeit und Beweglichkeit. So wie die Menschengestalten weniger schwerfällig und träge bequem erscheinen: so sind auch die Wohnungen nicht so schwer und weit und breit, wie im Canton Bern. Alles zieht sich mehr ins Enge zusammen, und in kleineren Räumen herrscht ein regeres Leben. Noch auffallender würde dieser Contrast hervortreten, wenn nicht hinwiederum der Katholizismus dem Volk ein seinem National-Charakter widersprechendes Gepräge aufdrückte.*

Bald hinter der Grenze dieses Cantons erblickt man von einer Höhe den Genfer See, gegenüber die Savoyer Gebirge, welche wir schon den ganzen Tag gesehn hatten, eine Spitze des mont blanc, die dent du midi, dent de morcles, mont Vélan.

Näher die grünen Höhen und Weinfelder über Vevay. Es ist ganz außerordentlich schön. Zwischen Weinbergen fährt man stark bergunter nach Vevay herein, wir hatten zwei Räder gesperrt. [Ankunft gegen 2 Uhr.]

Gleich nach Tisch ging H. Heyse der die honneurs von Vevay macht, mit Saalings und mir nach der Terrasse des Schlosses von Vevay, wo er längere Zeit gewohnt hat.[87] Dies Wiedersehn ergriff doch selbst dies überruhige Gemüth. Ich sah ihn außer bei Elisens Tode noch nicht so in Bewegung. Die Aussicht ist wirklich ganz herrlich. Das westliche und südliche Ufer sieht man sehr gut, die Savoyer Gebirge, dent du midi, dent de morcles, den großen Schneerücken des mont Vélan, den Jorat. Der Mont Chardonne über Vevay und la Tour[-de-Peilz] ist gar herrlich angebaut mit Wein, Wiesen, Obstbäumen, zwischen welchen Schlösser und Ortschaften liegen.

Wir holten die Eltern ab, und gingen nach der Terrasse von la Tour, die H. Heyse auch bewohnt hat. Hier hat man noch die Aussicht auf Vevay, welches sich an einem Vorsprung längs des Sees hinzieht. Östlich der dunkelblaue See, hinter ihm der Jura, hellblau am Horizont, die Dole in der Mitte. Wir gingen dann auf die Terrasse der Kirche St. Martin, über Vevay, wo man dieselbe Aussicht nur von einer geringen Höhe hat. Hier sahen wir einen klaren schönen Sonnenuntergang, die Schneeberge waren jedoch nur schwach geröthet.

[Felix zeichnete die Kirche St. Martin in sein kleines Zeichenbuch und fertigte eine Kopie für Julie Saaling an. In ihr Stammbuch trug er sich mit der ersten Strophe von Klopstocks Ode an den „Zürchersee" ein (Schön ist, Mutter Natur, Deiner Erfindung Pracht) und widmete ihr die zur „Erinnerung an den Sonnenuntergang vom 3ten [recte: 5.] September in Vevay".[88]]

Abb. 24. Freiburg (Fribourg). Federzeichnung von Domenico Quaglio, um 1820

Bex au pays de Vaud, den 8 Sept. 12 Uhr Mittags.
Freitag [6.9.] in Vevay machten wir Vormittags bei schrecklicher Sonnenhitze eine Spatzierfahrt ⟨über Chexbres⟩ nach dem lac de Brai, wo man das Matterhorn schön sehn kann, und dann herunter auf St. Saphorin, ein Dorf unmittelbar am See, berühmt wegen der besten Weintrauben am ganzen. Ich muß ihre Vortrefflichkeit anerkennen und bestätigen. Wir litten bei dieser Fahrt von schlechten chars-à-bancs, übergroßer Hitze, und blendenden Weinmauern, welche mich namentlich nöthigten, mit geschlossenen Augen zu sitzen.

Nach Tisch fuhren wir wieder fort. Mutter und Rebecka, die es zu heiß fanden, blieben zurück. Erst besuchten wir das Schloß Hauteville, welches eine schöne Aussicht und herrliche Gartenanlagen hat. Auffallend waren mir sehr hübsche *künstliche Wasserfälle*! Das Schloß liegt zwischen Weinbergen, viel höher als St. Martin.

Sodann besuchten wir Schloß Blonay, den berühmtesten Punkt um Vevay, konnten aber die Terrasse nicht sehn, weil das Schloß leer und verschlossen war. Im Herunterfahren sahen wir einen herrlichen Sonnenuntergang, schöner als den Abend vorher. Der Weg war überaus schön, zwischen Bäumen, Häusern, Wiesen, und zuletzt in die Wein*berge* und *Felder*. Den Abend waren noch einige Discussionen wegen der Reise nach den [Borromäischen] Inseln. Vater schon etwas aigrirt und heftig, Marianne empfindlich, und ich sah voraus, daß der folgende Tag verloren gehn würde; indessen ließ sich noch Alles wiederherstellen.

Gestern [7.9.] reisten wir um 8 Uhr mit Post ab, nachdem Alles accordirt worden war. Auf der ersten Station [in Aigle] fiel ein Zank mit den Postbeamten vor, der beinahe die ganze Reise umgeworfen hätte, und Vater krank ärgerte.

[Nach der Notiz von Heyse ging der Streit darum, dass der Postillon] *ihm ein Pferd mehr anrechnen will, als er gehabt hat. Mendelssohn in seiner gewöhnlichen blinden Leidenschaftlichkeit will sogleich wieder nach Vevey umkehren, und läßt sich nur mit genauer Noth bereden, bis Bex zu fahren, und Dominique zurückzuschicken, um in Vevey Miethpferde zu besorgen.*

Mit Noth und Mühe brachten Marianne und Mutter es dahin, daß wir nach Bex fuhren. Der Weg war übrigens wunderschön, anfangs längs des Sees, bei dem Schlosse le Chatelar und Clarens vorbei nach dem Schlosse Chillon, welches ins Wasser hinein auf Felsen gebaut ist. Wir besuchten die innern Gewölbe, welche ehemals zu Staatsgefängnissen dienten. Viele Reisende haben ihre Namen in den Stein geschrieben, unter andern Lord Biron, der wahrscheinlich hier zu seinem kleinen Gedicht angeregt ward.[89] Das historische Interesse, welches Rousseau dieser Gegend und diesem Schlosse gegeben hat,[90] ging freilich für mich verloren.

Der Weg von der Post Aigle nach Bex ist unbeschreiblich schön. Rechts und links erheben sich dent du midi und dent des morcles, dazwischen eine große Gletschermasse, plan neve, welche mit dem Chamouny Zusammenhang hat. Das Thal ist von nähern, niedern Bergen beschränkt, schöne Wiesen wechseln mit Nuß- und süßen Kastanienbäumen. Die schweizerischen Umgebungen vereinigen sich hier mit italiänischer Fülle der Vegetation. Zwei Bäche, Crionne und Avansson kommen bei Bex von den Bergen herunter ins Thal, durch welches die Rhone strömt, welche sich nachher, Vevay gegenüber in den Genfer See wirft.

Gestern Nachmittag fuhren wir nach den Salinen von Bevieux, ½ St. v. Bex, die einzigen in der Schweiz. Die Salzquellen befinden sich in einem unterirdischen Gewölbe, ½ St. weiter, wo man hinuntersteigt auf sehr bequemen Brettern und Treppen. Die Anstalten mit Kitteln und Lämpchen sind à la Baumannshöhle.[91] – Auf dem Rückwege sahen wir den Sonnenuntergang schöner, als an den vorigen Tagen, die Gletscher glühten wie wir sie noch nie gesehn, alle Berge waren geröthet, der ganze Himmel glühte im reinsten Glanze. Auch der spätere Abend war herrlich. Zahllose Sterne, und die schöne Milchstraße verhießen bleibend gutes Wetter.

[Über den Sonntag, den 8. September, notiert Heyse:] *Der heutige Morgen ist über alle Beschreibung schön, der Kreis von Gebirgen, den ich aus meinem Fenster sehe, erhebt sich im*

Abb. 25. Schloss Chillon bei Montreux. Stahlstich von A. H. Payne, um 1840

schönsten Sonnenglanze ganz unbewölkt. [...] Man merkt jedoch früh, daß es sehr warm werden wird.

Heut ist es wie in diesen Tagen heiß und klar. Vater, der sich von der Hitze und den Aerger sehr angegriffen fühlte, hat jetzt ein Vomitiv genommen. Von seinem Befinden hängt unsre Reise nach den Borromäischen Inseln ab. Um der Theuerung und Prellerei der Post zu entgehn, hat Vater gestern schon von Aigle Dominique nach Vevay zurückgeschickt, Pferde zu holen. Er ist jetzt [am 8.9.] zurückgekommen, und hat Fuhrleute, mit denen wir morgen entweder nach Sitten [d. h. in Richtung Italien] oder Vevay fahren. Du weißt, daß ich mich fast unsinnig auf diese Reise freute; auch Saalings und der Dr. betrachten sie als den wichtigsten Theil; Du kannst Dir also denken, daß wir in nicht geringer Erwartung sind. Saalings werden uns auf jeden Fall begleiten.

Dir liebe Großmutter, danke ich aus gerührtem Herzen für Deinen Brief. Das ist wirklich zu viel Güte, und ich weiß gar nicht, was ich anfangen soll, um es zu verdienen. Auch für das Aufbewahren der Zeitungen danke ich sehr. Ich werde wenn wir zurück sind die Sitzungen mit der größten Aufmerksamkeit studieren, obgleich alsdann des Unglücklichen Loos wol schon entschieden sein wird.[92] Wollte Gott, man könnte an seiner Schuld zweifeln. – Trotz aller Freude, die wir jetzt genießen, denke ich mit einer

Art Sehnsucht an zu Hause, und wie ich den Winter alles ruhig in mir verarbeiten und dabei noch einmal genießen will, und wie die gute Großmutter es gern hören wird, wenn wir uns des Abends von den überreichen Sommerfreuden unterhalten. Ich wünsche dir wie uns Allen Glück, liebste Großmutter, zu der frohen Aussicht auf Peppis Ankunft. Wie steht es mit der projektirten Erhöhung der Zimmer? Herr Cantian wird wol müssen in Bewegung gesetzt werden.[93] Dir liebe Großmutter trage ich alles Liebe für Alexander und Marie auf.

[Nachschrift von Julie Saaling:] Soviele Grüße sich auf diesem Raume anbringen lassen, schicke ich Ihnen, beste Tante, und bitte, mich Mariannen und Alexander zu empfehlen. Julie. –

[Brief von Fanny Mendelssohn an Marianne Mendelssohn, 11./13.9.1822:]

Lausanne, den 11 Sept. 22.

Aus dem Datum meines Briefes siehst Du, liebe Freundinn, daß wir nicht auf den Borromäischen Inseln gewesen sind. Vater ist komplett fatiguirt, moralisch übersättigt und ermüdet wie man es nur sein kann, Mutter fürchtet die italiänischen Flöhe, (die man wirklich in der Schweiz zur Genüge kennen lernt) und so unterblieb die Partie zum großen Verdruß der Uebrigen. Die Cousinen brummten vier und zwanzig Stunden, der Dr. [Neuburg] beschied sich sehr vernünftig, Felix trampelte fast den Fußboden meiner Stube ein, und somit war die Sache abgethan. [Auch Heyse, dem an einem Besuch in Mailand sehr gelegen war, bedauert diese Entscheidung, kommentiert sie in seinem Tagebuch aber nicht.]

[Lea Mendelssohn schreibt im Rückblick ein halbes Jahr später über ihren Mann, dass ihm] *die Reise geschadet, wozu seine Reizbarkeit der Nerven und selbst der lebhafteste Sinn für Naturschönheiten viel beigetragen. Gegen das Ende litt er an einer förmlichen* Seh-Un*verdaulichkeit, weßhalb wir beim Wasserfall der Pissevache umkehrten, ohne die wundervolle Simplonstraße und die boromäischen Inseln gesehen zu haben.*[94]

Seitdem hat sich mancherlei begeben.
Sonntag [8.9.] gegen Abend ging es Vater besser, ich fuhr mit Saalings und dem Dr. nach St. Maurice ½ St. Von dem Wege später. Bei St. Maurice beginnt das Wallis. Hier engt sich das Thal so sehr ein, daß nur die Rhone und ein schmaler Weg übrig bleibt. Dieser wird durch ein Felsenthor verschlossen, welches also das ganze Thal versperrt und die Cantone trennt. Unmittelbar jenseits der Rhone findest Du ein neues Costüm, Kröpfe und Augenkrankheiten. Wir bestiegen einen steilen schroffen Felsen in den Stufen gehauen sind, und wo eine Einsiedelei und Kapelle des heil. Moritz steht. Die Aussicht ins Thal ist sehr schön, die ferneren Gebirge stellen sich reizend dar. Ein alter blinder Mann wohnt dort ganz allein, geht allein ins Thal, schließt die Kapelle auf,

und besorgt sein Gärtchen. Eine einäugige Frau aus St. Maurice bringt ihm täglich das Essen. Auf Befragen, ob sie dafür bezahlt würde, antwortete sie: non mesdames, mais que voulez-vous, il faut bien que quelqu'un soigne ce pauvre homme, et quand il y a de la soupe pour cinque il y en a bien pour six.[95]

Auf dem Rückweg, als ich mit Mariannen ein wenig voraus ging, betrachteten wir eine Frau, mit einem entsetzlichen Kropf. Sie bemerkte es und redete uns an: n'est ce pas Mesdames vous n'avez jamais vu un cru pareil, ah! ah! c'est horrible, c'est affreux![96] und darauf erzählte sie uns den ganzen Ursprung ihrer Krankheit, deren Beschaffenheit, und ihre großen Leiden. Ihre Aeußerungen waren voll rührender Ergebung. Der Abend war wunderschön, die Sterne funkelten, wie [ich] es nie gesehn habe, aber das bedeutete uns schlechtes Wetter. Es gewitterte in der Nacht, Montag war der Himmel wolkig und trübe. Hatte uns Sonntag die Hitze abgehalten, so war Montag das veränderte Wetter ein Grund mehr, nicht [nach Italien] zu reisen. –

[Am Montag, dem 9.9.:] Es wurde beschlossen, nach der Pissevache zu fahren, die eine Stunde hinter St. Maurice liegt, denselben Tag aber nach Vevay zurückzukehren, anstatt, wie es erst beschlossen war, die südl. Seeküste zu befahren. Der Weg nach St. Maurice ist ein fruchtbares, mit Obstbäumen und Wiesen geschmücktes, von der Rhone durchströmtes Thal. St. Maurice selbst ist zwischen die Felsen geklemmt, welche hier aus Kalk bestehn wie im ganzen Wallis. Die von den Marmorwänden zurückprallenden Sonnenstrahlen erzeugen häufig Krankheiten und Geisteszerrüttung. Gleich hinter St. Maurice wird der Weg eine steinige, unfruchtbare Wüste, an beiden Seiten von fürchterlichen Felsen eingeschlossen. Links die dent des morcles, rechts die dent du midi, gerade einander gegenüber. Dazwischen der mont de Catogne, mont Vélan, und das Matterhorn. Unter diesen ungeheuren Umgebungen erblickt man die Pissevache. (Verzeihe, daß ich von diesem herrlichen Wasserfall gar nicht anständiger reden kann.) Unzählbare kleine Fälle ergießen sich in einer großen Breite, und sind zum Theil überdeckt von einem großen Sturz, der sich in einem prächtigen Wasserbogen 300 Fuß heruntergießt. Hoch über dem Wasserfall erhebt sich ein großes schauerliches Felsenhorn. In einer kleinen Entfernung vom Wasserfall sieht man einen höhern kleinern Sturz. Der Bach, welcher die Pissevache bildet, und dann gleich in die Rhone fließt, heißt Salenche. Gleich bei unsrer Ankunft wurden wir von einer Menge Menschen umringt, welche theils Krystalle, Nüsse oder Birnen zum Verkauf boten, theils sich unsrer bemächtigten, und uns ohne Weiteres auf einen Hügel schleppten, wo wir den Fall am schönsten sehn konnten, und ganz davon durchnäßt wurden. Nun schlugen wir dem Süden ein Schnippchen und machten links um. Das traurige, unwohnbare Wallis für diesmal verlassend kamen wir über die herrliche Brücke bei St. Maurice wieder nach dem Bex-Thal. In Bex hielten wir zum letzten Mal Mittag, und fuhren dann den schönen Weg nach Vevay zurück. Hier machten wir noch mit den Eltern einen schönen Gang im Finstern nach der promenade derrière l'aile, und nahmen freundlichen Abschied vom schönen Vevay.

Gestern [10.9.], nachdem der kleine Sturm in den Gemüthern beschwichtigt war, fuhren wir wohlgemuth ⟨über St. Saphorin, Schloss Glérolles, Cully, Villette, Lutry und Ouchy⟩ den Weg nach Lausanne. Man fährt 3 Stunden immer am Ufer des Sees zwischen den Mauern der Weinberge. Gegenüber Savoyen, das graue Ufer von Meillerie. Die herrlichsten Trauben hingen uns in den Mund, hier beginnt die Weinlese in wenigen Tagen.

Vor Lausanne sind einige schöne Landhäuser. Die Stadt selbst, auf drei Felsen und die dazwischen liegenden Thäler gebaut, gewährt einen sehr schönen Anblick.

Der erste, der gleich nach unsrer Ankunft in unsre Thür trat war – Achille Fould. Unsre Ueberraschung kannst Du Dir vorstellen. In Begriff aus Lausanne fortzugehn, sah er die drei Wagen, und erkundigte sich aus bloßer Neugierde, wer da gekommen sei. Er lief sogleich fort, seinen Reisegefährten zu holen, den jungen Componisten Hallevy,[97] der vor drei Jahren den großen Preis beim Conservatorium in Paris gewann, und seitdem in Italien gereist ist, und den Achille in Wien traf. Achille ist ein sehr hübscher, und recht angenehmer Mensch, übrigens so abgeschnitten von seiner Familie, daß er Benoit seit *3 Monaten* in Paris vermuthete. Vater war dieser Tage in so gereiztem Zustande, dass er gestern bei Achilles Eintritt fast Nervenzufälle bekam. Hallevy sah einiges von Felixens Compositionen, und schien davon überaus befriedigt, wie er ihn schon durch Boucher[98] kannte, und sich sehr für ihn interessirte. Es ist ein recht hübscher, feiner Mensch. Beiläufig gesagt hat er sich (wahrscheinlich seiner Kunst wegen) den *Hal* zugelegt, früher war er tout court Lévy. Die Herren aßen mit uns und reisten dann ab. In Genf oder Chamouny reffen wir sie wieder.

Gestern hatten wir noch einen unangenehmen Zufall. Mutter hatte kaum nach dem Essen meine Zimmer erreicht, als sie die heftigste Kolik bekam, wie ich sie nie an ihr erlebt. Sie vomirte, allein die Schmerzen ließen bis Abends wenig nach. Da Paul auch gestern gleich nach dem Essen Uebelkeit und Erbrechen bekommen hatte, glaubten wir natürlich es wäre von den Speisen, allein es ist doch wahrscheinlicher, daß sie sich bei der Pissevache erkältet haben. Mutter war sehr hypochondrisch, und meinte, es würde uns lange aufhalten, aber heut früh war sie ganz hergestellt. Sie blieb bis 12 Uhr im Bette, stand dann auf, und fuhr mit uns aus, morgen fahren wir nach Genf.

Diesen Morgen [11.9.] gingen wir zu einem hiesigen Maler, Albers, Bruder des Bremer.[99] – Wir sahen einige hübsche Landschaften, und eine wunderschöne Aussicht, auf den See nach Genf hin. Heut war ich genöthigt zu gestehen, daß der Himmel blauer ist, als bei uns. Heut war er, wie ein dunkler Duft, fast durchsichtig, herrlich abstechend gegen die Farbe der Bäume, klar zurückgeworfen durch den Spiegel des Sees. – Zu Hause fanden wir Frau von Crousatz, Schwiegertochter der Fr. v. Montolieu.[100] Letztere wohnt hier in der Gegend, Saalings haben Empfehlung an sie, und besuchten sie gestern, Fr. v. Crousatz kam heut herein. Es ist eine artige Dame.

Abb. 26. Das Schloss von Lausanne. Stahlstich von H. Jorden nach W. H. Bartlett, 1832

Einen herrlichen Sonnenuntergang sahen wir heute auf dem Signal, eine Höhe über Lausanne.[101] Dieser Punkt bietet eine überreiche Ansicht. An der Ostseite erblickt man 3 Gletscher und eine Spitze der Blümlisalp, sonst sieht man aber keinen Schnee, die dent du midi ist ganz verhüllt, und auch die Fläche des Wallis wird durch die Lage der Berge versteckt, außerdem aber ziehe ich diesen Punkt der Terrasse von St. Martin [in Vevey] vor. Man sieht den See fast ganz, und die Ufer von Lausanne sind von der höchsten Mannigfaltigkeit und Schönheit. Das Glühen der Berge sahen wir wieder in unübertrefflicher Pracht, kein einziges Wölkchen am ganzen Himmel. Nachdem die Sonne lange gesunken war, traten erst die Gletscher deutlich hervor.

Lausanne ist eine sehr unbequeme Stadt, beständig muß man steigen. Sie ist auf 3 Felsen, und den dazwischen liegenden Thälern gebaut, und hat fast keine ebne Straße.

Vater war heut ganz glücklich, vor der Thüre fand er einen kleinen Savoyardischen décrotteur, und dann ging er aufs Caffeehaus, beim Frühstück Zeitungen zu lesen, und Paris zu spielen.[102] Erzähle das Casper, damit ihm die Augen übergehn. Das französisch sprechen und das ganze fremde Wesen um mich herum und im Volke amüsirt mich ungemein. Schon in Freiburg war ich froh, das unwürdige kauderwelsche Schweizerdeutsch los zu sein, welches meine hochdeutsch verwöhnten Ohren zerriß. Hier versteht man die Leute doch wenigstens, und es läßt sich gar nicht läugnen, daß die französischen Schweizer ein liebenswürdiges Volk sind.

[Heyse:] *In der Stadt selbst ist ungeheuer viel Leben; der Lärm auf der Straße dauert bis spät in die Nacht fort. Man merkt, daß man in einer stark bevölkerten Stadt und unter einem französisch redenden Volke lebt.*

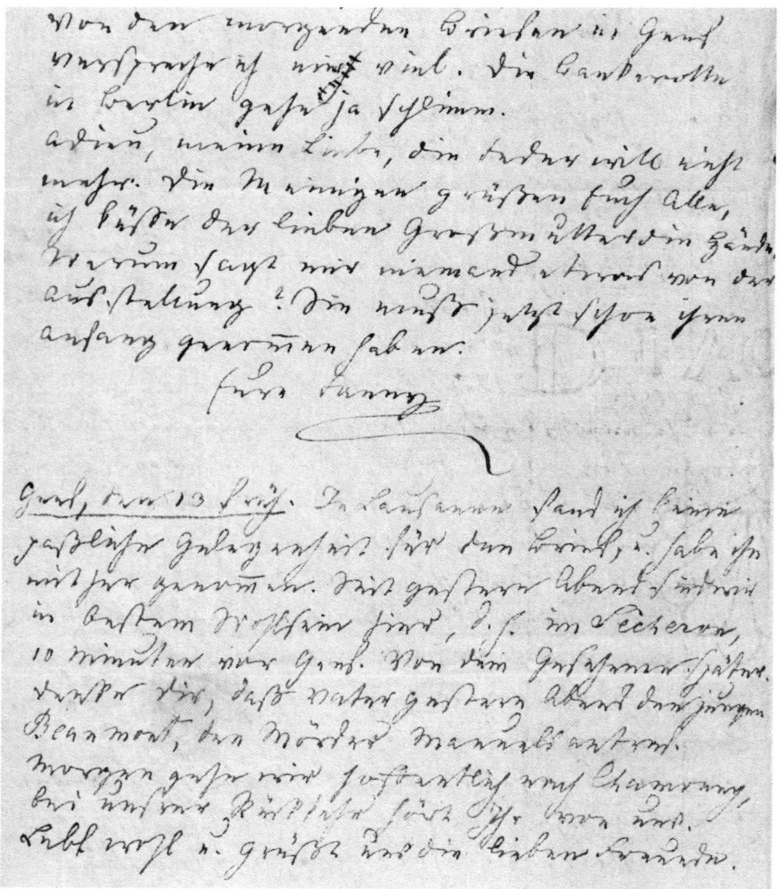

Abb. 27. Fanny Mendelssdohn Bartholdy:
Brief an Marianne Mendelssohn vom 11./13.9.1822, der Schluss

Von den morgenden Briefen in Genf verspreche ich mir viel. Die Bankerotte in Berlin gehen ja schlimm.

Adieu, meine Liebe, die Feder will nicht mehr. Die Meinigen grüßen Euch Alle, ich küsse der lieben Großmutter die Hände. Warum sagt mir niemand etwas von der Ausstellung? Sie muß jetzt schon ihren Anfang genommen haben.[103] Eure *Fanny*

Genf, den 13 früh. In Lausanne fand ich keine paßliche Gelegenheit für den Brief, und habe ihn mit her genommen. Seit gestern Abend sind wir in bestem Wohlsein hier, d. h. im Sécheron, 10 Minuten vor Genf. Von dem Gesehenen später. Denke dir, daß Vater gestern Abend den jungen Beaumont, den Mörder Manuels antraf.[104] Morgen gehn wir hoffentlich nach Chamouny, bei unsrer Rückkehr hört Ihr von uns. Lebt wohl und grüßt uns die lieben Freunde.

[Hier enden die Briefe Fanny Mendelssohns aus der Schweiz an ihre Freundin Marianne Mendelssohn.]

*

[Aus dem Tagebuch Karl Heyses:]

Freitag den 13ten Sept. (Secheron. Fernex.)
Indem wir Nachmittags eine Spatzierfahrt nach Fernex, Voltaire's einstigem Landgute, unternehmen, streifen wir auch in französisches Gebiet hinüber. Wenn Voltaire noch der alte Spötter ist, so muß er sich im Grabe umgedreht und gelacht haben über unsre sentimentale Gesellschaft, die sich die in seiner Wohnstube aufgehängten Kupferstiche sorgfältig notirt,[105] und von einer Ulme, die Voltaire eigenhändig gepflanzt haben soll, einen Besen mit nach Hause führen zu können, für ein großes Glück erachtet. Ein altes Inventarienstück von Gärtner, der Sohn von Voltaire's einstigem Gärtner, der als Bursch von 14 Jahren den alten Herrn noch gekannt haben will, sagt seine Lection auf, und wird andächtig angehört. – Spaß bei Seite! Der Weg ist ganz angenehm und gewährt, besonders bei Saconnex schöne Blicke auf den See und das Gebirge. Der Montblanc hat sich in einen dünnen Florschleier gehüllt. Bei Sonnenuntergang schwebt eine Wolke über ihm, die ihn zur Hälfte beschattet, während der untere Theil im Sonnenglanze erröthet. Fernex, das Voltaire eigentlich geschaffen hat, liegt in einer Ebene am Fuß des Jura-Gebirges. Die Gegend wäre freundlich genug, fehlte es ihr nicht so ganz an Wasser, woran das ganze Juragebirge Mangel hat – den See sieht man nicht überall; aus Voltaire's Garten aber ist die Aussicht dahin sehr schön, wie wohl man gar nicht weit vom See entfernt ist. [...] Auf dem Rückwege fahren wir in dem Dörfchen Le petit Sacconnex vor dem Landhause eines Herrn Doxad[106] vor, an den Hr. M. Empfehlungen hat, und finden hier eine sehr freundliche Aufnahme. Um 8 ¾ Uhr erst langen wir in unserem Quartier wieder an.

Sonnabend, den 14. Sept. (Von Secheron nach Sallenche)
Früh um 7 ¾ Uhr fahren wir aus Secheron ab. Der Weg führt uns durch *Genf.* Die Stadt macht mit ihren alten schmutzigen hohen kasernenartigen Häusern keinen angenehmen Eindruck. Die Straßen sind eng und werden durch eine sonderbare, man kann sagen, abgeschmackte Eigenthümlichkeit der Bauart noch mehr verengt, so daß die Einwohner aus ihren Fenstern vom Himmel wenig oder gar nichts sehen können. Die Dächer sind nämlich in die meistern Straßen weit vorgebaut und ruhen auf hohen hölzernen Balken, die den Eindruck von Gerüsten machen, und eine Art Gallerien bilden, die wegen der großen Höhe und der freien Vorderseite weder gegen Sonne, noch gegen Regen schützen können. Die Rhone, welche die Stadt, in 2 Arme getheilt, durchströmt, hat hier die schöne blaugrüne Farbe des Sees, aus dem sie hervorgeht. –

Um 12 ¼ Uhr erreichen wir das Städtchen Bonneville, das seinen Namen einem ähnlichen Euphemismus zu verdanken scheint, wie der Pontus Euxinus, oder d. Stadt Beneventum bei den Alten. Der Weg dahin ist ziemlich uninteressant; die Gegend einförmig, die Berge kahl und ohne Anmuth, der Anbau des Landes vernachlässigt. Mit dem Betreten des Savoyischen Gebietes zwischen Chesne und Anemas sieht man fast nur Geistliche und Bettler. Zur Rechten erhebt sich der öde Mont Salève; weiterhin zur Linken die Kette des Molé. Hinter Vetra nähert man sich mehr und mehr der Arve, die fast überall in mehrere Arme getheilt, wie uneinig mit sich selbst in flachem, steinigem Bette langsam sich fortbewegt. Das alles ist eben nicht geeignet Hrn. M's traurige Langeweile zu zerstreuen, die die ganze Gesellschaft unangenehm stört. Er möchte gern wieder umkehren, und auch diese Fahrt aufgeben, wie die nach den Borromäischen Inseln. Mit Mühe nur läßt er sich zum Weiterreisen bereden. –

Während das Mittagsessen bereitet wird, spatziere ich ein wenig zur Stadt hinaus. Die Umgebung ist sehr unerfreulich. […]

Um 6 ½ Uhr erreichen wir unser Nachtquartier Sallenche. […]
Je weniger Schnee man aber bis dahin gesehen, desto überraschender ist der Anblick des kurz vor St. Martin plötzlich in seiner ganzen Majestät hervortretenden Montblanc, dessen ungeheure Schneewand wir auch in Sallenche in dem Wirthshause à la belle Vue vor uns aufsteigen sahen, sobald wir nur den Blick zum Fenster hinaus warfen. Wir genossen dieses Schauspiels, des größten in dieser Art, das Europa aufzuweisen hat, vollkommen, da wir den gewaltigen Schnee-Koloß, zwar vom Strahl der Abendsonne schon verlassen, aber gänzlich wolkenfrei fanden. Eine Beschreibung von diesem Schauspiel zu geben, die desselben nur einigermaßen würdig wäre, übersteigt meine Kräfte, die kaum im Stande sind, das ungeheure Bild zu fassen, und meiner Einbildungskraft für immer anzueignen.

Sonntag den 15. Sept. (von Sallenche nach Prieuré im Chamouny-Thale)
Wir hatten uns am Abend mit der Hoffnung niedergelegt, heute den König der Berge im Morgensonnenstrahl erröthen zu sehen. Statt dessen steht uns eine undurchdringliche Nebelmauer gegenüber. Um so weniger schwer wird uns, gegen 8 Uhr das

Wirthshaus in Sallenche zu verlassen, zumal da es nicht die angenehmsten Erinnerungen an ähnliche Hotels in Altorf und auf Rigi-Culm erweckt. – Unsere Wagen lassen wir in Sallenche zurück, und vertrauen unsere Gliedmaßen dem hier allein brauchbaren Fuhrwerk, den Char à bancs an. So erreichen wir um 11 ½ Uhr das Örtchen *Servoz*, wo die Pferde der Ruhe und des Futters bedürfen, wie nicht minder die ganz zerrüttelten und zerstoßenen Reisenden. – Zuerst geht es auf sehr steinigem Wege in dem hier ziemlich breiten Thale an dem linken Ufer der Arve hin. Von *Chede*, wo ein hübscher Wasserfall ist, führt der Weg quer durch das Thal über die Arve hin. Hinter Chede fängt der Weg an, bedeutend zu steigen, und nun geht es durch eine furchtbare Wildniß immer am Abhange des Gebirges hin, auf einem Wege, für den ich keine Benennung weiß. – Das Wetter scheint sich anfangs aufheitern zu wollen. Nach Osten zu zertheilt sich das Gewölk sichtbar und einzelne Bergkuppen ragen in den blauen Himmel hinauf. Hinter Chède aber nimmt der Horizont wieder eine andre Gestalt an. Die Wolken ziehen tiefer in das Gebirg hinab, und nur theilweise tritt hinter uns – wir fahren seitwärts, das Gesicht nach Norden gekehrt – der Montblanc aus dem Nebel hervor. – Sehr überraschend öffnet sich plötzlich die Aussicht in die breite grüne Ebene, worin das Örtchen Servoz liegt. Der furchtbare Weg und das zweifelhafte Wetter machen uns unzufrieden; doch unterlassen wir nicht, zum bösen Spiel gute Miene zu machen. –

Um 12 ¾ Uhr fahren wir von Servoz ab. Der Weg wird von hier an etwas besser, und ist nur stellenweise so steinig und holprig, wie früher. Was aber alle Beschwerde reichlich vergütet – der Himmel fängt in dem Augenblick unserer Abfahrt an, sich aufzuhellen, und es dauert nicht lange, so sehen wir die ganze Schneekette des Montblanc im schönsten Sonnenschein vor uns liegen. Bald hinter Servoz passirt man abermals die Arve auf einer schwankend hölzernen Brücke und fährt nun wieder am linken Ufer des Flusses immer am Abhang des Berges hin; denn das Thal ist hier so eng, daß nur die Arve Raum drin hat, die durch diese Einschränkung in ein engeres Bette sehr gewinnt; und die ganze Gegend furchtbar wild. Wie der Weg sich wendet, kommt nun eine Felsspitze nach der andern zum Vorschein, und ein Gletscher nach dem andern streckt seinen kalten Arm ins Thal hinab. [... Ankunft im Hotel l'Union in Prieuré um 3 ¼ Uhr. Felix zeichnet: s. Abb. 28.]

Um 5 Uhr wird an Table d'hôte in einer Gesellschaft von wenigstens 40 Personen zu Mittag gegessen. Mir rauben die fatalen Zahnschmerzen, die sich schon wieder einstellen, den Appetit. – Wir sitzen noch bei Tische, als es anfängt zu blitzen, zu donnern und heftig zu regnen. Das Unwetter dauert den ganzen Abend fort, und läßt uns für morgen wenig Hoffnung übrig.

Montag den 16ten Sept. (Chamouny. Mont Anvert.)
Ich habe sehr unruhig geschlafen und auch am Morgen stellen sich nach wenigen schmerzlosen Stunden meine Zahnschmerzen wieder ein. Trauriger aber für die ganze Gesellschaft ist es, daß uns die Aussicht, heute den Mont Anvert zu besteigen, anfangs

durch das Wetter ganz benommen wird. Es hat zwar aufgehört zu regnen; allein die Wege müssen durch den anhaltenden nächtlichen Regen sehr verdorben seyn. Auch dauert das Spiel der Wolken noch immer fort, und nur die höchsten Spitzen ragen über den Nebel hervor, der tief im Thale schnell vom Winde fortgetrieben wird. – Auf der Aiguille du Dru bemerke ich deutlich frisch gefallenen Schnee. Die Luft ist kühl und feucht. Später scheint die Sonne durchdringen zu wollen; doch bleibt die Witterung noch immer zweifelhaft. –

Nach langen Debatten, die ich, wie immer gern ignorire, wird endlich beschlossen, daß die Gesellschaft, trotz des unsicheren Wetters, mit Ausnahme v. Hrn. und Mad. M. und den beiden Kleinen [Rebecka und Paul] die Wanderung wagen soll. Ich entschließe mich schwer zur Theilnahme, da ich mich sehr unwohl fühle. So treten wir den Weg um 10 ½ Uhr an, und legen ihn bis auf den Gipfel, wo ein kleines Häuschen steht in 2 ½ Stunden zurück. Der Weg ist stellenweise sehr schlecht, durchgängig steinig, mitunter ziemlich steil; doch bequemer zu Fuß zu machen, als zu Pferde, oder vielmehr zu Maulthier, dem letzteren muß der Reiter sich hier anvertrauen. Die Gegend ist ungemein rauh. […]

Lange Bergstöcke, die unten mit eisernen Stacheln beschlagen sind in der Hand, steigen wir in Begleitung unserer Führer auf die Eiswüste selbst hinab, und schreiten auf ihr umher über einige Schründe hinweg, soweit es ohne Gefahr geschehen kann. Scheint in einiger Entfernung hier Alles zu ruhen, und jede Thätigkeit der Natur in einigen Schlummer versunken, so bemerkt man in der Nähe, daß auch hier die Pulse der Natur nicht stocken, daß auch hier das nimmer still stehende Triebrad des Weltlebens eingreift. In unzählig kleinen Rinnen, die wie Adern die Eisfläche durchziehen, fließen kleine Wasserbäche hin und her, und arbeiten unaufhörlich in der unbeweglichen Masse umher, die sie zerstörend immer neu gestalten. – So sind die Elemente in ewiger Thätigkeit zerstörend und schaffend, und auch in der unorganischen Natur lassen sie keine Stockung zu, sondern bewegen und beleben auch das anscheinend Todte. – Um 2 ½ Uhr treten wir den Rückweg an. Wie schlagen denselben Weg ein, den wir zuvor gekommen waren, […]. ⟨Julie Saaling: „auf dem Wege bieten niedliche Mädchen Alpenrosen, Milch und Kirschwasser feil; der ganze Ausflug kostet nur sieben Stunden, nach welchen das Wirthshaus in Prieuré die Müden sehr wohlthuend wieder aufnimmt."⟩

Dienstag, den 17. Sept. (von Prieuré nach Genf und Secheron zurück)
Um dem unangenehmen Nachtquartier in Sallenche auszuweichen, und wo möglich, die Fahrt von Prieuré nach Genf in einem Tage zurückzulegen, wurde schon gestern beschlossen, heute früh um 5 Uhr abzufahren. Wir stehen daher schon um 4 Uhr bei Lichte auf. Unvergleichlich schön ist der Anblick der Schneegebirge, die sich ganz unbewölkt in den reinen Nachthimmel erheben. Als wir in die Wagen steigen, ruht noch die Dämmerung auf der Gegend; allmählich aber wird es heller und heller, und einzelne der Morgen-Sonne zugekehrten Bergspitzen werden beleuchtet. Schade, daß gerade

Abb. 28. Felix Mendelssohn Bartholdy:
„Prieuré im Chamouny Thale". Zeichnung, 15.9.1822

der Mont-blanc selbst uns seine Schattenseite zuwendet. – [...] Die ganze Gegend ist sehr interessant, bald nur wild, bald Lieblichkeit und Wildheit vereinigend. Heute bei günstigerer Beleuchtung wird uns dies noch anschaulicher, als auf der Hinreise. Zwar ziehen sich später Wolken zusammen und lagern sich in die Tiefen in breiten Schichten, worüber einzelne Felsenhäupter, wie in der Luft schwebend, neugierig hervorgukken. Doch bringt die Morgensonne in den Höhen und Thälern die schönsten Luft- und Schatten-Effecte hervor. – [...] Um 9 Uhr schon erreichen wir St. Martin und schicken von da aus die Bedienten mit den Char à bancs hinüber nach Sallenche, um unsere dort zurückgebliebenen Wagen zu holen. Diese kommen um 10 Uhr an, und nun fahren wir ohne Aufenthalt nach Bonneville, das wir um 1 ¼ Uhr erreichen. In der Nähe des genannten Ortes wird die Gegend immer einförmiger, öder, nackter. Das Wetter hält sich; der Himmel ist nicht wolkenfrei, doch auch nicht Regen drohend; ein frischer Wind kühlt die Luft. – Gegen 3 Uhr fahren wir von Bonneville ab und kommen um 6 ½ Uhr in Secheron an, wo wir die alten Zimmer wieder in Besitz nehmen. [...] Durch das frühe Aufstehen und die starke Tagereise sind wir alle so ermüdet, daß wir uns sehr nach Ruhe sehnen, die uns denn auch bald in ihre freundlichen Arme aufnimmt.

Mittwoch den 18. Sept. (Genf.)
Von dem heutigen Tage wüßte ich wenig zu sagen. Der ganze Vormittag ist meinem Tagebuch gewidmet. ⟨Währenddessen fahren die Mendelssohns von Secheron nach Genf, wie Julie Saaling notiert: „Besuch bei Diodati,[107] freundlichster Empfang von der schönen Frau, zum Kunsthändler Monti, im Stadthause, nach der Promenade, dem Bothanischen Garten".⟩ Nachmittags macht die übrige Gesellschaft eine Spatzierfahrt ⟨nach Carouge und Collonges⟩. Ich fühle zur Theilname daran keine Neigung, und bleibe daher zu Hause [...].

Donnerstag, den 19. Sept. (Genf.)
⟨Ohne Heyse Besuch bei Diodati, dem Maler Massot,[108] dann ins Museum.⟩ [...] Um 3 Uhr fahren wir zum Diner bei Hrn. Doxat, wo wirklich fürstlich gespeist wird. Hrn D's Landgut ist sehr hübsch gelegen. Man genießt von seinem Belvedere und von seinem Garten, der, wie alle Gärten der hiesigen Landgüter fast nur aus Wiese und Obstpflanzung besteht, schöne Aussichten, die nur leider heute bei bewölktem Himmel nicht in ihrem vollen Glanze erschienen. In der Nähe bei dem Dörfchen Sacconnex ist ein berühmter point de vue. – Erst um 2 Uhr kommen wir nach Secheron zurück. – Die Luft ist heute den ganzen Tag herbstlich kühl. Gegen Abend erhebt sich ein rauher Wind, und in der Ferne zeigt sich Wetterleuchten.

Freitag, den 20sten Sept. (Genf. Mornex)
Um 8 Uhr Morgens Spatzierfahrt in Gesellschaft des Hrn. Colladon[109] und der Familie Doxat nach Mornex, einem Dörfchen, das 1 ½ Stunde von Genf, am jenseitigen Abhang des Mont Salève liegt. Dort wird ein von Hrn Colladon veranstaltetes Frühstück eingenommen. Die Partie hätte recht angenehm sein können, wenn das Wetter günstiger gewesen. Auf der Hinfahrt wie auf dem Rückwege hatten wir anhaltenden heftigen Regen, und auch während unseres Aufenthalts blieb der Himmel beständig dicht mit Wolken bezogen. Überdieß dauerte mir die Sache zu lange, denn erst gegen 5 Uhr kamen wir nach Hause zurück, ich für meinen Theil ziemlich gelangweilt, was jedoch wohl großentheils in mir liegen mochte, denn die Andern theilten meine Empfindung nicht. Bei Mornex auf einer Anhöhe, wo ein altes Gemäuer steht, hat ein weiland Apotheker Hr. Gausse, der ein wenig Sonderling gewesen seyn soll, eine Hermitage und einen Garten angelegt. Die panoramische Aussicht von da oben muß bei heiterem Wetter, wo man auch den Mont blanc sieht, sehr schön seyn. – [...] ⟨Abends, ohne Heyse, Gesellschaft bei Diodati.⟩

[Die Geselligkeiten haben bei Lea Mendelssohn einen überaus positiven Eindruck hinterlassen: sie rühmt] *einen ganzen Zirkel ächter Bildung und Gastfreundschaft in dem mir unvergeßlichen Genf! Ueberhaupt ist die französische Schweiz der einzige Theil des Landes, mit dem man sich in Hinsicht der Menschen, für die in der deutschen erlittnen Täuschung versöhnen kann. Rousseaus und Voltaires Geist haben dort ihre belebenden, geist-*

reichen Spuren zurück gelaßen; die Bonnets, Saussures, Pictets;[110] *Gelehrte, Naturforscher, Dichter und Weise wie jenes Ländchen sie stets hervorbrachte oder aufnahm, drückten ihren unvergänglichen Stempel den Bewohnern ein, und in den geselligen Kreisen Genfs habe ich zuerst eine Vorstellung von dem Ideal der guten Gesellschaft gewonnen. Urbanität des Tons, ungezwungene Manieren, freundliche Zuvorkommenheit, ächte Bildung, Freiheit des Geistes, Sittenreinheit im strengsten Sinne des Wortes, angenehme Talente mit Anspruchslosigkeit und Anerkennung des fremden Werths verbunden, Leichtigkeit des Umgangs ohne Frivolität, Familienanhänglichkeit ohne lächerlichen Kotteriewitz, alle liebenswürdigen, guten, achtenswerthen Elemente schienen mir dort vereinigt.*[111]

Sonnabend, den 21. Sept. (Von Secheron nach Morges.)
[Heyse hatte sich tags zuvor mit seinem Freunde Krafft in Secheron getroffen, der jetzt auch bis Morges mitfährt. Um 10 Uhr verlassen sie Secheron und treffen um 6 Uhr in Morges ein.] Krafft wünscht Felix Klavier spielen zu hören. Er wendet sich eines Instrumentes wegen an den Organisten des Ortes, und dieser, ein Sachse, führt uns in eine recht artige Familie (Chevalier) wo ein trefflicher Wiener Flügel dem jungen Virtuosen erwünschte Gelegenheit giebt, sein Talent zu produciren, und sich und Andern einige vergnügte Stunden zu schaffen.

Sonntag, den 22. Sept. (Von Morges nach Yverdon.)
Um 7 ½ Uhr reisen wir ab. [...] Um 1 ¼ Uhr erreichen wir Yverdon. Alles ist hier mit der Weinlese beschäftigt, und hinter *Orbe* sperrt der Haufen mit Weinfässern beladener Wagen uns den Weg. Die Gegend wird hier immer anmuthiger und eigenthümlicher, der Jura mit den sanften Umrissen seines Gebirgrückens bleibt immer zur Linken; überall viel Weinberge, hier und da kleine malerische Thäler, zur Rechten etwas Wiesen- und Ackerland; von zahlreichen Baumreihen, die in verschiedenen Richtungen sich bewegen, durchschnitten, besonders Pappeln, die in der ganzen Gegend häufig angepflanzt sind – in der Schweiz eine seltene Erscheinung. – [...]

Gegen Abend mache ich mit dem Dr. N[euburg] und Marianne und Julie einen Besuch bei dem ehrwürdigen Altvater *Pestalozzi*,[112] der uns sehr herzlich aufnimmt. Eine Erscheinung wie diese ist interessanter, ja seltener in unserer kalten Verstandeswelt so wie Gemüthsmenschen geworden sind. Hohe Achtung gebührt dem 80jährigen Greise, in dessen Seele die Idee, der er sein ganzes Leben gewidmet, noch ebenso lebendig und wirksam ist, wie in der Zeit seiner vollen Manneskraft. Noch jetzt ist der Geist viel kräftiger, als der gebrechliche Körper des Greises. Die Gedanken übereilen bei ihm die Worte, die nicht ohne Mühe sich Bahn machen und kaum ausreichen wollen für die Fülle der Empfindung und der ideellen Anschauung, die diese reiche Seele beleben. – In meinem Leben habe ich keinen stärkeren Gegensatz gesehen, als *Pestalozzi* und [es folgt ein schwer lesbares Wort] Schmid,[113] der jenem herrlichen Gemüthe, gleichsam als sein Verstand zur Seite steht, und an dem *Pestalozzi's* ganzes Herz hängt, muß ihm oft als Organ dienen, wenn er nicht Worte findet. – Trotz seiner Schwierigkeit in der Äußerung seiner Gedanken hat alles, was P. sagt eine tiefe und zugleich eine Klarheit und Wahrheit, die höchst bewundernswerth ist. Rührend waren P's Äußerungen über die Anfeindungen, mit denen sein Freund Schmid zu kämpfen hat, den man durch mancherlei Mittel ihm zu verdächtigen und mit ihm zu veruneinigen suchte. So trägt er das Herz auf der Zunge, daß er uns, die er heute zum erstenmal sah, in diese Verhältnisse mit kindlicher Unbefangenheit einweiht. Der Ehrwürdige läßt es sich nicht nehmen, im bloßen Kopfe durch die kühle Abendluft uns nach unserem Wirthshause zu begleiten, und entgegnete auf unsere theilnehmende Warnung, er sei ein alter Kosack, dem dergleichen nicht schade. – [...]

Montag den 23. Sept. (Von Yverdon nach Neuchatel.)
Pestalozzi kommt mir vor wie ein gottbegeisterter Prophet. Nicht Reflexion ist es, der er seine Ideen verdankt; es ist eine unmittelbare Intuition. Ein göttlicher Funken ist in seine Seele gelangt, der sie entzündet, sich ihrer ganz bemächtigt hat, und den kein Weltverhältniß auslöschen konnte; denn für P. – so äußert er sich selbst – gab es nie ein solches; die ganze Maskerade des Lebens zog an ihm vorüber, und er stand da ohne Verlernung [?], ohne Schminke, immer derselbe reine Mensch. Seinem regen Wollen aber, das nimmer ruht – auch jetzt spricht er immer nur von dem, was er will, nicht was er gethan – jenem nie ermüdenden Wollen fehlt die praktische Kraft. Darum bedurfte er von jeher der Gehülfen, die seine Ideen ausführten, entwickelten, anwendeten. Auch darüber ist er ganz klar mit sich selbst. Leider! aber hat nun dieser, jener egoistische Verstandesmensch die Macht, die man über ein solches Gemüth so leicht gewinnt, gemißbraucht, und so mußte der herrliche Mann bittre Erfahrungen machen. O der Allkraft des Göttlichen im Menschen, daß diese Erfahrungen alle ihm nicht den Glauben an die Menschheit, nicht den Glauben an sich selbst geraubt, daß er durch alles Mißgeschick hindurch sich den reinen Kindersinn bewahrt, und nie aufgehört hat, der Wahrheit und Ächtheit der Idee zu vertrauen, die ein Gott ihn gepflanzt, und für sie zu wirken, zum Beruf seines Lebens gemacht hat. – Ich kann es nicht aussprechen, wie der Ehrwürdige mich gerührt und gefesselt hat. Frühmorgens um 7 Uhr schon kam er zu uns herüber, und führte uns in sein Haus: Felix mußte ihm etwas vorspielen. Er begleitete uns zurück in unser Logis, und verließ uns, nimmer ermattend, immer lebendig, immer mittheilend, nicht eher, bis wir in den Wagen stiegen. Ich schätze mich glücklich, daß ich den Mann Gottes gesehen, und in seiner Umarmung ein Herz an dem meinen habe schlagen fühlen, das einem der edelsten Menschen gehört, den die Erde trägt, und den sie je getragen. – Nun zurück zu unserer Reise.

Gegen 8 Uhr fahren wir von Yverdon ab und erreichen um 10 ¾ Uhr St. Aubin, den ersten Ort im Canton Neuchatel. [...] Der fernere Weg von St. Aubin über Boudry und mehrere kleinere Örter nach Neuchatel, wo wir um 1 ½ Uhr anlangen, bleibt fortwährend angenehm. Hier nehmen nun mehr und mehr, je näher man der Stadt kommt, die Weinberge bei weitem den größten Theil des reich angebauten See-Ufers ein. Die Weinlese ist aber hier schon gewesen und die Stöcke von Früchten leer. [...] *Neuchatel* selbst liegt theils an einer Anhöhe hinab, theils auf einer Landzunge in den See hinein gebaut. Die Straßen sind großentheils bergig, die Häuser massig, zum Theil altmodisch, zum Theil neu und nicht ohne Geschmack gebaut. Nur macht die gelbe Farbe des häufig zum Baumaterial angewendeten Sandsteins, die man durch Tünche noch erhöht, keinen angenehmen Effect für das Auge. –

Sobald wir angelangt sind, setze ich mich, meinen in Genf angefangenen Brief an meinen Vater zu beendigen. Dann machen wir gemeinschaftlich einen Spatziergang in Begleitung eines Herrn Roy, dem Hr. M. empfohlen ist. In der Nähe der Stadt sind sehr schöne Landhäuser und Gärten. Wir steigen die hohen Terrassen zu dem Landhause bei Rochette hinauf, wo sich eine wunderschöne Aussicht über den See und seine Umgebungen darbietet. [...] Herr Roy begleitet uns dann noch in das nahe bei der Stadt gelegene Hospital, das der alte reiche *Pourtales* gegründet hat, ein schönes Gebäude, in welchem Alles in höchstem Grade sauber, ja selbst elegant ist. Hospitaliterinnen besorgen die Pflege der Kranken.[114] ⟨Abends Treffen mit der Familie Cavin.[115]⟩

Dienstag, den 24ten Sept.
(Von Neuchatel nach Court im Münsterthal.) [s. Abb. 29]

Früh um 7 ½ Uhr fahren wir von Neuchatel ab. Der Weg führt auf waldigen Anhöhen lange im Zickzack bergan. Dann eröffnet sich dem Blick das liebliche *Val de Rüz*, das eben so wie weiterhin das *Immer-Thal* (Val-St. Imier) ⟨nach der Station Dombresson⟩ wohl angebaut und mit unzähligen Ortschaften angefüllt ist. Das *Jura-Gebirge* in dessen Inneres dieser Weg führt, ist nicht hoch, und fast ganz mit dichter Waldung bekleidet, meist Tannen, doch mitunter auch Laubholz, besonders viel Eschen. Die hier schon allgemein verbreitete helle Farbe des Laubes verkündet nur zu sichtbar den Herbst. – [...]

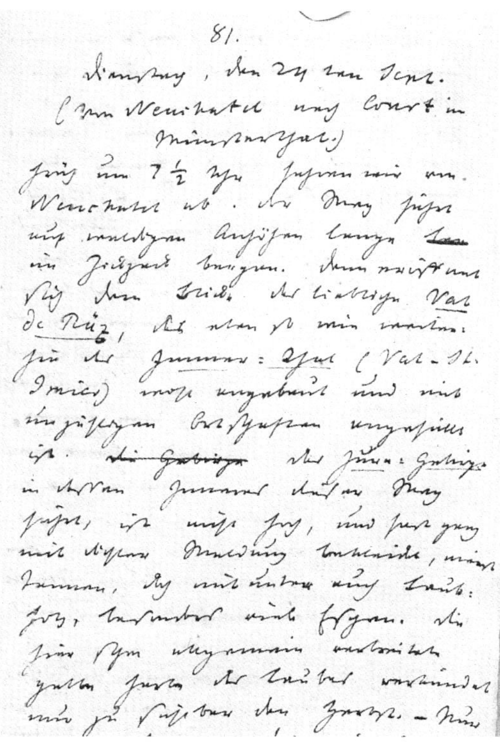

Abb. 29. Karl Heyse: Tagebuch der Schweizer Reise, Eintragung für den 81. Tag, 24.9.1822, der Anfang

Die ganze Gegend hat Ähnlichkeit mit dem Schwarzwald und einigen Theilen des Unterharzes. Die zum Behuf des hier schon beträchtlichen Ackerbaus in einzelne Äkkern abgetheilten breiten Thäler zeugen sichtbarer von dem Fleiß der Einwohner, als das ganz ungesonderte Weideland im Innern der Schweiz. Vortreffliches Vieh finden wir auf dem ganzen Wege, theils weidend, theils nach *Courtelary* zum Markte hin, oder davon zurück – geführt. Dieser von den Bewohnern der ganzen Umgegend zahlreich besuchte Markt, durch welchen unser Weg uns mitten hindurch führt, macht ein sehr hübsches niederländisches Gemälde. [...]

Um 6 ½ Uhr kommen wir in unserm Nachtquartiere *Court* an. Gleich hinter Sonceboz führt der Weg in ein schmales Thal, von niedrigen Bergreihen eingefaßt, die fast nur mit Nadelholz bewachsen sind, worin ein heftiger Wind saust. Ich mache mit dem Dr. [Neuburg] diesen Weg zu Fuß bis zu dem *Pierre Pertuis*, einem Felsenthor, das man für natürlich halten würde, zeugte nicht eine alt-Römische Inschrift, die nur zu hoch angebracht ist, als daß ich sie von unten hätte lesen können, für den künstlichen Ursprung.[116] [...]

Mittwoch den 25ten Sept. (von Court im Münsterthal nach Basel.)
Es war ein guter Gedanken, gestern Abend nicht nach Moutier zu fahren, sondern in Court zu übernachten. Wir würden viel verloren haben, hätten wir den heutigen Weg, oder auch nur einen Theil desselben im Dunkeln gemacht. – Gegen 8 Uhr fuhren wir heute von *Court* ab, und kamen um 12 in *Lauffen* an, wo die Pferde gefüttert wurden. Gleich hinter Court beginnt das höchst merkwürdige pittoreske *Münsterthal*,[117] von der Birs durchströmt, die rasch zwischen Steinblöcken hinfließt. Die Kalkgebirgsriesen rücken hier so nahe zusammen, daß kaum Platz für den Strom und für die Landstraße bleibt. [...] Einzelne Kalkblöcke liegen an den Abhängen umhergestreut, und stellenweise ist die Gegend ein furchtbar wildes Chaos; wie vor der Schöpfung liegt der rohe Stoß ungesondert, unverbunden, ungeordnet durcheinander – eine rudis indigestaque moles.[118] Auch das heutige Wetter harmonirt mit diesem Charakter der Gegend. Herbstwind schüttelt die Waldung und treibt das Gewölk schnell über den Himmel hin, so daß kurze Regengüsse mit Sonnenblicken, Wärme mit Kälte beständig wechseln. – Mit dem Orte Courendelin erweitert sich die Gegend wieder; zu beiden Seiten zeigen sich freundliche Örter am Fuße mäßiger Höhen: rechts Courroix, links Délémont. Unsere Kutscher, des Weges unkundig, fuhren auf letztere Stadt zu, und würden uns richtig nach Pruntrut geführt haben, hätte ich nicht bei Zeiten auf der Charte den Irrthum erkannt. – [...] Bei unserer Abfahrt von *Lauffen* sticht zwar die Sonne sehr und es bilden sich in unserm Rücken schwarze Regenwolken, die sich sichtbar in Regen auf die fernen Gegenden ergießen. Vor und über uns aber bleibt der Himmel blau, und wir langen in Basel bei ganz heiterem Wetter an.

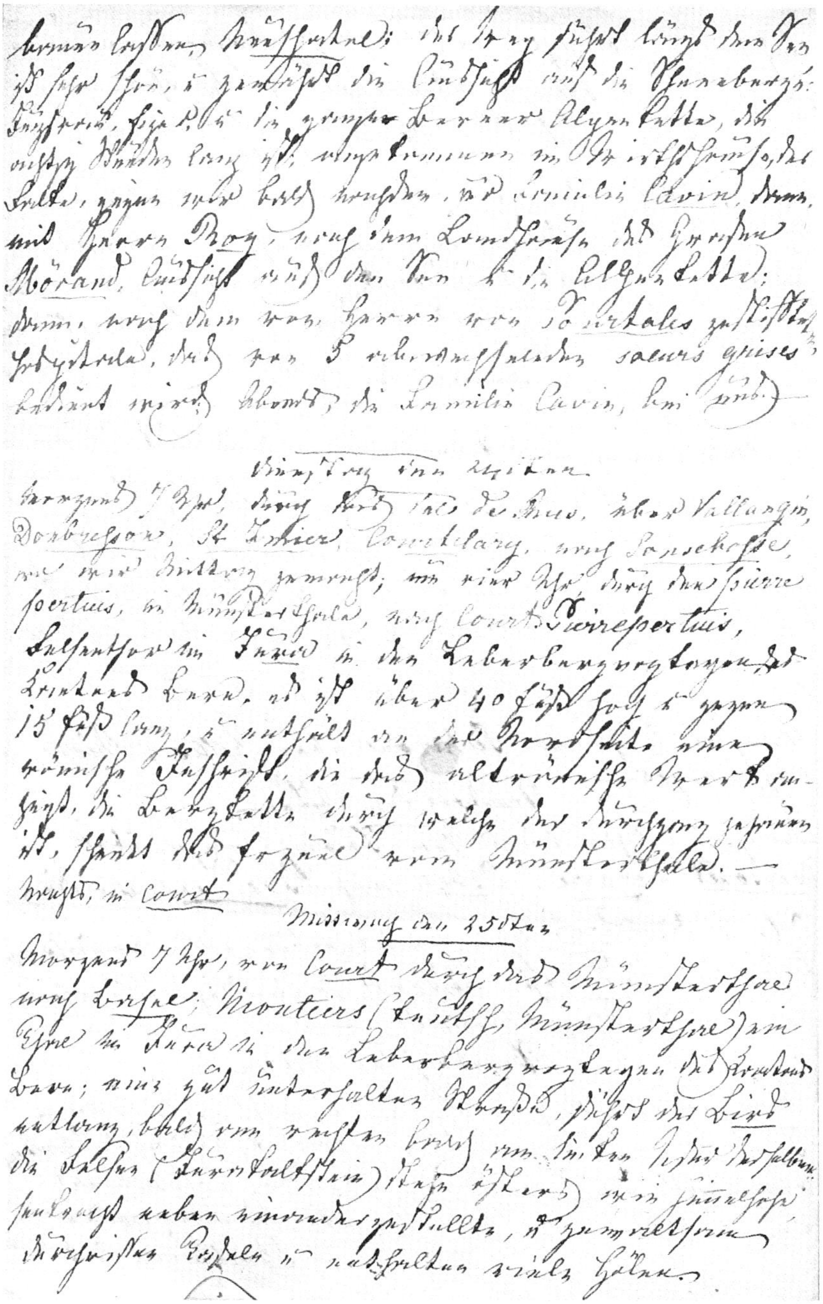

Abb. 30. Julie Saaling: Tagebuch der Schweizer Reise, die letzte Seite mit den Eintragungen für den 24.9. (Schluss), 25. und 26.9.1822 (Übertragung S. 138)

Donnerstag den 26. Sept.
Frühmorgens. So kehre ich denn nun der geliebten Schweiz den Rücken, vielleicht auf immer. – Schon seit Genf ist durch Hrn. M's ungeduldige Eile unsere Reise zu einer Jagd geworden.[119] Doch bleibt mir nur zu viel Zeit nachzudenken über das was ich genossen und besessen habe, und was ich verlieren soll. Nicht lange wird es dauern, so ziehe ich wieder im Joche des alltäglichen Lebens. Gott gebe, daß dieses Joch mir heilsam seyn, und unausgesetzte Beschäftigung die Gedanken nicht aufkommen lassen möge, die mich sonst verzehren und aufreiben würden. Ich verlasse mehr als das Land; ich habe die Aussicht vor mir, mich von Menschen zu trennen, und finde Neue wieder, die des Namens so würdig sind. Doch getrost! Dem Betenden ist kein Stillstand vergönnt; vorwärts heißt es, immer vorwärts! und wer weiß, zu welchem Ziele; so Gott will, durch Nacht zum Licht. –

Der prächtige heitere Mondscheinhimmel, der gestern Abend über der Stadt und dem schönen grünen Rheinstrom ausgespannt war, hat Erwartungen erregt, die nicht befriedigt werden.

[Fortsetzung der Tagebuch-Notizen Heyses im folgenden Kapitel „Auf der Rückreise"]

Auf der Rückreise in Deutschland

[Aus dem Tagebuch von Karl Heyse]

[26. September 1822. Fortsetzung der unter diesem Datum begonnenen Notizen]
(Von Basel nach Freiburg im Breisgau.)
Just die ganze Nacht durch hat es geregnet, und unter fortwährendem Regen verlassen wir Basel um 8 ¼ Uhr und langen um 12 ¼ Uhr in *Kalten-Herberg* an, dem ersten Post- und Wirthshause im Großherzogthum Baden. Da wir von Basel aus noch keine Postpferde haben können, so müssen wir bis hieher mit unsern bisherigen Lohn-Kutschern fahren. Von da aber nehmen wir Postpferde, und werden nunmehr im lieben Vaterlande wohl unschwer vorwärts kommen. Der Regen läßt zwar nach und die Sonne durchbricht gegen Mittag die Wolkendecke, aber die Luft bleibt sehr kühl und feucht. [...] In *Kaltenherberg* müssen wir bis 2 Uhr auf Pferde warten. um 3 ½ erreichen wir die nächste Station *Mühlheim* unter fürchterlich heftigem Regen, der sich unterwegs vor unsern Augen bildet; um 5 ½ Uhr *Krotzingen*; und 7 ½ Uhr bei empfindlicher Kälte und gänzlicher Dunkelheit *Freiburg*, wo wir froh sind, ein schönes Wirthshaus und die erwünschte Bequemlichkeit zu finden, zumal, da der letzte Theil des Weges schlecht und sehr steinig war, und wir alle ermüdet und erfroren ankommen. –

Immer mehr drängt sich mir auf dieser weiteren Fahrt die Bemerkung auf, wie mit dem Betreten des deutschen Bodens die ganze Physiognomie des Landes sich verändert, namentlich unendlich viel einfacher wird als in der an merkwürdigen Contrasten so reichen Schweiz. Alles breitet sich aus und verflacht sich, und läßt dem Menschen Raum zu freierer Beweglichkeit und selbständigerer Thätigkeit, während in der Schweiz die Natur den Menschen kaum zu Worte kommen lässt, und, wenn sie seine Thätigkeit auch nicht gänzlich hemmt, dieselbe doch durchaus bedingt und beherrscht.

Freitag den 27. Sept. (von Freiburg nach Rastadt)
Das Freiburger Münster, ein herrliches Gebäude, die schönste Kirche, die ich bis jetzt gesehen, und sehr gut erhalten. [...] Dies kühne Emporstreben andächtiger Begeisterung, diese unermüdlichen Fleiß erfordernde Vollendung bis ins kleinste Detail der Verzierungen, die alle zum Ganzen gehören, und die Wirkung des Ganzen hervorbringen helfen – das Ganze, wie es da steht, einen wunderbaren Verein von kindlicher Demuth und männlicher Erhebung, von reichem idealem Streben, und demselben ganz entsprechender wunderwürdiger äußerer Kunstfertigkeit körperlich vorbildend – das Alles berechtigt zu der Behauptung: es war eine große Zeit, die so großes produciren konnte, was auch die vorwitzige Überweisheit unseres eitlen Jahrhunderts einwenden mag. Da lebte noch Religion im Herzen des Volkes; sie war zur Poesie des Lebens geworden, und regte den sinnigen deutschen Fleiß an, so Ungeheures, nicht bloß der Masse, auch der Qualität nach zu erstreben und zu schaffen [...].

Um 9 ¾ Uhr erreichen wir die nächste Station *Emmendingen*, ein hübsches Städtchen. [...] Es wird in dieser Gegend ganz vorzüglich viel Hanf gebaut, der in Gerten zum Trocknen aufgerichtet auf den Feldern steht. – Um 11 Uhr in *Genzingen*. Der Charakter des Landes bleibt sich auffallend gleich. [...] Um 12 ¾ Uhr in *Kippenheim*; 2 Uhr in *Friesenheim*; 3 ½ Uhr in *Offenburg*, einem freundlichen Städtchen, wo wir Mittag machen, und erst um 4 ¾ Uhr unsere Reise fortsetzen. [... Ankunft in Rastatt um 10 ¼ Uhr, bei rauhem Nordwind.] So komme ich mit ganz erfrornen Händen und Füßen in unserem Nachtquartier an, wo eine Tasse Thee gute Wirkung thut.

Sonnabend den 28. Sept. (von *Rastadt* nach *Heidelberg*.)
Um 7 ¼ Uhr fahren wir ab; um 9 ¼ in *Ettlingen*. Die Luft ist kalt der Himmel trübe; die Gegend öde und traurig. Ich fahre mit dem Doctor [Neuburg] und mit Julie, die mich unaussprechlich glücklich macht. Gegenseitige bittersüße Herzens-Ergießungen. Um 10 ¼ Uhr in *Karlsruhe*. Es bleibt nach wie vor winterlich kalt; wirklich Schneeluft. In Karlsruhe treffen wir den König von Preußen mit seinem zahlreichen Gefolge, auf der Durchreise nach Verona zum Congreß begriffen.[1] Um 1 ½ Uhr in *Bruchsal*. Meine Gedanken und Empfindungen beschäftigen mich zu sehr, als daß ich den Außendingen die gehörige Aufmerksamkeit widmen könnte. – Um 3 ¾ Uhr in *Wiesloch*. Die Gegend ist hier freundlich und wohl angebaut; aber alles sehr herbstlich. – Um 5 ½ Uhr in *Heidelberg*. Je näher man der Stadt kommt, desto anmuthiger und reicher wird die Gegend; aber draußen der Herbst – und im Herzen die Liebe! –

Sonntag, den 29. Sept. (von Heidelberg nach Frankfurt.)
Der Schmerzenstag der Trennung! – Sehr trübes Regenwetter. Die beiden Freundinnen [Julie und Marianne Saaling] wissen es so einzurichten, daß ich zwei Stationen, von Heidelberg nach *Weinheim* und Heppenheim, mit ihnen zusammen fahre, wo wir denn noch einmal einander recht unsere Herzen ausschütten. In Weinheim besuchen wir den Prof. *Grimm*, der ein lieber ernster Mann ist.[2] In Heppenheim treffen wir mit der übrigen Gesellschaft wieder zusammen, die uns bedeutend vorgeeilt ist. [...] Auch die anmuthige Gegend der Bergstraße erscheint im Herbstgewande nur melancholisch. Von Heppenheim aus fahre ich mit dem Dr. [Neuburg] zusammen über Bückebach (3 Uhr) bis Darmstadt (5 Uhr), in einer Stimmung, in der es mir nicht möglich ist, eine ordentliche Conversation zu führen. Zerstreut und halb abwesend kann ich nur Ja und Nein und Hm erwidern. In Darmstadt halten wir uns eine Stunde auf. Auf der nächsten Station *Langen* bittet mich Hr. M. von hier nach Frankfurt mit den beiden Saalings zusammen zu fahren, um die für ihn angekommenen Briefe in dem Herzischen Hause sogleich in Empfang zu nehmen, und ihm zu bringen. Was konnte mir angenehmer seyn, als dieser Auftrag. – [...] Es kostet viel Überwindung vor der Familie ruhig, ja vergnügt zu erscheinen. [...]

*

[Fanny Mendelssohn an Marianne Mendelssohn, mit einer Nachschrift von Lea Mendelssohn:]

Frankfurt am Main. 30 Sept. 22. *Morgens.*

Du Gute, Liebe, begrüße uns wieder auf heimathlichem Boden, wie wir Euch bei dem Eintritt in das liebe Vaterland mit froher entzückter Seele begrüßt haben. Gottes Gnade hat uns glücklich, ohne irgend eine Art Unfall, ohne das kleinste Mißgeschick, hierher zurückgeführt, und wird uns weiter führen. Bleibt alles beim Alten, so sind wir heut über 14 Tage in Eurer Mitte, in unsrer häuslichen Ruhe, welcher man nach mehrmonatlicher Entbehrung wirklich bedarf. Laß Dir ein sonderbares Zusammentreffen erzählen. Ein Brief, worin Vater Herz bat, die Briefe nach Genf zu schicken, ging verloren, sie wurden also fortwährend nach Bern gesandt, und wir blieben fast einen Monat ohne Nachricht, denn ein Brief von Peppi, und einer von Greulich[3] sind doch keine Neuigkeiten vom Hause. Gestern, bei unsrer Ankunft hier erhielt ich Deinen Brief vom 20sten, und heute kommt ein dickes Paket, welches uns nach Bern und Genf nachmarschirt war, und frühere Nachrichten vom 6 und 7 erhält. Auf jeden Fall aber, mein Herz, hast Du in einem Monat nicht an mich geschrieben, das ist doch nicht recht.

Ich hätte Dir eigentlich Vieles zu schreiben, da ich seit Genf mein briefliches Tagebuch vernachlässigt habe, aber ich verspare Alles auf die mündliche Unterhaltung, aus mehrfachen Gründen. Bei der Ankunft in G. war ich durchaus übermüdet, das viele Schreiben verwirrte mich; übrigens war einige Verdrießlichkeit wegen des Mangels an Nachrichten eingetreten, die Reise nach Chamouny mußte mit Eifer betrieben werden und so unterließ ich es. Nach der Rückkehr aus Chamouny gewährte uns ein 3tägiger Aufenthalt in Genf viel Freude; Du kannst Dir gar nicht denken, wie man uns aufgenommen hat, ich werde nie die liebenswürdigen Genfer ausloben können. Das heißt Ton, Geschick, Tournüre, so muß man Fremde aufnehmen, so ungezwungen freundlich, fein, vornehm. Am 21. verließen wir G. Die Rückreise über Iverdon, Neuenburg, Basel bot einiges Erfreuliche. Von da reisten wir durchs Breisgau, Freiburg, Radstadt die alte Tour über Heidelberg und Darmstadt. Beständiges Regenwetter begleitete uns seit unsrer Rückkehr aus Chamouny. Jetzt umschwirrt mich die bekannte F[rank]furter Unruhe, Briefe, Bekannte, Nachrichten; zu unsrer größten Verwunderung hat Felix Devrient auf der Straße aufgegabelt, eben war er hier, ist hier auf 2 Monat Gastrollen engagirt, und kehrt dann zurück.[4] Er verschwimmt in Liebe, Sehnsucht, und Ungeduld, hoffte durch mich Nachrichten zu erhalten über Bekannte nach denen ich ihn fragte, und die für uns verschollen sind. Ich kann Dir nicht sagen, wie sonderbar mir heut zu Muth ist, nun Alles gewesen, Alles gesehn, die Erinnerung für den Augenblick durch Gegenstände so ganz andrer Art geschwächt und verdrängt. Wir haben wirklich eine Zeitlang gelebt wie außerhalb der civilisirten Welt, keine Nachricht irgend einer Art ist zu uns gelangt.

Gestern Abend setzte uns Schützer in kurzer Zeit au fait vom [!] Allem; Eure Briefe thaten das Uebrige, und wir fühlten uns mit Wohlbehagen wieder in einer Welt von befreundeten und vertrauten Gegenständen.

Unter Deinen Neuigkeiten hat mich die von Drouet am meisten überrascht und erfreut, warum nennst du [Gr]ausame nicht einmal den Namen der [von i]m Erwählten? Du weißt wie sehr u[ns D]rouet interessirt.[5] Ueber die Nachricht von L. Oppenh. und J. Marcuse[6] kann ich nur sagen: mach *Sonnabend* davon. Fonks Schicksal geht mir durch die Seele, doch war es nur leider allzu wahrscheinlich. Die ewige Gerechtigkeit des Himmels bringe die Wahrheit ans Licht, ehe das Schrecklichste geschieht. –

Unserm König sind wir in Carlsruhe, den Prinzen aber gestern in der Bergstraße begegnet. Vielleicht interessirt es Dich als Anekdote, daß der König weder in Heidelberg noch in Freyburg, sondern in zwei kleinen Dörfern in der Nachbarschaft dieser Städte übernachten wollte. Man giebt seine Studentenidiosynkrasie als einzigen Grund an. Alex. v. Humboldt reiste durch Genf, während wir in Chamouny waren. Adieu Kind. Von Peppi hat Mutter einen allerliebsten Brief gehabt. Alexanders Geburtstag habe ich in G. gefeiert, und seine Gesundheit auf einem diner bei Doxat ganz in der Stille getrunken.[7] Mehr als jemals war mein Herz an diesem Tage bei Euch.
Die Finger sind mir ganz erstarrt vor Kälte. Ich schließe, und freue mich auf das nahe Wiedersehn. Eure *Fanny*
Schickt doch ein Paar Zeilen nach Weimar an G. Ullmann und Sohn,[8] daß wir noch einmal Nachricht haben. Aber gleich.

[Nachschrift von Lea Mendelssohn:] Heute nur tausend Grüße und Dank für Eure Briefe! – Meine Köchin soll alles bis zum 10 oder 12 [Oktober] in gehörigen Stand setzen, Marianchen mia! und Erkundigung über W[ilhelms] *Bruder* einziehen, den Dorothea rühmt.[9] Grüße mir tutti quanti [und freue] Dich mit mir, uns v. einer so weitläuftigen Wanderung glücklich – fast in den Hafen – eingekehrt zu wißen. Deine Dich zärtlich liebende Tante.

*

[Aus dem Tagebuch von Karl Heyse:]
(Frankfurt.)
Montag, den 30. Sept.
Ich gehe zu Grunde über den Gefühlen, die in mir kämpfen. Mein Gemüth war heute den ganzen Vormittag so zerrissen, als sollte ich wahnsinnig werden. […]

Abends Gesellschaft bei Hertzens, wohin ich heut schlecht passe. Selbst Juliens Blicke und Winke vermögen nicht, mich zur Theilnahme an der heiteren Geselligkeit zu bewegen. […]

Es ist eine gewaltsame Krisis.

Dienstag, den 1sten Oct.
Frühmorgens mache einen kurzen Besuch bei dem Dr. Neuburg, der mich dann in das Lesekabinet führt. Das Wetter ist heute sehr heiter. Gottlob! auch mein Gemüth fängt an, sich aufzuklären. – Nachdem ich den ganzen übrigen Vormittag schreibend zugebracht habe, theils an meinem Tagebuch, theils meinen Freundinnen einige Zeilen des Andenkens weihend, besuche ich sie gegen 2 Uhr [... Heyse übergibt wahrscheinlich jetzt den kleinen Stich von Männedorf mit einer Widmung und der Datierung vom 1. Oktober, den sich Julie Saaling in ihr Stammbuch eingeklebt hat: s. Abb. 9].

Nachmittags mache ich mit Paul einen Spatziergang auf der schönen Promenade, welche die Stadt umgiebt, während die Andern nach Offenbach fahren.[10]

Abends. [...] Um die Kinder nicht allein zu lassen, bin ich heute Abend zu Hause geblieben. Die Eltern kommen mit Fanny und Felix erst nach 8 Uhr von Offenbach zurück. [...]

Mittwochs den 2ten Oct.
[...] Heiteres Mittagsmahl beim Dr. Neuburg, durch guten Wein, und die launigen Erzählungen seines Sohnes vorzüglich gehoben. – Nachmittags schreibe ich mein Lebewohl an Julien; es kostet manche Thräne; aber es hilft. – Abends Gesellschaft bei dem Musiker *Schelble*.[11] Ich gehe mit, um doch mit ihnen zusammen zu seyn. Auch ist mir in meinem Zustand nichts erwünschter als Musik. Sie stumpft mein Gefühl ab, und wiegt mich in einen wachen, doch sonst bewußtlosen Schlummer ein, in dem ich mich selbst und mein Leid für eine Weile vergesse. – Von Schelble gehen wir noch auf ein Stündchen zu Herzens.

Donnerstag, den 3ten Oct.
[...] Dann wird mir gemeldet daß Mad. Hiny Mendelssohn, von Horchheim zurückfahrend, hier angelangt ist. Ich eile zu ihr, und verplaudere mit dieser trefflichen Frau ein paar angenehme Stunden. Hr. Schelble und Fräulein Mariane Herz kommen, um Visite zu machen. Letzterer, die mit jugendlicher Intoleranz und Lieblosigkeit von ihren Tanten, besonders der unvergleichlichen Julie [Saaling] urtheilt, kann ich nicht umhin, etwas die Meinung zu sagen. – Gegen 2 Uhr besuche ich meine lieben Freundinnen, und bringe eine Stunde bei ihnen zu. Lebhafter Streit zwischen ihnen beiden: Juliens zu wenig versteckte Abneigung gegen Frankfurt betreffend, dessen Resultat leider! ist, daß im Grunde Beide sich hier unglücklich fühlen. Es ist ein schlimmes Ding um eine verfehlte Existenz. Die arme Julie vergießt bittre Thränen. – Zu Mittag essen wir mit Joseph und Hinny Mendelssohn und Mademois[elle] Oppert zusammen. – Dr. Neuburg führt uns seine 88jährige Schwiegermutter, Frau Melber, Goethe's „lebhafte Tante" zu – in der That eine merkwürdige Erscheinung.[12] – Abends musikalische Gesellschaft bei Herzens. Ein fataler junger Geck, Hr. Schunke, macht Seiltänzerkünste auf dem Klavier;[13] *Schelble* singt mit Ausdruck und Gesicht; ein französischer Violinist *Mazas*[14] spielt sehr brav. Felix darf natürlich nicht fehlen. [...]

Freitag den 4ten Oct.[15]
[…] Abends besuchen wir sammt und sonders den Cäcilien-Verein, wo wir Händel's Samson hören, und auch Felix zum Spielen genöthigt wird.[16] Dann gehen wir noch einmal zu Herzens, um endlich den letzten Abschied zu nehmen. […] Ich bleibe etwas länger, als die Familie, um noch ein Paket nachzutragen, das erst zubereitet wird. Dann kürze ich den Abschied [von Julie Saaling] möglichst ab, und schwanke an dem Arm des guten Dr. Neuburg nach Hause. Auch von diesem trefflichen, lieben, mir wahrhaft väterlich zugethanen Manne, den ich auf der weiteren Reise überall vermisse,[17] wird mir der Abschied schwer. Da wir auf der ganzen früheren Reise fast immer zusammen wohnten und lebten, so hatte ich mich an seinen Umgang sehr gewöhnt.

Sonnabend, den 5. Oct. (von Frankfurt nach Fulda)
Um 6 ¾ Uhr Morgens verlassen wir Frankfurt; um 8 ½ Uhr in Hanau. […] Um 10 ¾ Uhr in *Gelnhausen*. Das Wetter heitert sich etwas auf; der Regen läßt nach, und Felixens Lustigkeit, sein freundliches Anschmiegen, muntert auch mich auf. […] Um 7 ¾ Uhr in Fulda. Die lange [letzte] Station von Neuhof hieher machen wir ganz im Dunkeln. Ich bin körperlich und geistig wie aufgelöst und träume nur so hin. […]

[Über seine Gespräche mit Felixens Mutter berichtet Heyse in einem Brief an Julie Saaling reichlich sarkastisch: „Ich habe mit Madame öfters Conversation angeknüpft – und – denken Sie! – sie hat geruht, mich anzuhören; sie hat ihr Schöllenen-Herz so weit bezwungen, mir zu antworten. Noch mehr: sie hat mir sogar ein Stück Kuchen angeboten, das ihr Mann ausschlug. – "[18]]

Sonntag, den 6. Oct. (von Fulda nach Gotha.)
Bei heiterem frischen Morgen fahren wir um 7 Uhr ab. Aber schon während der ersten Station, bis *Hühnefeld* (9 Uhr) bezieht sich der Himmel gänzlich. Ich fahre diese Station mit Mad. M., und als die Conversation stockt, bleibt mir kein anderer Ausweg, als mich meinen Gedanken zu überlassen; so kommt ein Sonett zu Stande.[19] – Um 10 ¾ Uhr in *Buttlar*, bei allgemein verbreitetem kaltem Regen. Unterhaltung gewährt das schöne Herbst-Colorit der ganzen Gegend, das alle Farben-Nüancen vom dunkelsten Immergrün, durch alle Stufen von Grün und Gelb hindurch bis zum grellen Roth in ununterbrochener Folge und der mannichfaltigsten Mischung prägt. Unter heftigem Platzregen fahren wir um 12 Uhr von *Buttlar* ab, und sind um 1 Uhr in *Vach*; 3 ½ in *Marksuhl*, 5 ¼ in *Eisenach*. […] Um 8 ¾ Uhr in *Gotha*; eine übertrieben lange Station von 3 ½ Meilen. Ich bin über die Maßen ermüdet von dem langen unausgesetzten Fahren.

Montag, den 7. Oct. (Von Gotha nach Weimar.)
Ein schöner Herbsttag. Es weht ein sehr kühler Ostwind, und der Himmel ist ganz heiter. Um 8 Uhr fahren wir ab, kommen um 10 ¼ in *Erfurt*, und um 1 Uhr in Weimar an.

In der Nähe von Weimar ist die Straße staubig; es muß hier wenig oder gar nicht geregnet haben. – Im Wirthshaus zum Erbprinzen ist alles so besetzt, daß ich bis 4 Uhr ohne Zimmer in der Irre umher laufen muß. Um 2 Uhr wird gegessen. Felix geht sogleich zu Goethens. Nachmittags kommt die junge Frau von Goethe mit ihrer Schwester Ulrike, und um 5 Uhr geht es in corpore in Goethens Haus.

So habe ich ihn denn gesehen und gesprochen, den großen Mann. Eine ungemein triftige Natur, wie ein alter einzeln stehender Eichbaum, durch den Sturm der Zeit, der über ihn hingerauscht ist, nur ehrwürdig, nicht hinfällig gemacht, noch unentblättert, unausgehöhlt, fest und stämmig, eine sehr edle Gestalt. In seiner Physiognomie sind fast nur Züge übrig; der Ausdruck ist in den Furchen untergegangen, die das Alter gezogen hat. Aber welche Züge, welche Knochen! Ein wahrer Normal-Schädel, die höchste, edelste Stirne, die ich je gesehn: eine lange, starke Nase, scharf, ohne spitzig zu seyn; tiefliegende, schön geformte Augen: groß und blitzend, wenn sie sich erweitern. Nur der Mund ist eingefallen und das Kinn vorgetreten durch den Mangel der Zähne, der auch die Sprache undeutlich macht. – Wir fanden nun sehr freundliche Aufnahme, besonders auch von Seiten der jungen Frau v. Goethe,[20] die eine recht artige Dame ist. Wir tranken dort Thee; Felix musste phantasiren; und dann ging es um 6 ins Theater: *Irrthum auf allen Ecken* [Lustspiel von Friedrich Ludwig Schröder] – ein Stück nicht ohne vis comica, aber leider auf Kosten aller edleren Sittlichkeit. [...]

Dienstag den 8. Oct. (Weimar)
Die Morgenstunden widme ich meinem Tagebuch. – Nach 11 Uhr Spatzierfahrt nach Belvedere, ein Großherzogliche[s] Lustschloß, das diesen Namen wohl nur so von Gottes Gnaden führt. Die Anlagen sind jedoch hübsch, und besonders die Treibhäuser sehr reichhaltig und gut gehalten. Unsere Begleiter dazu sind Frau v. Goethe und Fräulein Adele Schopenhauer, die mir übrigens nicht halb so gut gefällt, wie ihre Ausschneide-Arbeiten, welche in der That der Idee und Ausführung nach wahre Kunstwerke sind.[21] Sie selbst ist entschieden häßlich. Es giebt häßliche Physiognomien, die nichts desto weniger interessant sind. Ihr ganzes Gesicht aber ist in der Anlage verdorben, und besonders die übertrieben vortretenden Kinnladen geben ihm den Charakter einer ganz gemeinen Häßlichkeit. Bei so grosser Verbildung der Züge kann auch im Ausdruck nichts Einnehmendes oder Anmuthiges aufkommen. Sie spricht übrigens in der That sehr gescheidt und – was man so nennt – geistreich; doch – wie mir's scheint – keinesweges ohne Affectation und Prätension.

Abends. Gottlob! daß die Soirée auch überstanden ist. Ich freue mich zwar, den alten Goethe gesehen zu haben. Alles was er sagt, ist ungemein bedeutend und eigenthümlich. Allein in einer Gesellschaft, wie die heutige war, kann man ihn wenig genießen. Man hört ihn nicht viel sprechen; denn ihn anzureden, weiß man nicht, und hinzuzutreten, wenn er mit einem Andern sich unterhält, will sich nicht immer schicken.

Überhaupt ist seine Haltung, sein ganzes Benehmen nicht von der Art, daß man sich in seiner Nähe sogleich frei und wohl fühlen könnte. Die fürstliche Würde, mit der er einherschreitet, die ehrerbietige Scheu, mit der sich Alles vor ihm neigt und ihm ausweicht, lassen keine unbefangene Annäherung zu. – Unfehlbar würde ich mich entsetzlich gelangweilt haben, wenn nicht auch dies mal in der Musik ein Rettungsmittel für mich erschienen. Felix und Fanny müssen Vieles zum Besten geben, und dann singt Mad. Eberwein mit nicht ausgezeichneter Stimme aber vorzüglichem Vortrag und gefühlvollem Ausdruck Goethe'sche und andere Lieder, zum Theil von ihrem Mann componirt, der sie begleitet, – auch einiges aus dem Freischützen. Ich drücke mich in einen Winkel, ziehe die Musik gemüthlich in mich ein, und denke dabei an Sie, und immer nur an Sie.

Mittwoch, den 9. Oct. (Weimar)
Zu meiner Freude bringt mir Hr. M. heute früh die Nachricht, wir würden schon Mittag abreisen, um heute noch Naumburg zu erreichen. Neue Einladungen für heute Abend aber machen es nöthig, daß wir auch heute noch hier bleiben. La journée sera dure, mais che passera. Meinen Brief an Julien habe ich geschlossen und werde ihn hier auf die Post geben.[22] – Frühmorgens wird ein kurzer Spatziergang in den Park gemacht, der in der That schön und groß, und ansehnlich ohne Prätensionen ist. Dann führt uns Fräulein Schopenhauer auf die Bibliothek, wo mehrere schöne alte Bilder, zum Theil von Cranach, namentlich die bekannten 3 Churfürsten von Sachsen. Das Gebäude selbst ist zweckmäßig und macht einen guten Eindruck. Was an Büchern da ist, läßt sich so geschwind nicht übersehen. Wir setzen uns zuletzt in dem Zimmer fest, welches die höchst interessanten Kupferstichsammlungen enthält, und betrachten einen mit schönen radirten Blättern von und nach alten Niederländischen Meistern angefüllten Band, deren Reihe Lucas van Leyden würdig eröffnet. Eine sehr große Menge ähnlicher eingebundener Kupferstichsammlungen sind hier aufgestellt, und können für Monate und Jahre belehrende Unterhaltung gewähren, während der auf wenige Stunden beschränkte flüchtige Reisende nicht einmal Zeit hat, zu übersehen, was da ist. – Abends gegen 5 Uhr Abschied: Thee bei Goethe. Der alte Herr ist heute Abend ganz besonders freundlich und mittheilend. Besonders über Farbenlehre spricht er mancherlei, erwähnt Hegels mit großer Achtung und zeigt uns mehrere diesen Gegenstand betreffende Phänomene die um so überraschender sind, mit je einfacheren Mitteln sie wie durch einen Zauberschlag hervorgerufen werden. An keinem der vorigen Abende ließ sich Goethe mit uns in ein so durchgeführtes, interessantes Gespräch ein. Die Familie war ganz unter sich. Um so mehr that es mir leid, aus diesem Kreise scheiden zu müssen, um im Theater die entsetzlich abgeschmackte, einfältige Posse ‚Die Bürger von Wien‘ [von Adolf Bäuerle] zu sehen.

Donnerstag den 10ten Oct. (Von Weimar nach Leipzig.)
Früh um 6 Uhr verlassen wir Weimar. Um 8 ¾ Uhr in Eckartsberga, der Preußischen Grenzstadt. Die Luft ist mild, der Himmel mit leichtem Gewölk bestreut. Ganze Schaaren von Rebhühnern und viele Hasen sehen wir auf dem Felde. – Um 11 ½ Uhr in *Naumburg.* [...] Um 6 Uhr [nach den Stationen Weißenfels und Lützen] mit einbrechender Dunkelheit fahren wir in *Leipzig* ein mitten durch das noch lange nicht beruhigte Meßgewühl. [...]

Freitag, den 11ten Oct. (Leipzig, und von da nach Wittenberg.)
Es regnet am Morgen, hört jedoch bald auf, und ich gehe mit Paul ein wenig in der Stadt umher [...]. Als wir gegen 11 Uhr nach Hause zurückkommen hat sich das Wetter ganz aufgeheitert. – Die Stadt selbst kann man jetzt bei dem Gedränge von Menschen und Wagen, in den durch d. Buden noch mehr verengten Straßen, wo man nur immer vor die Füße und nicht auf die nächste Umgebung sehen muß, kaum genauer betrachten. Sie hat mit ihren sauberen, hohen und bis in den Dachgiebel hinauf bewohnten Häusern ein ganz stattliches Ansehen; es zeigt sich durchaus ein reges Leben, Verkehr und daraus entspringender Wohlstand. – Um 12 ½ Uhr fahren wir ab. [...]

99. [und letzter Tag der Reise]
Sonnabend, den 12ten Oct. (von Wittenberg nach Berlin)
[...] Um 7 ½ verlassen wir Wittenberg. Der Himmel ist heiter, die Luft sehr kühl. Um 11 Uhr in Treuenbriezen; 12 ¾ in Belitz; 2 ¾ in Potsdam bei sehr schönem ganz heiterm Wetter. Wir halten uns in Potsdam beim Mittagsessen bis 4 ½ Uhr auf, und kommen daher erst um 7 ½ in Berlin an. Mit welchen Gefühlen ich nach einer so langen erfahrungsreichen, für mein ganzes Leben höchst wichtigen Reise in die erleuchteten Straßen wieder einziehe, und Haus und Zimmer und Alles, was drin ist, beim Alten finde, während ich selbst ein ganz andrer Mensch geworden bin – das kann ich nicht aussprechen. [...] So mag denn nun der Alltags-Gang des Lebens wieder seinen Anfang nehmen. Was ich gewonnen habe, bleibt mein Eigenthum, und keine Zeit, kein Verhältniß, kein Schicksal kann es mir rauben.

Anhang

Briefe von Fanny Mendelssohn an Zelter

[Brief von Fanny Mendelssohn an Zelter, 4. August 1822:]

Zürich, den 4 August 22.

Kaum hier angelangt, benutze ich die ersten freien Minuten, Ihnen Nachricht von uns zu geben, mein bester Herr Professor. Sie müssen es uns nicht zurechnen, wenn dies nicht öfter geschieht, unsre Tage sind so angefüllt, und wir sind so berauscht von allem Schönen, das wir sehn, daß uns kaum Zeit bleibt, kurze chronologische Notizen niederzuschreiben, und der guten Großmutter zuweilen Nachricht von uns zu geben. – Heut vor 8 Tagen traten wir bei Schaffhausen in die Schweiz. Fast der ganze Tag war dem Rheinfall gewidmet. Abends hatten wir das herrliche Schauspiel eines Gewitters welches in der Ferne am Himmel stand. Von der einen Seite war die Scene durch das helle Feuer einer nahen Schmiede beleuchtet; von der andern durch den Mond, der bald ganz aus den Wolken hervortrat, einen breiten zitternden Schein auf die Wellen werfend, und sich bald ganz dem Auge entzog. – Von Schaffhausen gingen wir auf Constanz, kleine Standt in einer herrlichen Gegend am Bodensee. Wir besuchten die Insel Meinau, und unser Männerpersonal fuhr nach dem gegenüber liegenden Mörsburg. Wir blieben zurück, weil uns der See zu stürmisch war. Den 1 Aug. hatten wir eine schöne Tagereise durch die fruchtbaren Cantone Thurgau und St. Gallen. Vorgestern betraten wir Appenzell, welches wir queer durchreisten. Das kleine Land ist überaus merkwürdig und eigenthümlich. Ich weiß nicht, ob Sie es auf Ihrer Schweizer Reise gesehn haben, und welchen Eindruck es auf Sie gemacht hat. Man sagt, daß es in der Schweiz nichts Ähnliches mehr gebe, auch auch wohl sonst mag es einzig in seiner Art sein. Das Land besteht aus mäßigen Hügeln, welche so wie die Thäler mit dem üppigsten Wiesenwuchs bedeckt sind. Einzelne Häuser sind, gleich einer Schafheerde, in großer Masse, auf die Berge zerstreut, Dörfer oder Ortschaften findet man nicht häufig. Die Vegetation hört ganz auf, und alle Kraft der Erde scheint auf die Schönheit des Rasens verschwendet. Das Volk ist arm und häßlich, der Wagen beständig von Bettlern umlagert.

Sobald man Appenzell verläßt, ändert sich der Charakter der Landschaft. Wir wendeten uns nach dem Züricher See. Gestern hatten wir einen schönen Abend in Rapperschwyl. Wir fuhren auf dem See bei dem herrlichsten Wetter. Als die Sonne ganz tief gesunken war, traten die Schneeberge leuchtend hervor, und noch etwas später ging der Mond glühend auf, und lieh der ganzen Landschaft einen neuen Reiz. Wir machten noch einen Spatziergang auf der Brücke die über den See führt, und 1800 Schritte lang ist. Daß Sie den Weg nach Zürich kennen, weiß ich gewiß. Ich für mein Theil war ganz betäubt von der übergroßen Herrlichkeit, von der Pracht und Fülle der Vegetation, von der Verschiedenartigkeit der Landschaft. Welche Masse von Dörfern, Land- und Bauernhäusern, wie viel Gärten in diesem Landstrich, der einen einzig großen Garten bildet. Jeder Platz ist doppelt benutzt, an Bäume, Mauern und Häusern rankt sich der Epheu, in die Weinberge drängt sich Kohl und Salat, und die Häuser sind mit Spalieren aller Art bedeckt. Links des Weges der See, und das jenseitige lachende Ufer. Wir waren trunken vor Entzücken, als wir hier ankamen.

Von Musik ist seit F[rank]furt wenig vorgekommen. In Stuttgart suchte Felix seinen Organisten auf, konnte aber nicht zur Orgel kommen. Gestern trafen wir in einem kleinen Orte, Urnäschen, ein recht hübsches Positiv, freilich ohne Pedal. Das große Schweizer Musikfest wird dieses Jahr in Solothurn, den 20 August gefeiert, was man aufführt, weiß noch keiner. – Ist es nicht pikant, daß wir diesen Mittag, in Zürich einen Brief von Rode erhalten haben; er schreibt sehr munter und vergnügt. – Oft sprechen wir mit Dankbarkeit und Liebe von Ihnen, und sehnen uns nach Ihnen und Ihrem Unterricht. Auch der [Sing-] Academie wird fleißig gedacht, und Vater Fasch singend und redend genannt. Was man auch Schönes und Herrliches in fremder Natur erleben mag, kann man sich's versagen, täglich und stündlich an die lieben Freunde in der Heimath zu denken?

Leben Sie wohl, liebster Herr Professor. Die herzlichsten Grüße von den Eltern. Felix schreibt ihnen in diesen Tagen. Sie würden sich freuen, wenn Sie sehn könnten, wie wohl sich Mutter befindet, und wie sie sich an der herrlichen Reise ergötzt. – Gedenken Sie in Liebe Ihrer treuen Schülerin Fanny.

Soeben erhält Felix Ihren lieben herrlichen Brief[1] den wir nun heut nicht mehr beantworten können. Seien Sie unbesorgt, kein Berg ist sicher vor mir.

[Brief von Fanny Mendelssohn an Zelter, 27./29./31. August 1822:]

Interlaken, den 27 August 1822.

Das fortwährend ungünstige Wetter kostet uns manchen Tag, mein bester Herr Professor, und so sitzen wir auch heut Abend hier, und frieren wie im Winter, draußen stürmt und regnet es, und macht unsre Plane und Wünsche zu Wasser. Wir sind diesen Vormittag von einer herrlichen Parthie zurückgekehrt, welche uns auch größtentheils mißlungen ist; in der Hoffnung, daß Sie von unsern frühern Schicksalen durch Großmutter [Bella Salomon] unterrichtet sind, will ich Ihnen nur in der Kürze erzählen, wie es uns in diesen Tagen erging.

Sonnabend den 24sten fuhren wir Nachmittags von Interlaken, durch das Zweilütschinen Thal in das Lauterbrunnenthal. Links sieht man die die Spitzen der Jungfrau, in der Mitte die Mittagshörner, mit ihren ungeheuren Schneemassen und Gletschern. Rechts zeigt sich der Staubbach, welcher von dieser Seite am schönsten gesehn wird. Wenn man sich ihm nähert, löst sich das ganze Wasser in Staub auf, und er verliert den Anschein von Größe, den ihm eine kleine Entfernung leiht. Wohl mag auch das

Grandiöse seiner Umgebung ihm schaden. Bei einbrechender Dämmerung gingen wir weiter ins Thal hinein, und sahen die Gletscher gerötnet vom Wiederschein der sinkenden Sonne. Die Aussicht aus den Fenstern des Gasthauses ist außerordentlich. Man überblickt die Mittagshörner und die näheren Tschingelhörner, den Staubbach, die Jungfrau mit ihren beiden Silberhörnern und das enge Thal, welches gar anmuthig mit frischem Grün, schönen Bäumen, und vielen Hütten prangt. – Sonntag [25.8.] gingen wir bei sehr trübem Wetter von Lauterbrunnen um über die Wengern Alp nach Grindelwald zu gelangen. Nach 4–5 stündigem Steigen befanden wir uns am Fuß der Jungfrau, welche wir nun ganz überblickten, mit ihren schroffen, kahlen Felsen, ihren Schneemassen und ungeheuren Gletschern. Mehrere Lauinen donnerten vor unsern Augen in den Abgrund hinab. Wir hielten uns eine Weile in einer Sennhütte auf, uns zu erholen, und die Einrichtung dieser Menschenställe kennen zu lernen. Als wir uns weiter verfügten trat ich aufs Dach, um von da bequemer das Pferd zu besteigen. – Auf dem höchsten Gipfel der Wengern Alp wo man Schreckhorn, Wetterhörner, Mönch, Eyger und Jungfrau zusammen übersehen kann, waren wir in dichten Nebel gehüllt, und mußten traurig weiterziehn. Der Weg herunter ist sehr steil und beschwerlich, nach 9stündigen Steigen kamen wir im herrlichen Grindelwaldthal an, wo wir neben einem guten Kaminfeuer und im Angesicht der Gletscher Kirschen und Erdbeeren verzehrten. So sehr ist diese Natur zurück. Den ganzen folgenden Tag mußten wir in Grindelwald das Wetter abwarten, im Thal regnete es, während es aus den Bergen tüchtig schneite. Erst gegen Abend wurde es uns möglich, den Gletscher zu besuchen, welcher in der Nähe ein furchtbar schönes Schauspiel gewährt. Dinstag [27.8.] früh hatten wir noch die Freude, vor unsrer Abfahrt das Thal bei klarer schöner Luft zu sehn. Bei unsrer Rückkehr nach Interlaken fanden wir Briefe aus Berlin, und Ihr gütiges Schreiben an Felix. – Auf Ihre Frage wegen des Cäcilienvereins [in Frankfurt] kann ich Ihnen nur sagen, dass er während unsrer Anwesenheit in Frankfurt geschlossen war, auf der Rückreise werden wir wol Zutritt erhalten.

Donnerstag d. 29 Aug. in Meyringen (Haslithal)

Gestern, im Moment unsrer Abreise, erhielt ich Ihren herrlichen, liebevollen Brief,[2] der mich unaussprechlich rührte und erfreute.

Welches Glück, welche Ehre für uns, daß Sie uns Ihres Briefwechsels würdigen, und daß Sie unsern kindischen Bemerkungen mit väterlicher Güte anhören und verzeihen. Wenn ich durch irgend etwas diesen Vorzug verdiente, so wäre es durch die Anerkennung meines Glücks, und durch die unbegränzte Verehrung dessen, der so viel für mich, und für mein besseres Ich, für Felix gethan hat. Sie sind der ewige Gegenstand unsrer Gespräche, wir können uns gegenseitig am besten vertrauen, wie sehr wir fühlen, was wir Ihnen schuldig sind. Und wills Gott, werden Sie ja an Felix Ehre und Freude erziehn, und er kann Ihr bester würdigster Schüler werden, wie Sie es Ihrem vortrefflichen Lehrer und Freunde waren. Es wird sie auch freuen zu hören, daß Felix fleißig zeichnet, und glücklich und geschickt auffaßt. An seiner Oper [„Der Onkel aus Boston“] arbeitet er, so oft sich's thun läßt, der erste Akt naht sich seinem Ende. Zu

seiner großen Freude fand er neulich einen Brief von [Eduard] Ritz aus Gransee. Er ist ganz entzückt und erfreut über Ihre Freitagsmusiken. Auch ich freue mich sehr dazu, in der frohen Hoffnung, dass Sie lieber Herr Professsor, mir erlauben werdern, daran Theil zu nehmen. Dann werde ich doch einmal wieder die 2chörige Musik von Bach hören: „kommt ihr Töchter“ u.s.w. [Eingangschor aus der „Matthäus-Passion“.] Felix hofft auch, daß Sie ihm erlauben werden, seine beiden geistlichen Musiken da aufzuführen.[3] Von Musik ist uns bis jetzt wenig vorgekommen, wie es denn überhaupt dem Volk an Kunst zu fehlen scheint. Die berühmten Berner Sängerinnen pfeifen wie die Mäuse, und singen Quinten, welche einem das Herz zerreißen. Gestern verweilten wir auf dem Gießbach am Brienzer See im Hause eines musikalischern Schulmeisters um den Regen abzuwarten, und da mußten wir ihn mit seiner ganzen Familie am Clavier singen hören. - - Es war uns sehr lieb, durch Sie wieder einmal Nachrichten von Goethe zu haben; Sie glauben wohl, daß wir ihn bei unserer Durchreise treffen werden?
Bern, den 31sten Aug. Abends. Wir sind nach Beendigung unsrer schönen Parthie ins Haslithal so eben hier angelangt, lieber Herr Professor. Nichts hat unser Vergnügen gestört, als das fortwährend schlechte Wetter. Wir fürchten, daß der Herbst sehr früh eintreten wird, und in dem Falle möchten wir wol einen Theil unsrer Reise einbüßen müssen. Auf jeden Fall haben wir, wenn Gott will, in spätestens 6 Wochen das Glück, Sie wiederzusehn. Bis dahin, wie immer Ihre Fanny
Wir Alle grüßen Doris und Rosamunde recht herzlich.

[Aus dem Brief von Abraham, Lea und Fanny Mendelssohn an Zelter, Genf, 17. September 1822:]
[Die Eltern kündigen ihren Besuch für etwa 10. Oktober in Weimar an und bitten Zelter, dann ebenfalls dort zu sein.]
[Fanny:] Wenn beide Eltern sich vereinigen, Sie um die Reise zu bitten, kann ich nicht hoffen, daß mein Ueberreden etwas vermag, bester Herr Professor. Sie wissen selbst am besten, aus wie doppelten und dreifachen Gründen wir diese Reise wünschen, ja ich bin gewiß, der alte Thüringer [Goethe] würde uns mit günstigerem Auge sehn, wenn wir seinen liebsten Freund zu diesem Besuch veranlassten. Thun Sie es immer, liebster Herr Professor! Die Academie muß sich denn am Ende noch nach *unsrer* Rückkehr sehnen, wenn sie mit der Ihrigen so genau zusammenhängt. Felix meint, ich kenne keine Musik, wenn ich nicht „um Mitternacht“ von Mme. Eberwein habe vortragen hören,[4] denken Sie, welcher Unterschied, wenn Sie es ihr begleiten! Kurz nichts als Gründe, und wieder Gründe, und noch Gründe, um ja zu sagen, Sie würden uns sehr beglücken, einen schöneren Schlußstein zu unserer schönen Reise können wir uns gar nicht wünschen.
Unsre Schweizer Reise ist nun so gut als beendet, die noch übrigen Punkte, Neuenburg, Basel, sind wol von geringerer Bedeutung. Wir freuen uns auf die heimathliche Ruhe, Geist und Körper bedürfen ihrer nach so langem Umherstreifen. – Hier in Genf

leben wir angenehme Tage, die Einwohn[er][5] sind überaus gebildet, liebenswürdig und zuvorkommend; wir erfreuen uns überall der freundlichsten Aufnahme. Hier im Gasthaus steht ein Inst[rument] dicht neben unserm Zimmer; es ist aber an Engländer vermiethet. [Sobald] wir nun erfahren, daß diese ausgegangen sind, setzen wir un[s hin und] spielen mit Zittern und Zagen. Ein rein gestimmtes Instrum[ent haben] wir seit unsrer Abreise noch nicht angetroffen. – Leben Sie [wohl,] liebster Herr Professor, ich schließe, weil Tinte und Feder m[ich] zur Verzweiflung bringen. So schlecht sind sie mir in meiner Praxis noch nie vorgekommen. In der Hoffnung Sie *bald wiederzusehn*, empfehle ich mich Ihnen bestens, und bitt Sie Doris und Rosamunde sehr zu grüßen. Felix, Paul, H. Heyse, und Ihre Amazone legen sich Ihnen zu Füßen. Ihre Fanny

[Brief von Abraham und Fanny Mendelssohn an Zelter, 30. September 1822:]
[Abraham Mendelssohn:]

frankfurth a/m 30 7bre 22

Wir sind, mein sehr verehrter Freund! gestern abend alle wohlbehalten wieder hier angekommen, und ich säume nicht Ihnen in Verfolg meines briefes aus Genf anzuzeigen, daß wir uns spätestens in 4 bis 5 Tagen auf den Weg nach Hause machen, und also gegen den 9 oder 10 october in Weimar einzutreffen, und Sie dort zu finden hoffen. Sollte, wie ich es beynahe fürchte, auch Sie die ausstellung in Berlin binden, oder sonst die Reise nach Weimar sich nicht machen laßen wollen, so bitte ich Sie um ein paar Zeilen, unter Adresse *G. Ulman & Sohn* in Weimar damit wir wißen, daß wir Sie nicht zu erwarten haben. Hoffentlich aber kommen Sie.

Wir haben hier Ihren brief an felix, *mit dem vielen Witze* [?] vorgefunden, und alle uns Ihrer vortrefflichen Laune gefreut. Gott erhalte sie Ihnen, und Sie uns; wir sehnen uns alle wieder nach Haus, und Sie wißen ja welch ein integrirender Theil meines Hauses Sie sind!

[Fanny:] Noch einmal können wir Ihnen schriftliche Nachricht geben, lieber Herr Professor, und hoffen sehr stark, keine mehr von Ihnen zu erhalten, sondern Sie selbst in Weimar mit dem Freunde zusammen zu treffen. Wenn es Ihnen möglich ist, täuschen Sie unsre Erwartung nicht. Diesen Morgen erhielt Felix Ihren Brief, der uns nach Bern und Genf nachgewandert war, und uns nun endlich in Frankfurt einholt. Felix dankt Ihnen sehr, und empfiehlt sich bestens. Er hat ein Quartett für Fortepiano und Streichinstrumente angefangen, welches wie ich meine gut wird. Den Cäcilienverein hören wir hoffentlich Mittwoch [2.10.], ich statte Ihnen dann Bericht darüber ab. Auf der Rückreise von Basel an hatten wir viel schlechtes Wetter. Der Herbst tritt früh ein, es ist sehr kalt. Die Weinlese, welche in Genf schon während unsers Aufenthaltes statt fand, beginnt hier erst heut. Unser Sänger Devrient ist hier auf Gastrollen engagirt. Er war eben bei uns. Von seiner Reise ist er ganz entzückt, es ist sein erster Ausflug. Hier in der Gegend macht der Freischütz eben so viel Glück als bei uns. Von den umliegenden Oertern kommt man schaarenweise nach Darmstadt und Ffurt, ihn zu hören. Felix konnte gestern H. Wagner nicht sprechen, er wird in diesen Tagen herüber gehn, ihn aufzusuchen. Was Sie von der Emigration der 7 Orchestermitglieder schreiben, ist mir fast angenehm. So etwas mußte erfolgen. Wir hören eben, daß der Musikdirektor Seidel Kapellmeister geworden sei. Der Himmel gebe seinen Segen dazu, und lasse ein gewisses altes Sprüchwort in Erfüllung gehen: wem Gott ein amt giebt, dem giebt er auch Verstand. Ich freue mich, in Berlin einmal wieder ordentliche Musik zu hören; dergleichen ist uns Ihren Freitagsmusiken nicht versagen. Leben Sie wohl, bester Herr Professor. Ich hoffe Sie in 8 Tagen in Weimar zu sehn, Ulrike würde nicht böse sein. Ich bitte, Doris und Rosamunde zu grüßen. Ihre ergebene *Fanny*

Aus dem Tagebuch von Julie Saaling: 23.–25. September 1822, Transkription des Textes aus Abbildung 30

[23. August: ...] *Neuchatel*; der Weg führt längs dem See, ist sehr schön, und gewährt die Aussicht auf die Schneeberge: Jungfrau, Eiger und die ganze Berner Alpenkette, die achtzig Stunden lang ist; angekommen im Wirthshause, der Falte, gingen wir bald nachdem zur Familie Cavin, dann mit Herrn Roy, nach dem Landhause des Grafen *Mörand*.[6] Aussicht auf den See und die Alpenkette; dann, nach dem von Herrn von *Pourtales* gestifteten Hospitale, das von 5 abwechselnden soeurs grises bedient wird; Abends, die Familie Cavin, bei uns. –

Dienstag den 24sten

Morgens 7 Uhr, durch das Val de Rus, über *Vallangin*, *Donbresson*, *St Imier*, *Courtelary*, nach *Sonsebosse*, wo wir Mittag gemacht; um vier Uhr durch den pierre pertuis, im Münsterthale, nach Court. Pierrepertuis, Felsenthor im *Jura* in den Leberbergvogteyen des Kantons Bern, es ist über 40 Fuß hoch und gegen 15 Fuß lang, und enthält an der Nordseite eine römische Inschrift, die das altrömische Werk anzeigt, die Bergkette durch welche der Durchgang gehauen ist, scheidet das Erguel vom Münsterthale. – Nachts, in *Court*

Mittwoch den 25sten

Morgens 7 Uhr, von *Court* durch das Münsterthal nach *Basel*; Moutiers (teutsch Münsterthal) ein Thal im Jura in den Leberbergvogteyen des Kantons Bern; eine gut unterhaltne Straße, führt der *Birs* entlang, bald am rechten bald am linken Ufer derselben. Die Felsen (Jurakalkstein) stehn öfters wie himmelhohe senkrecht neben einandergestellte, und gewaltsam durchrissne Tafeln und enthalten viele Hölen.

Anmerkungen

Einleitung

1 Ebel: Anleitung, 3/Bd. 1, 1809, S. 4 f.

2 Ebda, S. 16 f.; auf S. 6–11 die weiteren Zitate (S. 10).

3 Faessler: Reiseziel Schweiz, S. 246.

4 Zu Italien als ursprünglichem Reiseziel s. den Brief von Henriette Mendelssohn an die Schwägerin Lea vom 2.12.1821 (Klein: Henriette Maria Mendelssohn, S. 152). Zu der Schweiz als definitivem Reiseziel s. Lea Mendelssohns Brief an ihre Cousine Henriette von Pereira-Arnstein vom 22.6.1822 (LMB, S. 79); sc auch eine entsprechende Notiz Julie Saalings zu Beginn ihres Reise-Tagebuchs.

5 Siehe dazu Klein: Die Rhein-Reise der Familie Mendelssohn im Jahre 1820.

6 So z. B.in seinem Brief an seine Schwägerin Henriette (Hinni) Mendelssohn aus Paris vom 9.8.1819: „Warum hat mich meine Mutter nicht in Bernau oder Buxtehude zur Welt gebracht, ich brauchte auch dann nicht zu entschuldigen, daß ich meine Vaterstadt [Berlin] erbärmlich finde" (Staatsbibliothek zu Berlin [im Folgenden: SBB], Mus.-Abt., MA Nachl. 6,1–5).

7 Siehe Lackmann: Der Sohn, S. 134.

8 Lea Mendelssohn an Henriette (Hinni) Mendelssohn vom 22.8.1822 (Lambour: Reisebrief, S. 178).

9 Brief an Henriette von Pereira-Arnstein vom 22.6.1822 (LMB, S. 80).

10 SBB, Handschr.-Abt., Nachl. Fam. Mendelssohn, K 4, M 1, Nr. 1.

11 Wie Anm. 8, S. 176.

12 Wie Anm. 8, S. 178. Stéphanie-Félicité du Crest de St-Aubin, Comtesse de Genlis (1746–1830) war nicht nur für ihre Romane, sondern auch für pädagogische Schriften bekannt, Joachim Heinrich Campe (1746–1818) für philanthropische Pädagogica (beide Namen bei Lambour in unzutreffender Lesart).

13 Brief an Henriette von Pereira-Arnstein vom 17.2.1826 (LMB, S. 175 f.).

14 Möglicherweise wollten die Mendelssohns einen Extra-Tag für Besuche bei den Darmstädter Musikern Wagner und Rinck nutzen, für die ihnen Zelter Empfehlungsschreiben mitgegeben hatte (s. dazu S. 43).

15 Brief an Henriette von Pereira-Arnstein vom 20.3.1823 (LMB, S. 95).

16 Brief an Rahel Varnhagen vom 16.10.1819 (RLV, S. 248 f.). Auch Rahel Varnhagen hat sich sehr negativ über sie geäußert (1815, s. RLV, S. 134 f.).

17 Brief an Rahel Varnhagen vom 9.9.1820 (RLV, S. 313).

18 Der Sohn Paul Heyse berichtet in seinen „Jugenderinnerungen" auch nur mit der Einschränkung „Soviel ich weiß" (S. 11); hier gibt er auch eine warmherzige Schilderung von seiner Mutter (S. 3–5).

19 Staats-Calender der Freien Stadt Frankfurt 1822, S. 102.

20 Reise-Tagebuch, 15.8. Der Name, in anderer Schreibweise, wird auch von Fanny Mendelssohn erwähnt.

21 Siehe dazu Lambour: Reisebrief, S. 177. Hier auch der Hinweis auf Ebels „Anleitung".

22 Brief an Henriette (Hinni) Mendelssohn vom 22.8.1822 (Lambour: Reisebrief, S. 175).

23 Brief an Rahel Varnhagen vom 9.9.1820 (RLV, S. 313).

24 Brief an Lea Mendelssohn vom 4.9.1822 (Klein: Henriette Maria Mendelssohn, S. 161).

25 Brief an Henriette (Hinni) Mendelssohn (Lambour: Reisebrief, S. 176).

26 Diese Lieder und ebenso noch ein weiteres, das in Frankfurt entstanden ist, sind sehr wahrscheinlich erst nach der Ankunft in Berlin niedergeschrieben worden – offensichtlich nach provisorischen (und wohl von ihr vernichteten) Notationen während der Reise (s. Klein: Die Kompositionen Fanny Hensels, S. 7).

27 Brief an K. F. Zelter vom 13.9.1822 (MSB Nr. 26, Bd. 1, S. 98).

28 „Der Onkel aus Boston" (MWV L 4), Datierungen im 1. Akt: „Darmstadt d. 24 Juli 1822", „Schaffhausen 29 Juli 1822", „Lausanne d. 11ten Sept. 1822". Die beiden Lieder, im Autograph datiert: MWV K 7 und 8. Klavierquartett: „angef. Secheron 20 Sept. 1822" (s. Klein: Felix Mendelssohn Bartholdy. Autographe, S. 36 bzw. 24).

29 PS im Brief von Felix vom 19.7.1822 (MSB Nr. 21, Bd. 1, S. 89).

30 Siehe dazu auch Lea Mendelssohns Briefe an Henriette von Pereira-Arnstein vom 25.11.1822 und 19.3.1823 (LMB, S. 88 bzw. 92).

31 Brief an K. F. Zelter vom 22.7.1822 (MSB Nr. 24, Bd. 1, S. 92).

32 Brief an Henriette (Hinni) Mendelssohn vom 21.8.1822 (Lambour: Reisebrief, S. 174 bzw. 173).

33 Brief an Henriette von Pereira-Arnstein vom 25.11.1822 (LMB, S. 84).

34 Brief an Henriette (Hinni) Mendelssohn vom 22.8.1822 (Lambour: Reisebrief, S. 176 f.).

35 Soweit die Briefe erhalten sind, liegen sie gedruckt vor: s. Klein: Henriette Maria Mendelssohn (mit den Schreiben der Schwägerin an Lea M., deren Briefe verschollen sind; hier auch die beiden Zitate: S. 161, 160); ferner: Lea Mendelssohn Bartholdy: Ewig die deine (ihre Briefe an die Cousine in Wien; die Gegenbriefe sind nicht erhalten). – Henriette, die Schwester Abraham Mendelssohns, hatte bei ihrer katholischen Taufe 1812 in Paris den zusätzlichen Namen Maria angenommen. – Henriette von Pereira-Arnstein war die Tochter von Fanny von Arnstein, geb. Itzig, einer Schwester von Fannys Großmutter Bella Salomon.

36 Bayerische Staatsbibliothek München, Handschriftenabteilung, Heyse-Archiv VIII,17, f. 18 (Eintragungen zwischen dem 29.8. und 24.9.) und f. 25 (Eintragungen zwischen dem 8. und 16.9.1822).

37 Das genaue Datum des Unterrichtsbeginns bei Rösel (1768–1843) ist nicht bekannt.

38 Siehe das Verzeichnis im Anhang, S. 156; hier auch das Verzeichnis der Erläuterungen.

39 Bayerische Staatsbibliothek München, Handschriftenabteilung, Heyse-Archiv VIII,17, f. 3r.

40 Siehe Sebastian Hensel: Die Familie Mendelssohn, S. 124–130.

41 Ein Brief von Fanny Mendelssohn an ihre Tante Henriette (Hinni) Mendelssohn mit einer Nachschrift von der Mutter Lea vom 21./22.8.1822 (s. Lambour: Reisebrief); alle Briefe von Felix Mendelssohn, d. h. an seinen Lehrer K. F. Zelter und den familiären Freund J. L. Casper (s. MSB Nr. 20–26, Bd. 1, S. 85–99).

42 Erstdruck, leicht gekürzt, in Klein: „Goethe sein Vorbild", S. 52 ff.

Auf der Hinreise in Deutschland

1 Recha Meyer, Schwester von Abraham Mendelssohn, wohnte in der Französischen Straße Nr. 44.

2 Der Jurist und Pädagoge Wilhelm von Türk (1774–1846) hatte eine Zeit lang in der Schweiz gelebt, dort zunächst in der Anstalt Pestalozzis in Yverdon unterrichtet und dann 1811–1815 ein eigenes Erziehungsinstitut in Vevey geleitet, in dem auch Heyse unterrichtet hatte; seit 1817 war er Schulrat in Potsdam.

3 Möglicherweise Türks Schwager, der berühmte Geologe Leopold von Buch (1774–1853).

4 Eine Meile betrug etwa 7 ½ km.

5 Johanna Zimmermann, geb. Riess, war verheiratet gewesen mit dem Maler Karl Friedrich Z. (1796–1820). Ihre Schwester Flora hatte 1821 in Berlin Johannes Veit, Fannys Cousin, geheiratet.

6 Wahrscheinlich Ludwig (1801–1864), der später als Kaufmann in St. Petersburg lebte. Der Direktor der Magdeburger Höheren Töchterschule Johann Christian August Heyse (1764–1829) und seine Frau Sophie (1775–1822) hatten acht Kinder: neben den beiden genannten Söhnen den späteren Philologen Friedrich (1803–1884), der jetzt offensichtlich nicht anwesend war, den späteren Lehrer Gustav (1809–1883) und den späteren Kaufmann Julius (1814–1886), außerdem die drei Töchter Elise (1795–1822), Caroline (Lina, 1805–1838) und Bertha (1814–1883); s. dazu Ehrhard: Grammatik, S. 18f.

7 Die Bronzetumba des Erzbischofs Ernst von Sachsen (†1513) von Peter Vischer d. Ä. von 1495, signiert und datiert. – Das Grabmal des Heiligen befindet sich in der St. Sebaldkirche in Nürnberg (datiert 1508/09).

8 Der schwedische Diplomat Carl Gustaf von Brinkman (1764–1847), der lange in Deutschland gelebt hatte, war ein eifriger Briefschreiber und korrespondierte auch mit den Mendelssohns. Er hat offensichtlich seine Briefe nummeriert.

9 Wahrscheinlich der etwas jüngere Maler Friedrich Kühne, 1806 in Magdeburg geboren und später auch durch seine Kopien von Gemälden Raffaels bekannt geworden (gest. 1834). Was hier gemeint ist, bleibt unklar.

10 Der sog. Magdeburger Reiter aus dem 13. Jahrhundert.

11 Karl Christoph Gottlieb Zerrenner (1780–1851) war seit 1816 Konsistorial- und Schulrat in Magdeburg; Emilie Zumbach: ?; Johann Joachim Wachsmann (1787–1853) war Direktor des Magdeburger Domchors. Felix erwähnt ihn in seinem Brief an Zelter vom 19.7.1822 (MSB Nr. 21, Bd. 1, S. 88) und schreibt auch, dass er den Organisten Johann Andreas Seebach nicht angetroffen habe.

12 Das Eisenhüttenwerk in Mägdesprung bestand seit dem 17. Jahrhundert.

13 Im Gasthaus auf dem Stubenberge haben die Mendelssohns genächtigt.

14 Ein Elfenbein-Kruzifix galt damals als ein Werk von Michelangelo, wird heute aber dem Balthasar Permoser zugeschrieben (heute im Herzog-Anton-Ulrich-Museum in Braunschweig; s. MSB Komm. zu Nr. 20, Bd. 1, S. 579).

15 Die Porträtmalerin Caroline Bardua (1781–1864) lebte mit ihrer Schwester, der Sängerin Wilhelmine (1798–1865), zusammen; sie stammten aus Ballenstedt.

16 Johann Ludwig Casper (1786–1864) hatte in Berlin, Göttingen und Halle Medizin studiert; er war schriftstellerisch begabt und mit den Mendelssohns befreundet. Er schrieb

Parodien für familiäre Feste und für Felix die Textbücher zu seinen frühen Singspielen. Zu dieser Zeit war er verlobt mit Fanny Robert-Tornow (1798–1845), einer Nichte Rahel Varnhagens; die Hochzeit fand 1824 statt.

17 Ich habe keine Angst, aber ich zittere.

18 Die z. T. waldbewachsenen Rüdersdorfer Kalkberge liegen im Osten von Berlin.

19 Dr. med. Abraham Herz Bing (1769–1835) war zeitweise der Hausarzt der Familie.

20 Der Arzt Adolph Emil Wilhelm Muhr (gest. 1836).

21 Der Zoologe und Anthropologe Johann Friedrich Blumenbach (1752–1840) war seit 1778 ordentlicher Professor für Medizin in Göttingen. Bei ihm hatte Johann Ludwig Casper studiert.

22 Offensichtlich ein Gipsabguss des Schädels, der in der Accademia di S. Luca in Rom aufbewahrt wurde und sich später als unecht herausstellte.

23 Wer hier mit Eliot bezeichnet wird, ist unklar. Fanny Mendelssohn gibt in ihrem Brieftext vom 22.7. einen Hinweis auf Strelitz – und hier scheint eine geschäftliche Verbindung des Vaters vorzuliegen, da „S. Elliot" für „Neu-Strelitz und Umgegend" in einem Notizbuch aus der Mendelssohn-Bank erwähnt wird (SBB, Mus.-Abt., MA Nachl. 5 B 7, Buchstabe N); andererseits nennt Heyse ihn in seinem Tagebuch am 18.7. „unser Amerikaner Eliot".

24 Dorothea von Rodde-Schlözer (1770–1825) war 1787 in Göttingen als erste Frau in Philosophie promoviert worden. Loder: vielleicht Bertha L., die Tochter des berühmten Anatoms Justus Christian L. (1753–1832).

25 Pallas: Athena ‚Lemnia' Typ Dresden-Kassel, röm. Kopie um 160–170 n. Chr. nach einem griech. Vorbild um 440 v. Chr. (Sk 2); Apollo: Apollo Typ Kassel, röm. Kopie um 90–110 n. Chr. nach einem griech. Vorbild um 460–450 v. Chr. (Sk 3); Diana: wahrscheinlich eine der drei Artemis-Statuen Typ Dresden, röm. Kopien um 150–170 n. Chr. nach einem griech. Original um 360 v. Chr. (Sk 15–17); die Antinous-Büste befindet sich heute im Schloss Wilhelmshöhe (SM 3.2.7). Das Korkmodell des Kolosseums wurde von Antonio Chichi hergestellt. Für freundliche Auskünfte sei Rüdiger Splitter (Kassel) bestens gedankt.

26 Wahrscheinlich das Bildnis von Saskia van Uylenburgh von 1642 (GK 236).

27 Jacob van Ruisdael: Der Wasserfall (GK 398), 1750 erworben; nur noch ein Gemälde von Tizian gilt als echt: Bildnis eines Feldherrn (GK 488), 1756 erworben.

28 Schon 1806 waren 48 Spitzenstücke von den Franzosen beschlagnahmt worden, 1807 folgten dann 299 weitere erstrangige Gemälde; in den Folgejahren gingen weitere Bilder durch Brand oder Diebstahl verloren. Nur ein Teil der Bilder kehrte 1817 aus Frankreich nach Kassel zurück.

29 Der Maler Wilhelm Hensel (1794–1861) hat Fanny Mendelssohn wahrscheinlich Anfang 1822 kennengelernt. Bis zum Beginn der Reise entwickelte sich eine zarte Beziehung zwischen den beiden – 1830 fand die Hochzeit statt.

30 Vielleicht der Komponist Bernhard Wessely (1768–1826), der bei Moses Mendelssohn dessen „Morgenstunden" gehört und auch eine Trauerkantate auf dessen Tod komponiert hat.

31 Marie war das erste Kind Marianne und Alexander Mendelssohns, geboren am 20. April 1822.

32 Bénédict (Benoît) Fould (1792–1858) war Bankier, ebenso wie sein Vater in Paris Beer Leon F., bei dem Abraham M. als Kassierer angestellt gewesen war.

33 Ernst Friedrich Bussler (1773–1840): der Geheime Hofrat im Preuß. Kgl. Hofmarschallamt dilettierte als Kupferstecher und Maler.

34 Der Geiger und Komponist Louis Spohr (1784–1859) war kurz zuvor als Hofkapellmeister nach Kassel berufen worden. Der Familie Mendelssohn hatte Zelter einen Empfehlungsbrief an ihn mitgegeben.

35 „Alte Zeit und neue Zeit", Schauspiel in fünf Akten (1794) von August Wilhelm Iffland (1759–1814).

36 Möglicherweise handelt es sich bei diesem Namen um einen Hörfehler Fannys, da Heyse in seinem Tagebuch „die Hamburger Reisenden" erwähnt, den „Dr. iuris Arnim mit seiner Frau – ein ganz junges Ehepaar –, und deren Schwester, Fräulein Oppenheim".

37 Jérôme Bonaparte (1784–1860), jüngster Bruder Napoleons, war 1807–1813 König von Westfalen, mit der Hauptstadt Kassel.

38 Wilhelm II. (1777–1847), seit 1821 Kurfürst von Hessen, hatte 1797 Auguste (1780–1841), Tochter des preußischen Königs Friedrich Wilhelm II., geheiratet und sich 1815 von ihr getrennt.

39 Der Geiger Adolf Wiele (1794–1845), der wie Felix auch bei Baillot in Paris studiert hatte, war seit 1821 Mitglied der Kasseler Hofkapelle.

40 Klavierquartett d-Moll (MWV Q 10), das 1821 entstanden war.

41 Der Frankfurter Pianist, Komponist und Musikädagoge Aloys Schmitt (1788–1866) hatte im Frühjahr 1822 Berlin besucht und auch in einer Sonntagsmusik der Mendelssohns gespielt (LMB 29.3.1822, S. 70).

42 Wahrscheinlich Friedrich Schlosser (1780–1851), Jurist, Schriftsteller und Goethes Rechtsvertreter in Frankfurt.

43 Regine Frohberg (1783–1850), eine Schwester von Klara, Julie und Marianne Saaling, erlangte einige Berühmtheit mit ihren Romanen, die allerdings in der Familie Mendelssohn meist nur wenig Anklang fanden.

44 Betty Rothschild (1805–1886), Tochter des Wiener Bankiers Salomon von Rothschild, heiratete 1824 ihren Onkel James, den Begründer des Pariser Familienzweiges. Fanny hatte sie offenbar schon auf der Reise 1820 kennengelernt.

45 Wahrscheinlich Joseph Maximilian Fränckel (1787–1857), ein Neffe von Joseph Mendelssohn und von 1806 bis 1827 Teilhaber der Mendelssohn-Bank.

46 Marianne Mendelssohns Vater Bernhard Seeligmann war schon 1815 gestorben; wahrscheinlich ist hier der Vater ihres Mannes Alexander gemeint, Joseph Mendelssohn, wie die späteren Erwähnungen bei Fanny und im Tagebuch von Heyse nahelegen. Der Kaufmann Hirsch Simon (1793–1847) wohnte in Berlin in der Neuen Promenade 8, dem Nachbargebäude der mendelssohnschen Wohnung.

47 Musiker, die im Hause Mendelssohn oft musizierten: Karl Wilhelm Henning (1784–1867), Geiger und Felixens Lehrer im Violinspiel, Eduard Ri(e)tz (1802–1832), Geiger und mit Felix eng befreundet, Johann Friedrich Kelz (1786–1862), Violoncellist, J. G. Eisold: Kammermusiker.

48 François Fémy (l'Aine) (geb. 1790), Schüler von Pierre Baillot (1771–1842), bei dem auch Felix 1816 Geigenunterricht hatte.

49 „Heiß mich nicht reden, ...": Zitat aus Goethes „Wilhelm Meisters Lehrjahre" (Lied Mignons am Schluss des 5. Buches).

50 Jakob Schmitt (1803–1853) wurde später ein angesehener Klavierlehrer in Hamburg.

51 Ferdinand Hiller (1811–1885) hat die Begegnungen mit den Mendelssohns in seinem Mendelssohn-Buch beschrieben (S. 1–4); danach besuchte zunächst Schmitt mit Felix die Familie Hiller (am 20.7.), am Tage drauf holte Schmitt den kleinen Hiller zu dem beschriebenen Konzert ab; Fanny spielte Hummels Rondeau brillant A-Dur. Hiller erwähnt auch Eduard Devrient, doch liegt hier eine Verwechslung vor, da der erst im Herbst in Frankfurt war (s. S. 125).

52 Michael Wilhelm Reiß (1792–1876) hatte in Berlin zunächst Musik bei Zelter studiert, dann aber Medizin und in Göttingen 1817 promoviert. Die Anspielung auf die „bewußte Herzensangelegeneheit" ist unklar.

53 Mlle. Müller, Herr Carin, Herr Schützer: ?; Johann Georg Neuburg jun. (1795–1866), später als Dr. jur. ein bekannter Frankfurter Politiker.

54 Wahrscheinlich Benoni Friedländer (1773–1858).

55 Vielleicht Wilhelm Zacharias Friebe (1781–1842), Bankier und Geschäftspartner der Mendelssohns; Karl Wilhelm Wach (1787–1845), Maler.

56 Möglicherweise Ernestine Robert-Tornow, geb. Victor (1794–1846), Schwägerin von Rahel Varnhagen, hat als Sängerin in Musikaufführungen bei den Mendelssohns mitgewirkt (so auch am 3. Februar 1821 in Felix' Singspiel „Soldatenliebschaft").

57 Der Komponist Giacomo Meyerbeer (1791–1864) hielt sich seit 1816 in Italien auf. Sein Bruder Heinrich Beer war mit Rebecka Meyer verheiratet, einer Cousine von Fanny (genannt Betty); sie war die Tochter von Mendel Meyer und Recha Mendelssohn (hier „Tante M." genannt).

58 Wilhelm von Uhden (1763–1835), preuß. Beamter; Samuel Rösel (1768–1843), Professor für Ornamentzeichnen an der Berliner Bauakademie und Felixens Zeichenlehrer.

59 Zelter hatte der Familie einen Empfehlungsbrief an den Hofkapellmeister Karl Jakob Wagner (1772–1822) mitgegeben (s. MSB Nr. 21 und 22, Bd. 1, S. 88 bzw. 90). Einen weiteren Empfehlungsbrief, an den Organisten Johann Christian Heinrich Rinck (1770–1846), hat Felix aber übereichen können (s. MSB Nr. 22, Bd. 1, S. 90).

60 Simon Schropp hatte 1742 eine Kartenhandlung gegründet, die sich 1822 in der Jägerstraße 24 befand und noch heute existiert.

61 Wahrscheinlich die Mutter von Betty von Rothschild, Caroline, geb. Stern (1782–1854).

62 Johann Ferdinand Koreff (1783–1851), Arzt und Schriftsteller.

63 Wer hier aus dem großen Frankfurter Familienverband der Flörsheims gemeint ist, ist unklar.

64 Catharina Canzi (eig. Katharina Kanz, 1805–1890), seit 1830 verheiratet mit Ludwig Wallbach, hatte ihre Karriere 1821 in Wien begonnen und galt später als eine bedeutende Sängerin im italienischen Fach. Fanny spielt offensichtlich auf deren Auftritte 1821 in Berlin an, über die sich Lea Mendelssohn negativ geäußert hat (LMB, S. 58). Spätestens am 25. Juli war die Sängerin in Baden-Baden eingetroffen (zu ihrem dortigen Konzert s. RLV, S. 402 mit Komm. S. 806).

65 Marianne Oppenheim (1792–1852) war eine Cousine von Lea Mendelssohn, ihre Mutter Henriette Itzig eine Schwester von Bella Salomon. Lea Mendelssohn hat sich in Briefen 1821/22 sehr negativ über sie geäußert (s. z. B. LMB, S. 59 und 88).

66 Achille Fould (1800–1867): in dem von dessen Vater gegründeten Pariser Bankhaus hatte Abraham Mendelssohn ein paar Jahre als Kassierer gearbeitet.

67 Möglicherweise ist hier Adolph Goldschmidt (um 1800 – nach 1841) gemeint, der Sohn von Adélaïde G., geb. Herz (Schwester von Moses Isaak Herz). Die sog. Meierei im Südosten Berlins war ein beliebter Sommeraufenthalt der Familie Mendelssohn.

68 Raffael: Kopie nach dem Original in den Uffizien in Florenz; Tizians „Schlummernde Venus" gilt heute als eine Kopie aus dem 17. Jahrhundert nach einem verschollenen Original des Malers; Rembrandt: wahrscheinlich ist das Porträt von Saskia van Uylenburgh von 1635 gemeint, eine Kopie des in Privatbesitz befindlichen Gemäldes; Aert van der Neer: Mondscheinlandschaft; der „Marientod" gilt heute als Werk eines unbekannten niederländischen Meisters um 1490/1500; für Rubens sind in der „Beschreibung" von F. H. Müller (1820) fünf Bilder genannt, für Jacob van Ruisdael drei. Für freundliche Auskünfte zur Identifikation dieser Stücke sei Heidrun Ludwig (Darmstadt) bestens gedankt.

69 Der Turm: „Auf dem Heidelberger Schloß". In einer zweiten Zeichnung hat er noch eine Fernsicht angefangen, aber nicht beendet.

70 Die Brüder Boisserée, Sulpiz (1783–1854) und Melchior (1786–1851), hatten 1804 in Köln zusammen mit ihrem Freunde Johann Baptist Bertram (1776–1841) begonnen, altdeutsche und altniederländische Gemälde zu sammeln, und dies dann 1810 in Heidelberg und seit 1819 in Stuttgart fortgesetzt. Die damals hochberühmte Sammlung wurde 1827 an den bayrischen König verkauft.

71 Siehe unten Anm. 78.

72 Damit dürfte wohl Karl August Fürst von Hardenberg (1750–1822) gemeint sein

73 Der Bankier Moritz Benedict (1772–1852); sein Sohn Julius (1804–1885): der spätere Komponist und Dirigent war damals Schüler von Karl Maria von Weber und hatte 1821 die Familie Mendelssohn kennengelernt; er war dort häufiger zu Gast gewesen und hat später ganz begeistert darüber berichtet (s. Bartlitz / Ziegler, S. 136f.).

74 Der Berliner Porträtmaler Julius Schoppe (1795–1868) hatte als Stipendiat der Akademie seit 1817 in Rom (in der Casa Buti) gelebt und mehrere Kopien von Bildern Raffaels gemalt (heute in der Orangerie Postdam). Fannys großes Interesse an seinen Erzählungen lässt deutlich ihre Begeisterung für Rom und Italien erkennen.

75 Jacob Ludwig Salomon Bartholdy (1779–1825), der Bruder Lea Mendelssohns, lebte seit 1815 in preußischen diplomatischen Diensten in Rom.

76 Das Blatt ist heute nicht mehr nachweisbar.

77 Heyse hatte – wie die ganze Familie – während der Rhein-Reise 1820 die Sammlung bereits gesehen.

78 Johann Heinrich von Dannecker (1758–1841): welche Plastik mit der Bezeichnung „Hebe" gemeint ist, ist unklar; von den anderen genannten Werken existieren verschiedene Fassungen bzw. Kopien, so die Christus-Figur u. a. als Kolossalstatue in St. Petersburg (1824 vollendet) und die Schiller-Büste u. a. als Kolossal-Herme in Marmor (1810) in Stuttgart; das Original der „Ariadne auf dem Panther" (1814) befindet sich heute im Liebighaus in Frankfurt; von der Büste der Königin Katharina existieren – nach dem Modell von 1818 – heute noch verschiedene Ausführungen.

79 Das Porträt Danneckers von dem württembergischen Porträtmaler Karl Leybold (1786–1844) hängt heute in der Stuttgarter Gemäldegalerie.

In der Schweiz

1 Fanny hatte den Rhein während der Reise 1820 gesehen, als die Familie Vater Abrahams Bruder Joseph Mendelssohn in Horchheim besuchte, der dort zwei Jahre zuvor – gegenüber von Koblenz – ein Weingut erworben hatte.

2 Friedrich Wilhelm (1802–1875), seit 1847 Kurfürst von Hessen.

3 Julie Saaling schreibt „Chamern" – wohl ein Hörfehler.

4 Brief an J.L. Casper vom 27.8.1822 (MSB Nr. 25, Bd. 1, S. 95).

5 Aus Goethes Gedicht „An den Mond" (Füllest wieder Busch und Tal).

6 Möglicherweise das Schloss Unterer Girsberg in Emmishofen, das sich damals im Besitz der Familie der Fürsten von Thurn und Taxis befand (heute Schloss Brunnegg in Kreuzlingen).

7 Die Familie nahm offensichtlich an, dass Wilhelm Hensel seine Italien-Reise demnächst antreten und die Route ihn durch die Schweiz führen würde, so dass sich ein Treffen würde arrangieren lassen. Hensel trat seine Reise aber erst 1823 an.

8 Der Stoss: 951 m hoch, mit einer berühmten Aussicht.

9 Der Humanist Ulrich von Hutten (geb. 1488) ist am 29. August 1523 auf der Insel Ufenau gestorben und hier auch begraben worden. Das Grab befindet sich neben der Kirche St. Peter und Paul.

10 Eine Ansicht von Männedorf befindet sich auf einem kleinen Bilde, das Heyse am 1. Oktober 1822 Julie Saaling geschenkt hat (s. die Abb. 9 und S. 127).

11 Der Geiger Pierre Rode (1774–1830) hatte von 1814 bis 1821 in Berlin gelebt und war im Hause Mendelssohn ein gern gesehener Gast gewesen.

12 Adelheid Herz (1800–1853), die Nichte von Marianne und Julie Saaling, hatte 1818 Kalman Mayer Rothschild, der das familiäre Bankhaus in Neapel begründet hat, geheiratet.

13 Zu Ebel s. S. 9 und 18.

14 Der Kölner Kaufmann Peter Anton Fonk (1780–1832) war wegen eines Mordes am 9. Juni 1822 zum Tode verurteilt worden. Der Prozess erregte großes Aufsehen, da das Urteil auf Grund fragwürdiger Indizien gefällt wurde und die Diskussion um das in den preußischen Rheinlanden fortbestehende französische Straf- und Strafprozessrecht erneuerte. Fonk legte nach dem Urteil Berufung ein, die dann vom Berliner Revisions- und Kassationshof am 14. August 1822 verworfen wurde. 1823 hat König Friedrich Wilhelm III. das Todesurteil nicht bestätigt – eine Maßnahme nach preußischem Recht, die im französischen nicht vorgesehen war und von den Rheinländern kritisiert wurde, da sie dort das französische Recht beibehalten wollten. Fonk wurde 1823 freigelassen (s. dazu Reuber).

15 Zelter hatte unter dem 25. Juli 1822 an Felix geschrieben; der Brief ist nicht erhalten.

16 Welcher Angehörige der weit verzweigten Züricher Familie Pestaluz / Pestalozzi gemeint ist, bleibt unklar. (Senior zu dieser Zeit war der Seidenhändler Johann Conrad Pestaluz, 1745–1838).

17 Ein Teil der alten Festung, gelegen am Schanzengraben und später integriert in einen botanischen Garten, der von 1837 bis 1976 sich hier befand.

18 Das Denkmal des Züricher Idyllendichters Salomon Gessner (1730–1788), 1792/93 von Alexander Trippel (1744–1793) errichtet, steht noch heute an der beschriebenen Stelle.

19 Der Maler Heinrich Füssli (1755–1829) betrieb eine eigene Kunsthandlung in Zürich.

20 Das berühmte Relief der Schweiz (d. h. die zentralen und nordöstlichen Alpen) von Joachim Eugen Müller (1752–1833) – in einer Größe von etwa 5 x 2,5 m – war seit 1819 in der Stadtbibliothek aufgestellt (heute im Gletschergarten Luzern).

21 Die Zeichnung von Felix: „Zwischen Nettstall und Glarus".

22 „Linth-Canal. Aus dem Glarner Thal strömt die Linth hervor, oft so reissend, dass sie Felsstücke und Geröll aller Art mit sich führt. Diese hatten im Lauf der Zeit das alte Bett des Flusses so ausgefüllt, dass das Wasser die ganze Ebene zwischen dem Wallen- und dem Züricher See überfluthete, das fruchtbare Land mit Steinen bedeckte und die Wiesen in Sumpf verwandelte, sodass die Bewohner das Thal wegen der ungesunden Lage und der stets herrschenden Wechselfieber grösstentheils verlassen mussten oder ausstarben" (Bädeker 2/S. 44). Die Arbeiten, 1807 begonnen, wurden erst 1822 abgeschlossen.

23 In der Schlacht gegen Österreich erfochten die Glarner am 9. April 1388 ihre Unabhängigkeit. Noch heute ist der erste Donnerstag im April ein kantonaler Feiertag.

24 Möglicherweise der Bankier Emanuel Passavant (1785–1842).

25 Anton Heinrich Liste (1772–1832): Pianist, Komponist und Dirigent.

26 Scherzhafte Bezeichnung für „Füße".

27 „[...] Albis Wirthshaus, welches zwar nur bescheidene Verpflegung, aber eine treffliche Aussicht bietet. Der vortheilhafteste Punct ist noch höher auf dem Schnabelberge oder auf der Hochwache, ¼ St. vom Wirhshause und von der Straße entfernt" (Bädeker 2/S. 71f.).

28 Brief an K. F. Zelter vom 22.7.1822 (MSB Nr. 24, Bd. 1, S. 92).

29 Der Generalleutnant Johann von Minutoli (1772–1846) befand sich auf dem Rückweg einer Reise nach Ägypten, zu deren Beginn er 1820 in Triest Luise Gräfin von der Schulenburg geheiratet hatte. Was hier gemeint ist, bleibt unklar.

30 Die Rigi ist nach heutiger Angabe 1797 m hoch.

31 Felix erwähnt in seinem Brief an Zelter vom 22.8.1822 Bilder von Annibale und Ludovico Carracci; gemeint ist wahrscheinlich in der Kirche St. Anna und Magdalena eine Grablegung, die heute Denis Calvart (um 1540–1619) zugeschrieben wird (s. MSB Komm. zu Nr. 24, Bd. 1, S. 581).

32 In dem in Anm. 31 genannten Brief erwähnt Felix auch den Namen des Musikdirektors Karl Anton Kaiser (1780–1827), bei dem er Klavier gespielt hat (noch einmal im Brief vom 13.9.1822 an Zelter: MSB Nr. 26, Bd. 1, S. 98).

33 Vielleicht erklang an diesem Abend auch das „Lied von der Wengern Alp" oder ein Lied, das wohl der Bergführer Dominique Jütz gesungen hat: jene Stücke, die auf einem Notenblatt notiert sind, das sich Julie Saaling in ihr Stammbuch eingeklebt hat (s. Abb. 5).

34 Möglicherweise ist damit Heinrich Keller gemeint, s. Anm. 36.

35 Der Maler William Hogarth (1694–1767) war wegen seiner humoristisch-satirischen Kupferstiche berühmt.

36 Möglicherweise ist damit der Züricher Kartograf und Zeichner Heinrich Keller (1778–1862) gemeint, der seine berühmte „Reisekarte der Schweiz" 1813 zum ersten Mal veröffentlicht hatte und danach in immer neuen Auflagen herausbrachte.

37 Für ihr freundliches Entgegenkommen sei der Familie Käppeli im Hotel Rigi-Kulm bestens gedankt.

38 „Auf dem halben Wege [zwischen Rigi-Kulm und Staffel] ist links das Kessisbodenloch, 12 F. lang und bei 100 F. tief. Steine, welche hinabgeworfen werden, sieht man an der nordwestlichen Felswand wieder hervorkommen und hinabrollen" (Bädeker 2/S. 91).

39 „Eine kalte Quelle, die dem Felsen entsprudelt, speiset ein kleines Badehaus mit Wasser. Die Legende erzählt und eine Tafel berichtet, daß drei fromme Schwestern vor den Nachstellungen eines östreichischen Landvogtes hieher flohen und bis an ihr Ende ein beschauliches Leben hier führten. Der Gasthof daneben gewährt gutes Unterkommen" (Bädeker 2/S. 92).

40 Vor dem „Türmli" auf dem Rathausplatz befindet sich heute das 1895 errichtete Tell-Denkmal, ein paar Schritte davor der sog. Bessler-Brunnen, der im 16. Jahrhundert an Stelle der alten Gerichtslinde aufgestellt wurde – unter ihr soll der Sage nach der Knabe gestanden haben. Der sog. Tellenbrunnen an der Stelle, wo der Schütze gestanden haben soll, wurde 1951 entfernt, nachdem die kleine Figurengruppe – Tell und sein Sohn – schon 1891 nach Bürglen geschenkt worden war und sich heute dort unterhalb des Tell-Museums auf einem Brunnen befindet.

41 In der berühmten Schlacht besiegten am 13. November 1315 die Schwyzer den Habsburger Herzog Leopold I.

42 Walter Fürst (um 1300), Werner von Stauffacher (um 1300) und Werner (II.) von Attinghausen (vor 1255 – zwischen 1322 und 1329) sind historische Personen, nicht jedoch Arnold Melchtal, ebenso kein Angehöriger der Familie Gessler, der angeblich 1307 von Wilhelm Tell getötet wurde.

43 Franz Xaver Triner (1767–1824) und sein Sohn Johann Heinrich T. (1796–1873).

44 Turm der ehemaligen Burg Silenen und ein Stück weiter südlich, kurz vor Amsteg, die Mauerreste der sog. Zwing-Uri, die als Burg Gesslers angesehen wurden..

45 Der Bau der Gotthardstraße war 1820 begonnen worden, 1826 bis Göschenen weitergeführt und 1830 beendet worden.

46 Das sog. Urner Loch (nach der heutigen Angabe am Ort mit einer Länge von 70 m und in einer Höhe von 1430 m) war der erste Straßentunnel in der Schweiz und 1708 vollendet worden.

47 Als Quelle des Vorderrheins gilt der Tomasee, südlich des Oberalppasses; nordöstlich des Passes liegt der Crispalt oder Piz Nair (3059 m).

48 Nach heutigen Angaben liegt Andermatt 1447 m hoch, Wassen 916 m.

49 In der Nähe von Amsteg wurde noch einmal pausiert, wie aus Felixens Zeichnung eines Bauernhauses mit entsprechender Angabe zu entnehmen ist.

50 Der sog. Meierturm, der heute noch an Ort und Stelle steht.

51 Der historisch nicht belegte „Rütli-Schwur" von 1291 zwischen Werner von Stauffacher, Walter Fürst und der legendären Figur des Arnold Melchtal (s. Anm. 42).

52 Brief an Henriette (Hinni) Mendelssohn vom 21.8.1822 („irgendwo im Canton Bern"), fortgesetzt in Thun am 22.8. und mit einem PS von Lea Mendelssohn aus Interlaken am 22.8. (s. Einleitung, S. 27 und S. 140, Anm. 41). Die Briefe an Josephine (Peppi) Benedicks und Onkel Bartholdy sind nicht erhalten.

53 Das Denkmal für die Schweizergarde Ludwigs XVI., die bei der Verteidigung der Tuilerien 1792 gefallen war, war erst im Jahr zuvor nach einem Modell von Bertel Thorvaldsen (1770–1844) aus dem Stein herausgeschlagen worden.

54 Möglicherweise Casimir Pierre Périer (1777–1832): Bankier und Politiker (zuletzt französ. Innenminister). Das auch für Interlaken zuständige Postbüro lag in Unterseen, auf der anderen Seite der Aare.

55 Der Kongress der sog. Quadrupel-Allianz fand dann schließlich in Verona statt (20.10.–14.12.1822).

56 Marianne Mendelssohn hatte offensichtlich auf Andeutung im Brief Fannys vom 23. Juli (s. S. 44) reagiert.

57 Es handelt sich wohl um eine Einzelheit in dem Verfahren der Anstellung der beiden Brüder Bohrer, des Violoncellisten Joseph Anton (1783–1863) und des Geigers Maximilan Kaspar Anton (1785–1867), bei der Hofkapelle; der Generalmusikdirektor Spontini hatte sich dagegen ausgesprochen (s. LMB, S. 77), doch geht aus Fannys nächstem Brief der positive Abschluss hervor (s. S. 93).

58 Karl Bädeker schreibt 1844: „Interlaken hat gar keine sogenannte Merkwürdgkeiten und auch der gewissenhafteste Reisende braucht es nicht zu bedauern, deshalb nicht hier gewesen zu sein. Seine reizende und gesunde Lage aber in einem fruchtbaren Thale, mit der vollen Aussicht auf die Schneegipfel der Jungfrau und die Nähe mancher der sehenswerthesten Puncte der Schweiz haben seinen Ruf nach und nach durch halb Europa verbreitet und gegenwärtig das kleine Thal zu einer vollständig englischen Niederlassung gemacht. [...] Aus den einfachen Hütten, die sich meist um das alte Kloster angesiedelt hatten, ist ein moderner Badeort geworden, ohne Bäder zwar, aber mit allen Untugenden und Widerwärtigkeiten eines solchen“ (2/S. 130).

59 Wahrscheinlich der Turm (Rest einer Kirche) von Goldswil; der „Fuhlensee“ (Faulensee) ist das heutige Burgseeli.

60 Wahrscheinlich der Pavillon auf dem Hohbühl auf der rechten Seite des Flusses.

61 Auf der Halbinsel Stralau, zwischen der Spree und dem Rummelsburger See in Berlin, hatte sich der sog. Stralauer Fischzug am 24. August zu einem alljährlichen Volksfest entwickelt.

62 Brief vom 22. Juli 1822 (MSB Nr. 24, Bd. 1, S. 92ff.).

63 Brief vom 22.8.1822 (MSB Nr. 24, Bd. 1, S. 92ff.).

64 Während auf den übrigen Briefen aus der Schweiz immer die Adressatin notiert ist, fehlt hier ein entsprechender Hinweis. Aus einer Notiz auf dem nächsten Brief (27.8.), geht hervor, dass dieser an die Tante Recha gerichtet ist, aber auch für die Großmutter und die Freundin bestimmt war.

65 Gemeint ist Mürren (1650 m), als das höchste Dorf der Schweiz (und die höchste ständig bewohnte Siedlung der Alpen) gilt heute Juf im Averser Tal (2126 m).

66 Brief an K. F. Zelter vom 13.9.1822 (MSB Nr. 26, Bd. 1, S. 96).

67 Aus dem Fenster des Gasthofs zeichnete Felix den Blick auf den Grindelwaldgletscher in großem Format (s. Abb. 22 und die dazugehörige Erklärung), ein Ausschnitt in kleinem Format war schon am Tag zuvor entstanden.

68 Zu den Brüdern Bohrer s. Anm. 57. Otto Friedrich Gustav Hansmann (1769–1836): Kapellmeister und Organist an der Berliner St.-Petri-Kirche. Dem Geiger Karl Wilhelm Henning (1784–1867) war 1822 der Titel eines Konzertmeisters verliehen worden.

69 Die alle zwei Jahre von der Königl. Akademie der Künste veranstaltete Ausstellung wurde im Jahre 1822 am 22. September eröffnet.

70 Der Geiger Eduard Ri(e)tz (1802–1832) war mit Felix eng befreundet. Zelters Brief an Fanny vom 14.8.1822 (s. Schmidt-Beste: „Alles von ihm gelernt?", S. 32) ist die Antwort auf ihren Brief vom 4.8.1822.

71 In der Ausgabe 1840 von Ebels „Anleitung" liest man: „Sehr sch[ön] übersieht man denselben [den 6. Wasserfall] in der nahen Wohnung des Schulmeisters (Kehrli), der mit seiner Familie die Fremden oft mit ächtem Alpengesang unterhält" (S. 250).

72 Der Maler Zimmermann (s. S. 141, Anm. 5) war 1820 im Alter von 23 oder 24 Jahren gestorben. Die Zeichnung bei Sophie Fränckel (1787–1864) ist nicht bekannt; sie war verheiratet mit Joseph Maximilian F., dem Compagnon in der Mendelssohn-Bank.

73 Julie Saaling nennt auch den Vornamen von Beauchamp: Richard; bei dem anderen Herrn handelt es sich möglicherweise um den Juristen Dr. Gerhard Caesar (1792–1874), der zuletzt Präsident des Bremer Richterkollegiums war.

74 Der Maler Philipp Veit (1793–1877), der ihn Rom zu den sog. Nazarenern gehörte, war der Cousin von Fanny Mendelssohn; der Maler Karl Joseph Begas (belgischer Herkunft: eig. Begasse, 1794–1854) hatte sich auf seiner Italienreise 1822 den Nazarenern angeschlossen.

75 Vielleicht eine Druckgrafik von Fleury Mesplet (1734–1794).

76 Felix war von den Nussbäumen sehr beeindruckt – insbesondere von denen hinter dem Hotel Interlaken: von ihnen entstand an diesem Tag eine große Zeichnung (s. Abb. 23).

77 Klaus von der Flüe zu Beginn der Rütli-Schwur-Szene (II,2; gemeint ist ein doppelter Regenbogen).

78 Die Taufe der Eltern fand am 4. Oktober 1822 in Frankfurt am Main statt (s. dazu LMB, S. 88). Die vier Kinder sind bereits am 21. März 1816 in Berlin getauft worden und hatten bei dieser Gelegenheit den Doppelnamen ‚Mendelssohn Bartholdy' erhalten.

79 Der britische Außenminister, Robert Stewart, Viscount Castlereagh, 2nd Marquess of Londonderry (geb. 1769) hatte am 12.8.1822 Selbstmord begangen.

80 Möglicherweise Caroline Heine (1811–1888), die Tochter des Bankiers Karl Heine in Berlin. Der Brief ist nicht bekannt.

81 Fannys Brief an Zelter vom 27.8.1822: s. Anhang; Felix' Brief an Casper vom 27.8.1822: s. MSB Nr. 25 (Bd. 1, S. 94f.).

82 Die Münster-Terrasse (der ehemalige Kirchhof).

83 Karl von Zeerleder (1780–1851) war ein Berner Politiker, sein Vater Ludwig Z. (1772–1840) Bankier.

84 Wahrscheinlich ist August Albrecht Meckel (1790–1829) aus der berühmten Hallenser Mediziner-Familie gemeint, der als Professor der Anatomie in Bern wirkte.

85 Die Erziehungs- und Lehranstalt des Pädagogen und Agronomen Philipp Emanuel von Fellenberg (1771–1844) in Hofwil (bei Münchenbuchsee) im Norden von Bern.

86 Meißner: vielleicht liegt hier eine Verwechslung vor, gemeint sein könnte der Professor der Naturgeschichte Karl Friedrich August Meisner (1765–1825), der als großer und kenntnisreicher Musikliebhaber geschildert wird.

87 Heyse hatte 1812–1815 an der Türkschen Erziehungsanstalt in Vevey unterrichtet.

88 Bayerische Staatsbibliothek München, Handschriftenabteilung, Heyse-Archiv VIII,17, f. 3r (Zeichnung), f. 3v (Text).

89 George Gordon Noel Lord Byron (1788–1824) hatte 1816 am Genfer See gewohnt und hier das Gedicht „The Prisoner of Chillon“ verfasst, das aus 14 Gesängen und einem vorangestellten Sonett besteht.

90 Jean-Jacques Rousseau hatte als Schauplatz für den ersten Teil seines Briefromans „Julie ou la Nouvelle Héloïse“ (1761) das Schloss Chillon gewählt.

91 Siehe ihren Bericht von dem Besuch auf der Hinfahrt (S. 35).

92 Gemeint ist wahrscheinlich Peter Anton Fonk (s. S. 146, Anm. 14).

93 Christian Gottlob Cantian (1794–1866): Architekt und Bauunternehmer.

94 Brief an Henriette von Pereira-Arnstein vom 19./20.3.1823 (LMB, S. 89f.).

95 Nein, meine Damen, aber was wollen Sie, einer muss sich um diesen armen Menschen kümmern, und wenn Suppe für fünf [Menschen] vorhanden ist, dann reicht das auch für sechs.

96 Sie haben sicher noch nie einen solchen Kropf gesehen, meine Damen, ach, das ist entsetzlich, das ist abscheulich!

97 Jacques François Élie Fromental Halévy (1799–1862), Komponist und Musikpädagoge, war der Sohn eines jüdischen Kantors in Paris und hatte 1819 den berühmten Grand Prix de Rome gewonnen; sein eigentlicher Name: Elias Lévy.

98 Der damals berühmte Geiger Alexandre Boucher (1770–1861) hatte im Herbst 1821 in Berlin gastiert und bei seinen Besuchen bei den Mendelssohns auch Felixens Kompositionen kennengelernt; er hatte ihm damals ein Stammbuch geschenkt, das Felix bis zu seinem Tode geführt hat.

99 Der aus Bremen stammende Landschaftsmaler Anton Albers (d. Ä., 1765–1844) lebte seit 1816 in Lausanne; mit seinem Bruder ist wahrscheinlich der Kaufmann Johann Hinrich A. (1774–1855) gemeint.

100 Die Schriftstellerin und Übersetzerin Isabelle de Montolieu (1751–1832) wohnte in der Villa ihres verstorbenen zweiten Mannes in Bussigny-près-Lausanne; sie war in ihrer ersten Ehe mit Benjamin-Adolphe de Crousaz verheiratet; ein Sohn hatte überlebt: der Jurist Henri-Antoine de Crousaz.

101 Auf dem Signal de Sauvabelin (647 m) befindet sich heute ein Aussichtsturm.

102 Eine Anspielung auf eine Angewohnheit des Vaters offensichtlich in seinen Pariser Jahren (1797– ca. 1803/04). Vielleicht hatte es Casper bei seinem Aufenthalt in Paris ähnlich gehalten.

103 Siehe S. 149, Anm. 69.

104 Wahrscheinlich der im Frühjahr 1821 im Zweikampf getötete Offizier der französischen Nationalgarde und Wechsel-Agent Manuel, zu dem die Mendelssohns offensichtlich freundschaftliche Kontakte hatten (s. den Kommentar LMB, S. 550 zu S. 40, Z. 11).

105 So beispielsweise Julie Saaling in ihrem Tagebuch.

106 Die Doxats waren eine bedeutende Waadtländer Familie; Alexis D. (1782–1867) ging nach London und begründete dort den englischen Zweig; mit seinem Bankhaus standen die Mendelssohns in geschäftlichen Beziehungen – so dürfte jetzt auch der Kontakt zustande gekommen sein.

107 Edouard Diodati (1789–1860): Theologe, Leiter der Bibliothèque publique in Genf.

108 Firmin Massot (1766–1849; Julie Saaling schreibt Mazot) war ein hoch angesehener Genfer Porträtmaler.

109 Henri Colladon: Lehrer am Collège.

110 Charles Bonnet (1720–1793): Philosoph; Horace Bénédict de Saussure (1740–1799): Naturforscher; Charles Pictet de Rochemont (1755–1824): Politiker.

111 Brief an Henriette von Pereira-Arnstein vom 25.11.1825 (LMB, S. 85).

112 Heyses Interesse dürfte durch seinen Lehrer Türk, einem Freunde des großen Pädagogen, vermittelt worden sein.

113 Joseph Schmid (1785–1851) hatte im Juli 1822 die Schrift „Wahrheit und Irrthum in Pestalozzi's Lebensschicksalen" veröffentlicht.

114 Das von Jacques-Louis de (Jakob Ludwig von) Pourtalès (1722–1814) gestiftete Hospital war 1811 eröffnet worden: es besteht noch heute und trägt dessen Namen in seiner Bezeichnung.

115 Zu den Ereignissen der Tage vom 23. bis zum 25.8. s. auch den Text aus Julie Saalings Tagebuch: Abb. 30 (Übertragung: S. 138).

116 Die lateinische Inschrift befindet sich noch heute über dem Felsentor – in unmittelbarer Nähe des Ortes Tavannes -, ist aber nicht leicht zu lesen. Neben dem Tor befindet sich auf einer neuen Tafel ihr Text in vollständiger Form:

NUMINI AUGUSTORUM
VIA DUCTA PER MARCUM
DUNIUM PATERNUM
DUOVIRUM COLONIAE HELVETIORUM

117 Gorges de Court; die Bezeichnung Münstertal nach dem deutschen Namen des Ortes Moutier.

118 Eine ungeordnete und unbearbeitete Masse.

119 Heyse wiederholt dies in einer Vorbemerkung zum Eintrag für den 25.9. (niedergeschrieben in Frankfurt am 30.9.): Schon von Neuchatel, noch mehr aber von Basel aus hat sie [die Reise] aufgehört, Vergnügensreise zu seyn; denn wir sind von Ort zu Ort so gejagt und gehetzt worden, daß zum vergnüglichen Genießen und ruhigen Betrachten des an uns Vorüberfliegenden Zeit und Laune fehlen mußte.

Auf der Rückreise in Deutschland

1 Der Kongress von Verona im Spätherbst 1822 war der letzte der sog. Quadrupel-Allianz von 1815.

2 Der Schriftsteller und spätere Politiker Albert Ludewig Grimm (1786–1872) leitete zu dieser Zeit das Pädagogium in Weinheim.

3 Karl Wilhelm Greulich (1796–1837): Pianist und Komponist in Berlin.

4 Der Sänger Eduard Devrient, 6 ½ Jahre älter als Felix und engagiert an der Berliner Hofoper, war mit Felix befreundet und verkehrte oft in der Familie. Auch er berichtet über die Begegnungen jetzt in Frankfurt (Devrient: Erinnerungen, S. 17f.).

5 Diese Ergänzungen wie auch die in Lea Mendelssohns Nachschrift sind bedingt durch den Textverlust als Folge des Siegelausrisses. – Der Flötist Louis Drouet (1792–1873) hatte sich mehrere Monate im Winter 1820/21 in Berlin aufgehalten, sich mit einer kleinen Komposition auch in Fannys Notenbuch eingetragen, hatte im März 1822 wieder Konzerte in Berlin gegeben und war im Hause der Mendelssohns sehr geschätzt.

6 Vielleicht Luise Oppenheim (1796–1828), die im Sommer 1821 Moritz Michalowitz geheiratet hatte, und Jeanette Marcuse.

7 Das „diner bei Doxat“: s. S. 116.

8 Bankhaus in Weimar, das von Gabriel Ulmann (1743–1816) gegründet worden war und von seinem Sohn Ephraim weitergeführt wurde.

9 Offensichtlich hatte Dorothea Schlegel als neuen Hausangestellten den Bruder des Bedienten empfohlen, der in Interlaken von Abraham Mendelssohn entlassen worden war (s. S. 83 und 85).

10 Besuch bei dem Komponisten und Musikverleger Johann Anton André; der war in diesen Tagen auch in Frankfurt gewesen: Eduard Devrient berichtet von einem Treffen, auf dem Felix phantasierte (Devrient: Erinnerungen, S. 17).

11 Der Sänger Johann Nepomuk Schelble (1789–1837) hatte 1818 den Frankfurter Caecilienverein gegründet. Möglicherweise war es dieser Abend, an dem Felix und Fanny zusammen die vierhändige Klaviersonate in As-Dur von J. N. Hummel gespielt haben (s. Schnyder von Wartensee: Lebenserinnerungen, S. 369, mit der falschen Jahresangabe 1821).

12 Johanna Maria Jacobäa Melber, geb. Textor, war die Schwester von Goethes Mutter – ihre Tochter Marianne Margarethe Melber (1772–1797) hatte 1792 Johann Georg Neuburg geheiratet. Goethe nennt sie in „Dichtung und Wahrheit“: „Diese Tante war unter den Geschwistern die lebhafteste“ (1. Teil, 1. Buch).

13 Karl Schunke (1801–1839) aus Magdeburg: Pianist und Komponist.

14 Der Geiger Jacques Féréol Mazas (1782–1849), Schüler von Baillot, unternahm zu dieser Zeit ausgedehnte Konzertreisen – allgemein mit großem Beifall.

15 Heyse erwähnt nicht, dass sich Abraham und Lea Mendelssohn an diesem Tage in Frankfurt taufen ließen und jetzt den Doppelnamen „Mendelssohn Bartholdy“ annahmen, der von der Berliner Behörde am 13.2.1823 genehmigt wurde. Für ihre Kinder hatten die Eltern den Doppelnamen schon bei deren Taufe 1816 festgelegt.

16 Nach Devrients Bericht phantasierte Felix so eindrucksvoll, dass sich daraus eine herzliche Freundschaft zwischen dem um 20 Jahre älteren Schelble und Felix entwickelte (Devrient: Erinnerungen, S. 18).

17 Heyse schreibt diese Notizen am 8. Oktober in sein Tagebuch.

18 Fulda, 5.10.1822 (München, Bayrische Staatsbibliothek, Handschriftenabteilung, Heyse-Archiv VIII,8).

19 Mitgeteilt an Julie Saaling in demselben Brief, geschrieben in Gotha am 6.10.1822:

Liebe, die Einende.

Natur und Gott im innigsten Vereine,
Gehalt und Stoff in *einer* Form gesellt:
So ist die Schöpfung vor uns hingestellt,
In stetem Formenwechsel ewig Eine.

Der Mensch auch ist in seines Wesens Reine
Ursprünglich Eins; denn Leib und Seele hält
Ein festes Band. Allein das löst die Welt,
Und Einheit wird zum wesenlosen Scheine.

Denn hier herrscht Sinnentrieb, dort Geistesstreben;
Vermittlung suchest du umsonst im Leben,
Wo Kampf der Elemente nur erscheint.

Weh' uns, wenn kein Versöhnungsmittel bliebe! –
Doch allen Zwiespalt hebt, Getrenntes eint,
Verschmelzend Seel' und Leib – Allkraft der Liebe.

20 Ottilie von Goethe, geb. von Pogwisch (1796–1872), war mit des Dichters Sohn August verheiratet. (Zu diesem Aufenthalt in Weimar s. auch Klein: „Göthe sein Vorbild", S. 52 ff.).

21 Adele Schopenhauer (1797–1849) war für ihre Scherenschnitte berühmt; sie hatte 1821/22 auch Felix drei individuell für ihn angefertigte Stücke geschenkt.

22 *Ein* Brief, geschrieben in Fulda, 5.10. (s.o.), Gotha, 6.10., Weimar, 7.10., [Weimar,] 8.10, [Weimar,] 9.10 (s. S. 153, Anm. 18).

Anhang: Briefe von Fanny Mendelssohn an Zelter. Auszug aus J. Saalings Tagebuch

1 Von Zelters Brief ist nur das Datum bekannt: 25. Juli, der Brief selbst nicht.

2 Brief Zelters vom 14.8.1822 (Schmidt-Beste: „Alles von ihm gelernt?", S. 32).

3 Wahrscheinlich sind damit das Gloria (MWV A 1) und das Magnificat (MWV A 2) gemeint, die er im Frühjahr 1822 komponiert und bereits in seinem Brief an Zelter vom 9.8.1822 erwähnt hatte (s. MSB Nr. 23, Bd. 1, S. 91).

4 Zelter hatte Goethes Gedicht „Um Mitternacht ging ich nicht eben gerne", entstanden im Februar 1818, noch Ende des Monats vertont und am 1. März 1818 nach Weimar geschickt. Als Felix im November 1821 in Weimar war, hat die Sängerin Henriette Eberwein nachweislich mindestens zweimal Lieder vorgetragen (s. Klein: „Goethe sein Vorbild", S. 45), darunter offensichtlich auch die Komposition Zelters.

5 Dies und die folgenden Ergänzungen: bedingt durch Textverlust beim Öffnen des Briefs.

6 Roy, Cavin: ? „Mörand": vermutlich Maximilien de Meuron (1785–1868), Maler.

Konkordanz der damaligen und heutigen Schreibweisen geografischer Bezeichnungen

Altorf – Altdorf
Altstetten – Altstätten
Amstäg – Amsteg
Anemas – Annemasse
Avansson – L'Avançon d'Anzeinde
Bahlingen – Balingen
Baireuth – Bayreuth
Ballenstädt – Ballenstedt
Belitz – Beelitz
Bückebach – Bickenbach
Bürgeln – Bürglen
Carlsruhe – Karlsruhe
Cassel – Kassel
Chamouny – Chamonix
Chatelar – Chatelard
Chede – Chedde
Chesne – Chêne
Constanz – Konstanz
Courendelin – Courrendlin
Courroix – Courroux
Crionne – Gryonne
Dödi – Tödi
Donbresson – Dombresson
Eyger – Eiger
Fernex – Ferney
Fetschbach – Fätschbach
Finsterahorn – Finsteraarhorn
Fischerhörner – Fiescherhörner
Fluelen – Flüelen
Freyburg – Freiburg / Fribourg
Fuhlensee – Burgsee
Genzingen – Kenzingen
Gotthart – Gotthard
Grütli – Rütli
Handeck – Handegg
Hofwyl – Hofwil
Hühnefeld – Hünfeld
Hutwyl – Huttwil
Iverdon – Yverdon
Krotzingen – Bad Krozingen
Lauffen – Laufen (an der Birs)
Lauterahorn – Lauteraarhorn
Linththal – Linthal
Lowerzer See – Lauerzer See
Mädchensprung – Mägdesprung
Mattenberg – Mättenberg
Meinau – Mainau
Meylen – Meilen
Meyringen – Meiringen
Mithen – Mythen
Molé – Môle
Mont Anvert – Montenvers
Mörsburg – Meersburg
Mühlheim - Müllheim
Münsterthal – Gorges de Court
Neuenburg – Neuchâtel
Pruntrut – Porrentruy
Radstatt – Rastatt
Rapperschwyl – Rapperswil
Rastadt – Rastatt
Reineck – Rheineck
Richtenschwyl – Richterswil
Sacconnex – Saconnex
Sallenche – Sallenches
Schafhausen – Schaffhausen
Scheideck – Scheidegg
Schöngrund – Schönengrund
Sonsebosse – Sonceboz
Stad – Staad
Stanzstaad – Stansstad
Stufenberg – Stubenberg
Summiswald – Sumiswald
Treuenbriezen – Treuenbrietzen
Ufnau – Ufenau
Urnäschen – Urnäsch
Ursern – Urseren
Vach – Vacha
Val de Rüz – Val de Ruz
Vallangin – Valangin
Vetra – Vetraz
Vevay – Vevey
Viescherhörner – Fiescherhörner
Wäggis – Wiggis
Waldstadt – Waldstatt
Wallenstädter See – Walensee
Wasen – Wassen
Wattwyl – Wattwil
Windgalle – Windgällen

Verzeichnis der Zeichnungen Felix Mendelssohns und der Erläuterungen

Mendelssohn hat auf der Reise 1822 zwei Alben in unterschiedlichem Format benutzt: ein kleines Album (14 x 20,5 cm) und ein großes (25 x 33 cm), die beide in der Bodleian Library in Oxford aufbewahrt werden. Zu den meisten Zeichnungen hat er den Ort und das Datum notiert. Die Orte sind hier in der originalen Schreibweise genannt, die Daten in der Regel abgekürzt (irrtümliche Daten korrigiert).

Zeichnungen in dem kleinen Album
(Ms. M. Deneke Mendelssohn e. 3)

Magdeburg 8.7.
[dito]
Ballenstädt am Harz 9.7.
Mägdesprung im Harz 10.7.
Gernrode, vom Stubenberg aus 10.7.
Marburg 18.7.
[Bewaldeter Berg an einem See]

Constanz am Bodensee 31.7.
Insel Meinau 31.7.

Das kalte Bad auf dem Rigi 14.8.

Ufer am Vierwaldstätter See. Von einem Fenster im Gasthof zu Brunnen aus 15.8.
Brunnen 15.8.
[Haus vor einem Berghang]

[Umriss-Skizze zur Tells-Kapelle 18.8.]
Tells Kapelle in Bürglen 18.8.

Zeichnungen in dem großen Album
(Ms. M. Deneke Mendelssohn c. 5)

Auf dem Heidelberger Schloß [Turm] 24.7.
Dasselbe angefangen [Fernsicht] 24.7.
Der Rheinfall bei Schaffhausen 29.7.

Wattwyl im Canton St. Gallen 3.8.
Zürich 6.8.
Zwischen Nettstall und Glarus, Cant. Graub. 7.8.
Tellenkapelle in der hohlen Gasse bei Küssnacht 11.8.
Das Wirthshaus auf Rigikulm 13.8.
[Blick von der Rigi auf das Ufer gegenüber]
[Landschaft, nicht beendet]
[Kühe, Skizzen]

Luzern [Aussicht von Alle Winde] 14.8.

Tellen Cap[elle] an Bürglen 16.8.

Bauernhaus bei Amsteg zwischen Altdorf und Andermatt 18.8.
Das Grütli 19.8.
Tells Platte d. 19ten Aug. an Ort und Stelle / copirt d. 23sten Aug. in Interlaken

Gegend im K[a]nt[on] Schwyz d. 19. Aug. 1822 am Vierwaldstätter See

Grindelwald Gletscher 26.8.

6ter und 7ter Fall des Reichenbachs im OberHaslithal 29.8.

Die Kirche St. Martin in Vevay 5.9.

Le dent de midi bei Bex gesehn 8.9.
dent de morcles, Bex 9.9.

Die Cathedrale zu Lausanne 10.9.

Prieuré […] 4 Uhr Morgens 17.9.

Blick aus dem Gasthof in Lauterbrunn 25.8.

[Bergabhang, Skizze]
Grindelwaldgletscher 27.8.
Nußbaum bei Interlaken 27.8.

Meyringen im Hasli Thal 29.8.
Großer Nußbaum bei Interlaken nicht weit vom Wirthshause […] ausgeführt d. 30ten Aug. an Ort und Stelle
Nussbaum bei Interlaken 30.8.
Auf der Terrasse bei Vevay 5.9.

Bex. Canton de Vaud 7.9.

Die Terrasse vom Schlosse zu Latour de Peil am Genfer See 10.9.
Lausanne 10.9.

Prieuré im Chamouny Thale 15.9.

Neufchatel 23.9.

Erläuterungen
von Felix Mendelssohn Bartholdy zu einzelnen Zeichnungen im großen Album:

Blick aus dem Gasthof in Lauterbrunnen / d. 25 August 1822. – 1 S.
Der Grindelwaldgletscher. d. 27ten Aug. 1822. aus dem Fenster des Gasthofes zum Bären. – 2 S. (Druck, zusammen mit der Zeichnung: s. S. 90, 91, 93)
Tellen Platte. d. 19ten Aug. cop. 23sten Aug. – 1 ½ S.
Das Grütli d. 19 Aug. 1822. – ½ S.
Luzern, von Alle winde aus [14.8.] – 3 S.

Quellenverzeichnis

SBB: Staatsbibliothek zu Berlin – Preußischer Kulturbesitz

Briefe von Fanny Mendelssohn Bartholdy an Marianne Mendelssohn bzw. Bella Salomon
SBB, Musikabteilung mit Mendelssohn-Archiv:

Brief vom 7./8.7.1822	MA Depos. 3,2,2
Brief vom 9./11.7.1822	MA Depos. 3,2,3
Brief vom 15.7.1822	MA Depos. 3,2,4
Brief vom 19.7.1822	MA Depos. 3,2,5
Brief vom 21./22.7.1822	MA Depos. 3,2,6
Brief vom 23./24.7.1822	MA Depos. 3,2,7
Brief vom 26./29./30./31.7.1822	MA Depos. 3,2,8
Brief vom 4./5.8.1822	MA Depos. 3,2,9
Brief vom 9./10./13./14.8.1822	MA Depos. 3,2,10
Brief vom 15. [und 16.] 8.1822	MA Depos. 3,2,11
Brief vom 18./19. 8.1822	MA Depos. 3,2,12
Brief vom 23./24.8.1822	MA Depos. 3,2,13
Brief o.D. [26.8.1822]	MA Depos. 3,2,14
Brief vom 27.8.1822	MA Depos. 3,2,15
Brief vom 29./39./31.8./1.9.1822	MA Depos. 3,2,16
Brief vom 5./6.9.1822	MA Depos. 3,2,17
Brief vom 7./8.9.1822	MA Depos. 3,2,18
Brief vom 11./13.9.1822	MA Depos. 3,2,19
Brief vom 30.9.1822	MA Depos. 3,2,20

Briefe von Fanny Mendelssohn Bartholdy an K. F. Zelter:

Brief vom 4.8.1822	Heinrich-Heine-Institut, Düsseldorf: 51.4906
Brief vom 27./29./31.8.1822	SBB, Handschriftenabteilung: Nachl. Fam. Mendelssohn, Kasten 4, Mappe 1, Nr. 4
PS im Brief des Vaters vom 17.9.1822	–"–, Kasten 4, Mappe 1, Nr. 6
PS im Brief des Vaters vom 30.9.1822	–"–, Kasten 4, Mappe 1, Nr. 5

Karl Heyse: Tagebuch der Schweizer Reise 1822
Bayerische Staatsbibliothek, München, Handschriftenabteilung: Heyse-Archiv VIII,5
(Format: 14,3 x 8,8 cm. 214 Bll., ungez.)
Julie Saaling: Tagebuch der Schweizer Reise 1822
Bayerische Staatsbibliothek, München, Handschriftenabteilung: Heyse-Archiv VIII,13
(Format: 19,2 x 12 cm. 36 S., Paginierung nur notiert auf dem Beginn eines neuen Bogens)

Felix Mendelssohn Bartholdy: Erläuterungen zu seinen Zeichnungen
Bodleian Library, Oxford, Music Section: MS. M. Deneke Mendelssohn. c. 49, f. 1–4

Abbildungsverzeichnis

BL Bodleian Library
bpk Bildarchiv Preußischer Kulturbesitz
BSB Bayerische Staatsbibliothek
SBB Staatsbibliothek zu Berlin

Literaturverzeichnis

LMB Lea Mendelssohn Bartholdy: Ewig die deine. Briefe an Henriette von Pereira-Arnstein. Hrsg. von Wolfgang Dinglinger und Rudolf Elvers. Hannover 2010

MSB Felix Mendelssohn Bartholdy: Sämtliche Briefe. Auf Basis der von Rudolf Elvers angelegten Sammlung hrsg. von Helmut Loos und Wilhelm Seidel. Bd. 1–. Kassel, Basel, London, usw. 2008–

MWV Ralf Wehner: Felix Mendelssohn Bartholdy. Thematisch-systematisches Verzeichnis der musikalischen Werke (MWV). Studien-Ausgabe (Leipziger Ausgabe der Werke von Felix Mendelssohn Bartholdy, Ser. XIII, 1a)

RLV Rahel Levin Varnhagen: Briefwechsel mit Ludwig Robert. Hrsg. von Consolina Vigliero. München 2001

Nicht aufgenommen sind die großen allgemeinen Konversationslexika, Nationalbiographien, die Biographischen Indices mit den dazugehörigen Archiven und die großen Fachlexika der Musik- und Kunstwissenschaft wie auch Artikel aus Wikipedia.

Allgemeines Adress-Buch der Freien Stadt Frankfurt. Hrsg. und verlegt von Georg Friedrich Krug. Frankfurt [1.] 1834

Bädeker, Karl: Die Schweiz. Handbuch für Reisende, nach eigener Anschauung und den besten Hülfsquellen bearbeitet. 2/Koblenz 1848

Bartlitz, Eveline, und Frank Ziegler: Julius Benedict. Ein Komponist zwischen Weber, Rossini und Mendelssohn. Biographische Notizen. In: Weberiana 19.2009, S. 125–190

Bourquin, Marcus (Hrsg.): Die Schweiz in alten Ansichten und Schilderungen. Konstanz 1968

Devrient, Eduard: Meine Erinnerungen an Felix Mendelssohn-Bartholdy und Seine Briefe an mich. Leipzig 1869

Ebel, Johann Gottfried: Anleitung, auf die nützlichste und genussvollste Art die Schweitz zu bereisen. 3. Aufl. 4 Bde. Zürich 1809/10

– : Dass. Im Auszuge ganz neu bearb. von G. v. Escher. 7. Or.-Ausg. Zürich 1840.

Ehrhard, Anne-Françoise: Die Grammatik von Johann Christian Heyse (Studia Linguistica Germanica 45). Berlin, New York 1998

Faessler, Peter: Reiseziel Schweiz – Freiheit zwischen Idylle und „großer“ Natur. In: Reisekultur. Von der Pilgerfahrt zum modernen Tourismus. Hrsg. von Hermann Bausinger, Klaus Beyrer, Gottfried Korff. München 2/1999, S. 243–248

Hensel, Sebastian: Die Familie Mendelssohn 1729–1847. Nach Briefen und Tagebüchern. 2 Bde. 2/Berlin 1880

Heyse, Paul: Jugenderinnerungen und Bekenntnisse. 2 Bde. 5/Stuttgart, Berlin 1912

Hiller, Ferdinand: Felix Mendelssohn Bartholdy. Briefe und Erinnerungen. Köln 1874

Historisches Lexikon der Schweiz. Hrsg. von Heinrich Türler, Marcel Godet und Victor Attinger. 7 Bde. Neuenburg 1921–1934

Historisches Lexikon der Schweiz. Hrsg. von der Stiftung Historisches Lexikon der Schweiz. Bd. 1–. Basel 2002–

Klein, Hans-Günter: Felix Mendelssohn Bartholdy. Autographe und Abschriften. Katalog (Staatsbibliothek zu Berlin – Preußischer Kulturbesitz. Kataloge der Musikabteilung. Erste Reihe 5). München 2003

– : „Goethe sein Vorbild". Felix Mendelssohn Bartholdy, der Dichter und ihre familiären Beziehungen. Nach Briefen und Tagebüchern. Hannover 2012

– : Henriette Maria Mendelssohn in Paris. Briefe an Lea Mendelssohn Bartholdy. In: Mendelssohn-Studien 14.2005, S. 101–187

– : Die Kompositionen Fanny Hensels in Autographen und Abschriften aus dem Besitz der Staatsbibliothek zu Berlin – Preußischer Kulturbesitz. Katalog (Musikbibliographische Arbeiten 13). Tutzing 1995

– : Die Rhein-Reise der Familie Mendelssohn im Jahre 1820 (in Vorbereitung für den Band 18 der Mendelssohn-Studien)

Krohn, Heinrich: Welche Lust gewährt das Reisen! Mit Kutsche, Schiff und Eisenbahn. München 2/1987

Lackmann, Thomas: Der Sohn meines Vaters. Abraham Mendelssohn Bartholdy und die Wege der Mendelssohns. Göttingen 2008

Lambour, Christian (Hrsg.): Ein Schweizer Reisebrief aus dem Jahr 1822 von Lea und Fanny Mendelssohn Bartholdy an Henriette (Hinni) Mendelssohn, geb. Meyer (Quellen zur Biographie von Fanny Hensel, geb. Mendelssohn Bartholdy 3). In: Mendelssohn-Studien 7.1990, S. 171–178

Müller, Franz Huber: Beschreibung der Gemäldesammlung in dem Großherzoglichen Musäum zu Darmstadt. Darmstadt 1820

Reuber, Ingrid Sibylle: Der Kölner Mordfall Fonk von 1816 (Rechtsgeschichtliche Schriften 15). Köln, Weimar 2002

Schmidt-Beste, Thomas: „Alles von ihm gelernt?" Die Briefe von Carl Friedrich Zelter an Felix Mendelssohn Bartholdy. In: Mendelssohn-Studien 10.1997, S. 25–56

Schnackenburg, Bernhard: Gemäldegalerie Alte Meister [Kassel]. Gesamtkatalog. 2 Bde. Mainz 1996

Schnyder von Wartensee, Xaver von: Lebenserinnerungen. Zürich 1887

Staats-Calender der Freien Stadt Frankfurt 1822

Ortsverzeichnis

Namensformen der schweizer Orte nach der Generalkarte „Schweiz. Westlicher Teil / Östlicher Teil" 1:200.000, Ostfildern (Mair) 2007/2006

Personenverzeichnis

Ohne Verweisungen auf die in der Stammtafel genannten Namen

Felix Mendelssohn Bartholdy · Schweizer Skizzenbuch 1842

Faksimile

Hg. von Hans-Günter Klein

2008. 4° quer. 56 S., 21 s/w-Abb., geb.
Text in Deutsch/Englisch

(978-3-89500-483-4)

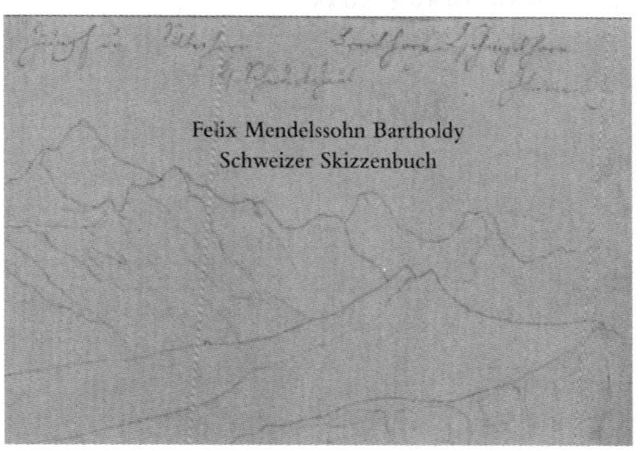

Im Jahre 1842 hatte Felix Mendelssohn Bartholdy wieder die Absicht, in die Alpen zu fahren – diesmal mit seiner Frau Cécile, die das Schweizer Land nicht kannte. Als dann eine Einladung der Schweizerischen Musikgesellschaft eintraf, am Musikfest in Lausanne teilzunehmen, wo man seinen *Lobgesang* (op. 52) in seiner Gegenwart aufführen wollte, gewann die Reiseplanung deutlichere Konturen. Felix Mendelssohn war mit seiner Frau am 16. Juli 1842 aus England nach Frankfurt in das Haus seiner Schwiegermutter zurückgekommen und unternahm nun oft am frühen Morgen eine Wanderung in den Süden der Stadt, wo er dann auch schon zum Zeichenstift griff. Ende Juli trafen dann der Bruder Paul mit seiner Frau Albertine am Main ein und bald darauf brach die Reisegruppe auf.
In Basel verzögerte sich wegen einer Unpässlichkeit Cécile Mendelssohns die Weiterreise und damit auch die Ankunft in Lausanne. Sie trafen erst am 4.8. am Genfer See ein, einen Tag nach der Aufführung des *Lobgesang*. Am 5. und 6. August hielten sie sich in Ouchy auf und nahmen am 6. auch an einer Dampferfahrt auf dem See teil, mit der das Musikfest abgeschlossen wurde. Der darauffolgende Tag war der letzte in Lausanne, Mendelssohn zeichnete eine seiner schönsten Ansichten in sein Skizzenbuch, die Kathedrale der Stadt.
Über Genf fuhr man in das Tal der Arve und gelangte nach einem Halt in Bonneville nach Chamonix. Durch die Dala-Schlucht erreichten sie Leukerbad, und von hier aus stiegen sie zum Gemmi-Pass und zum Daubensee hinauf und weiter nach Interlaken kam, Am 2.9. erreichten sie schließlich Zürich, von wo aus sie nach Frankfurt zurückkehrten.
Zu den Zeichnungen gehören neben voll ausgeführten Ansichten auch Skizzen. Der unterschiedliche Grad der Ausarbeitung macht den besonderen Reiz dieses Albums aus. Er lässt deutlich erkennen, wie Mendelssohn gezeichnet hat. Mendelssohn, der in Berlin Zeichenunterricht bei Samuel Rösel erhalten hatte, hielt allen seine Reisen in Zeichen- und Skizzenbüchern fest und erreichte in seiner Zeichentechnik eine gewisse Vollkommenheit. Einige Bilder aus diesem „*Schweizer Skizzenbuch*“ gehören zu seinen schönsten Zeichnungen.

Felix Mendelssohn Bartholdy ·
Sinfonie A-dur op 90 · „Italienische" Sinfonie

Alle eigenhändigen Niederschriften im Faksimile.
Partitur 1833, *Oxforder Fragmente*, Teil-Partitur 1834

Mit Kommentaren in Deutsch/Englisch
von John M. Cooper und Hans-Günter Klein

Band 1: 48 Seiten Text, 100 Seiten Faksimile
Band 2: 32 Seiten Text, 54 Seiten Faksimile
Beilage: 24 Seiten
24 × 34 cm, geb. in Kassette
(978-3-89500-001-0)

Erstedition der Fassung 1833/34

Partitur
232 Seiten, geb.
(978-3-89500-000-3)

Stimmen für Orchester
(978-3-89500-065-2)

Fasziniert von Italien und seiner Lebensfreude schuf der junge Felix Mendelssohn Bartholdy zwischen Januar und April 1833 die später als *Italienische* bezeichnete Symphonie in A-dur in Berlin, die in London am 13. Mai 1833 zum ersten Mal erklang. Auf dieser Grundlage ist die Symphonie bis heute bekannt.
1834 beschäftigte er sich erneut mit seinem Werk und schrieb den zweiten bis vierten Satz neu. Den ersten Satz ließ er unverändert, da er vor einer Neukomposition zurückschreckte. So blieb diese Niederschrift, die sich zusammen mit der Fassung von 1833 im Besitz der Staatsbiliothek zu Berlin – Preußischer Kulturbesitz befindet, unvollendet. Erhalten sind ferner einige Bruckstücke, die der Komponist bei einer Revision im März/April 1833 – noch vor der Uraufführung – herausnahm (sog. *Oxforder Fragmente*).
Diese Publikation besteht aus drei Teilen: Der vollständigen Partitur von 1833, den ausgesonderten *Oxforder Fragmenten* und der Partitur der Sätze zwei bis vier von 1834. Sie ermöglicht einen einzigartigen Einblick in Mendelssohn Bartholdys Kompostitionstechnik und ist für Überlegungen zu seinem musikalischem Stil von grundlegender Bedeutung.

Die Mendelssohns in Italien
Ausstellung des Mendelssohn-Archivs der Staatsbibliothek zu Berlin – Preußischer Kulturbesitz
Hg. von Hans-Günter Klein
2002. 8°. 116 S., 53 s/w-Abb., 13 farbige Abb., geb. (978-3-89500-310-3)

„O glückliche, reiche einzige Tage"
Fanny und Wilhelm Hensels italienische Reise. Mit dem Faksimile der Bildseiten aus dem *Reise-Album 1839–1840*
Hg. von Hans-Günter Klein
2006. 4° quer. 70 S., 11 s/w- und 20 Farbabb., geb.
(978-3-89500-482-7)

Fanny Hensel ·
Briefe aus Rom an ihre Familie in Berlin 1839/40
Nach den Quellen zum ersten Mal herausgegeben von Hans Günter Klein
2002. 8°. 136 S., 16 s/w-Abb., 1 Plan, geb.
(978-3-89500-324-0)

Briefe aus Venedig und Neapel an ihre Familie in Berlin 1839/40
Nach den Quellen zum ersten Mal herausgegeben von Hans Günter Klein
2004. 8°. 120 S., 12 s/w-Abb., geb.
(978-3-89500-387-5)

Briefe aus Paris an ihre Familie in Berlin
Nach den Quellen zum ersten Mal herausgegeben von Hans Günter Klein
2007. 8°. 104 S., 10 s/w-Abb., geb.
(978-3-89500-480-3)

Fanny Hensel · „Traum"
Lied auf einen Text von Joseph von Eichendorff für Singstimme und Klavier, F-dur (1844). Faksimile des Autographs mit einer Einführung von Hans-Günter Klein
8°. 16 S., 5 s/w-Abb., geb.
(978-3-89500-003-4)

Fanny Hensel · „Der Fürst vom Berge"
Lied auf einen Text von Wilhelm Hensel. Erstdruck und Faksimileausgabe des Liedes mit einer Einführung von Hans-Günter Klein
2001. 8°. 24 S., 8 s/w-Abb., geb.
(978-3-89500-233-5)

„...mit obligater Nachtigallen- und Fliederblütenbegleitung"
Fanny Hensels Sonntagsmusiken
Von Hans-Günter Klein
2005. 12 × 16,8 cm. 96 S., 12 s/w-Abb., kart.
(978-3-89500-481-0)

Das verborgene Band
Felix Mendelssohn Bartholdy und seine Schwester Fanny Hensel
Von Hans-Günter Klein
256 S., 79 Abb., geb.
(978-3-89500-002-7)